111 GRÜNDE, HIPSTER ZU HASSEN

RALPH STIEBER

111 GRÜNDE, HIPSTER ZU HASSEN

MEIN LEBEN ZWISCHEN VINTAGE-MÖBELN, ISLÄNDISCHEM HARDCORE UND BARTPFLEGE

MIT ILLUSTRATIONEN VON JANA MOSKITO

SCHWARZKOPF & SCHWARZKOPF

INHALT

Weil der Hipster sich am besten mit einer Prise Nostalgie in Stimmung bringt • Weil es den Hipster nicht gibt • Weil der Hipster schon im Uterus ein Hipster war • Weil der wahre Hipster niemals zugibt, ein Hipster zu sein • Weil der Hipster eine kafkaeske Verwandlung durchlebt • Weil der Nerd von gestern der Hipster von heute ist • Weil der Hipster die Frauen kriegt • Weil der Hipster sich als bedeutendes Kunstobjekt für die Nachwelt betrachtet • Weil wir nicht wissen, wovon wir reden, wenn wir vom Hipster reden • Weil der Hipster so viele Masken trägt • Weil ein Bart allein noch keinen Philosophen macht • Weil der Hipster mit Google auf Sinnsuche geht • Weil Jesus der erste und wahre Hipster war • Weil der Hipster immer was feiert – am liebsten sich selbst • Weil der Hipster sich leidenschaftlich gern selbst inszeniert • Weil der Hipster uns alle überleben wird • Weil der Hipster deinen würdevoll abgefuckten Kiez in einen seelenlosen Ponyhof verwandelt • Weil der Hipster an allem schuld ist • Weil der Hipster zu cool ist, um zu lächeln • Weil der Hipster nicht weiß, was wahre Liebe ist • Weil der Hipster schlechte Werbung noch schlechter macht • Weil Hipster die neuen Spießer sind • Weil der Hipster der moderne Narziss ist • Weil der Hipster sogar 'ne App fürs Klo hat • Weil der Hipster nur perfekt gestylt ins Bett steigt • Weil der Hipster zur falschen Zeit geboren wurde • Weil der Hipster ein verklärtes Bild von Nostalgie mit sich herum schleppt • Weil der Hipster den Geist seiner Großmutter mit einem Eintopf heraufbeschwört • Weil der Hipster in einer Retro-Vintage-Scheinwelt lebt • Weil der Hipster sogar aus dem Zubettgehen ein Projekt macht • Weil der Hipster seine Eltern erzieht •

Weil der Hipster sogar seinen Eltern peinlich ist • Weil der Hipster sich
für einen Sommelier hält • Weil der Hipster seine verlorene Jugend nach-
holt • Weil das Hipstertum die langweiligste aller Jugendbewegungen ist
• Weil der Hipster tot ist (lange lebe der Hipster!) • Weil auch der Hipster
Hipster hasst • Weil der Hipster aus allem ein Projekt macht • Weil der
Hipster dich aus deiner Stammkneipe vertreibt • Weil durch die Adern des
Hipsters nur reinstes Craft Beer fließt • Weil der Hipster dich aus deinem
Lieblings-Kiez vertreibt • Weil der Hipster sich für einen großen Künstler
hält • Weil jeder ein bisschen Hipster ist. Auch du.

Weil erst Kleider den Hipster machen • Weil der Hipster heimlich bei
H&M shoppen geht • Weil der Hipster alles tut, um ein Label loszu-
werden • Weil der Hipster über Leichen geht, wenn es um seinen Ruf
geht • Weil der Hipster sich für alles entscheidet und auf nichts festlegt
• Weil der Hipster viele Gesichter hat und noch mehr Kostüme • Weil
der Hipster keinen eigenen Stil hat • Weil Hipster alle gleich aussehen •
Weil der Hipster sogar dem Proll peinlich ist • Weil Hipster aussehen wie
H&M-Schaufensterpuppen • Weil der Hipster keine Brille braucht, aber
trotzdem eine trägt • Weil der Hipster zu seiner Brille kommt wie die Jungfrau zum Kind • Weil der Hipster eine Brille braucht wie der Junkie seinen
Stoff • Weil der Hipster seine Brille auf Leben und Tod verteidigt • Weil
der Hipster sogar vor dem Laufsteg nicht haltmacht • Weil der Hipster
mit zerrissener Skinny Jeans rumläuft, aber keinen Fleck auf seinem Shirt
erträgt • Weil der Hipster sich für einen Superhelden hält • Weil der Hipster
seine Kostüme als Zeitmaschine benutzt

Weil Hipster-Männer Memmen sind • Weil der Hipster den Whisky-
Kenner raushängen lässt • Weil für den Hipster die verlorene eBay-
Auktion ein Drama von biblischen Ausmaßen bedeutet • Weil der Hipster

keine eigene Meinung hat • Weil der Hipster seine Unsicherheit hinter einem Rauschebart versteckt • Weil der Hipster aus der Bartpflege ein Spektakel macht • Weil Hipster Trash-TV gucken und es für Ironie verkaufen • Weil der Hipster ein Hochstapler ist • Weil der Hipster sich von allem und jedem bedient • Weil der Hipster ein wandelndes Zitat ist • Weil der Hipster »Ein unendlicher Spaß« auf dem Nachttisch liegen hat, aber nicht liest. • Weil das Fixie für den Hipster so wertvoll ist wie ein Einhorn • Weil der Hipster aus einem Kater eine Katastrophe macht • Weil der Hipster sich seinen Kick bei einem Green-Smoothie holt • Weil der Hipster ein und denselben Morgen wie in »Und täglich grüßt das Murmeltier« immer wieder erlebt • Weil der Hipster den »Tatort« auf dem Handy verfolgt und nicht im TV • Weil Hipster Besserwisser sind • Weil das Heim des Hipster aussieht wie die Wohnung seiner Großmutter • Weil der Hipster seinen Eltern zu Weihnachten was »Persönliches« bastelt • Weil der Hipster seinen coolen Auftritt vor dem Spiegel performt • Weil der Hipster einen Kurs in »Tischmanieren« belegt • Weil der wahre Hipster niemals rennt • Weil der Hipster sich selbst geißelt • Weil der Hipster für jede Gelegenheit eine Spotify-Playlist hat • Weil der Hipster für jede Gelegenheit eine Spotify Playlist hat – Part II • Weil der Hipster in Wahrheit ein Rockstar ist • Weil der Hipster selbst Hemingway zum Hipster macht • Weil der Hipster die großen Literaten für sein eigenes Ego benutzt • Weil der Hipster seine Kollegen mit supercoolen Motivations-Sprüchen nervt • Weil der Hipster sich nicht für Politik interessiert • Weil der Hipster heimlich zu Justin Bieber singt • Weil der Hipster mit einer Polaroid fotografiert

Weil der Hipster einen auf Naturbursche macht, aber keinen Tag in der Wildnis überleben würde • Weil sich der Hipster als der Pablo Escobar unter den Bio-Gras-Händlern sieht • Weil der Hipster Urban Gardening so liebevoll betreibt, als würde er Marihuana anbauen • Weil sich der Hipster für einen Jäger hält • Weil der Hipster als Jäger nicht mal eine Fliege erlegen

könnte • Weil der Hipster als Jäger verhungern würde • Weil der Hipster
sich für die Reinkarnation von Andy Warhol hält • Weil der Hipster sich
für Dylan Thomas hält • Weil für den Hipster ein Buch nur ein Relikt aus
der Vergangenheit ist

Weil der Hipster sich lieber schmutzige Gedanken macht, als sich schmutzig
zu machen • Weil der Hipster in Wahrheit die wahre Liebe sucht • Weil
der Hipster mit seiner Silikonpuppe Netflix schaut • Weil der Hipster bei
seinem Date mehr zwitschert, als sich zu unterhalten • Weil der Viral-Hit
für den Hipster sein Lebenswerk bedeutet • Weil der Hipster Twitter zu
einem Sex-Toy macht

Weil der Hipster Restaurants meidet, die Bilder auf ihrer Speisekarte haben
Weil der Hipster einen auf TV-Koch macht

Weil ein Instagram-Fail für den Hipster den digitalen Selbstmord bedeutet

Wie du ein echter Hipster wirst: Die 55 ultimativen Hipster-Regeln

»I'M NOT A FUCKING HIPSTER!«
HIPSTER

ANMERKUNGEN DES AUTORS

Alle handelnden Personen, alle Begebenheiten und Dialoge sind, von den gelegentlich erwähnten Markenprodukten, werbetreibenden Agenturen oder Personen des öffentlichen Lebens abgesehen, frei erfunden. Jede Ähnlichkeit mit lebenden Hipstern oder die Schmähung der Produkte, Marken, (A)sozialer Netzwerke oder Dienstleistungen der genannten Firmen sind völlig unbeabsichtigt – es sei denn, es wird explizit vermerkt.

Sowohl der Autor der Aufzeichnungen als auch die Aufzeichnungen selbst sind selbstverständlich erdacht. Indessen ist die Existenz solcher Persönlichkeiten wie der Verfasser dieser Aufzeichnungen in unserer Gesellschaft nicht nur möglich, sondern sogar ein Ding der Notwendigkeit; das ist eben eine Folge der Umstände, unter denen sich unsere Gesellschaft überhaupt gebildet hat. Ich wollte dem Lesepublikum einen Charakter aus der unlängst verflossenen Zeit in etwas anschaulicherer Weise vor Augen stellen, als das sonst gewöhnlich geschieht. Es ist dies ein Vertreter der noch bis auf unsere Tage heranreichenden Generation.

In diesem Fragment, »Das Kellerloch« betitelt, stellt er sich selbst vor, seine Anschauungen, und bemüht sich gewissermaßen, die Gründe zu klären, warum er aufgetaucht ist und warum er mit Notwendigkeit bei uns auftauchen musste. In dem folgendem Fragment beginnen die wirklichen Aufzeichnungen dieses Menschen über gewisse Ereignisse in seinem Leben.

FJODOR DOSTOJEWSKIJ
»AUFZEICHNUNGEN AUS DEM KELLERLOCH«

ERSTER TEIL

DIE GESCHICHTE DES HIPSTERS

WEIL DER HIPSTER SICH AM BESTEN MIT EINER PRISE NOSTALGIE IN STIMMUNG BRINGT

Nennt mich Jonas. Nennt mich, wie ihr wollt. Es ist mir völlig egal oder zumindest tu ich so, als wäre es mir egal. Ich schreibe das hier mit meinem neu erworbenen Mont Blanc StarWalker Midnight Black aus schwarzem Edelholz mit schwebendem Montblanc-Emblem im transparenten Kappenkopf für 290 Euro – die traditionellen Werte von Montblanc gemischt mit einem zeitlosen Design für die Welt von morgen – nur um es anschließend mühselig in mein MacBook zu tippen. Welcher Verlag nimmt heute schon noch ein handgeschriebenes Manuskript an. Aber hey, die großen Autoren (Martin Amis, Paul Auster, Murakami, Thomas Pynchon) schreiben ihren ersten Entwurf heute auch noch mit der Hand und tippen ihn anschließend ab. Ich bin also in bester Gesellschaft.

Könnte sich nich' mal Hemingway erlauben, ob mit 290 Euro teurem Mont Blanc geschrieben oder nicht. Ich wollte eigentlich keinen Kugelschreiber, ich wollte einen echten Füllfederhalter von *Mont Blanc*, aber die gehen erst bei etwa 480 Euro los. Da hätte mich spätestens am nächsten Tag meine Bank angerufen, um sich zu erkundigen, wann ich denn vorhätte, meinen überzogenen – nein, meinen größenwahnsinnig überspannten – Dispokredit wieder in einen relativ überschaubaren Bereich zu bringen.

Geld ist nur lächerlich bedrucktes Papier oder bazillenverseuchte Münzen. Ich hoffe, bald werden wir endlich ohne lästiges Bargeld auskommen. Whatever.

Es fühlt sich gut an, verdammt gut, mit einem so edlen und teuren Schreibgerät seine intimen Geständnisse aufzuschreiben. Das bringt mich in Stimmung. Es fließt vom Kopf über die Hand in die Mine des Mont Blanc und überträgt sich in einer wunderschön, sanft geschwungenen Schrift, die nicht wie sonst so hässlich krakelig aussieht, auf das blütenweiße, jungfräuliche Papier. So ähnlich müssen sich Hemingway, Fitzgerald und Ezra Pound gefühlt haben. Mein neuer Mont Blanc – macht meine Geständnisse gleich viel … hochwertiger.

Damit schreibt man das hässliche Wort HÄMORRHOIDEN auf ein Blatt weißes Papier, und es sieht trotzdem WUNDERSCHÖN aus.

2. GRUND

WEIL ES DEN HIPSTER NICHT GIBT

Hier geht's um Geständnisse, also machen wir gleich mal ein Geständnis: Ja, ich bin ein Hipster. Aber das werdet ihr niemals aus meinem Mund hören. Solltet ihr mich einmal in einer Bar bei einem Craft Beer antreffen und mich fragen, ob ich ein Hipster bin, werde ich euch mit diesem Blick mustern – eine gut einstudierte Mischung aus Ironie und Überheblichkeit – und werde sagen:

»Nein Alter, ich bin kein fucking Hipster.
Ich hasse Hipster!«

Wenn ein Hipster sagt, er wäre ein Hipster, ist er alles Mögliche: ein Idiot, ein Arschloch, ein dummer Spacken, eine verdammte Kackbratze – ALLES, nur kein Hipster, gecheckt? Verstehste nicht? Egal, versteht niemand, nich' mal der Hipster selbst. Vielleicht weißt du Bescheid, wenn du das Buch hier, das du gerade in Händen hältst, zu Ende gelesen hast. Aber bevor wir zu viel über dich reden, kommen wir lieber zu mir, darum geht's in meinem Buch schließlich: Um mich, JONAS, dem Hipster. Ich hätte es auch *Die urbanen Abenteuer des Hipsters Jonas* nennen können.

Ich bin schlank, andere würden sagen, dürr, mager, ein Skelett. Ich finde es gut, und so, nur so, passe ich auch in meine super Skinny Jeans, auch wenn kein Arsch da ist, der den hinteren Teil der Hose ausfüllt – man kann eben nicht alles haben. Aber von Skinny Jeans habe ich mehr als genug: Davon hängen fein säuberlich, wie kleine Rinderhälften, an die 20 in meinem begehbaren Kleiderschrank. Schwarz, grau, blau, gelb, grün, olivgrün, rot, Bordeaux … Skinny Jeans – a never ending story. Und wisst ihr was? Das männliche Gemächt kommt in einer Skinny Jeans optimal zur Geltung. Drückt zwar und zwickt manchmal ein wenig, und beim Bücken müsst ihr verdammt aufpassen, dass sich eure Eier nicht verdrehen und ihr euch die Blutzufuhr abschnürt. Es gibt da wirklich gruselige Geschichten. Diese Art von Geschichten:

»Ein Freund von einem Freund hat sich in seiner Skinny Jeans die Eier so krass verdreht, dass er sich die Samenleiter durchtrennt hat. Jetzt schießt er nur noch mit Platzpatronen. Und sein Traum von Haus, Frau, Kind und Mops ist auch geplatzt.«

Tja – das alte, ausgelutschte Sprichwort »Wer schön sein will, muss leiden« trifft auf die Skinny Jeans definitiv zu – aber es lohnt sich. No pain, no gain, Alter.

———•———

SKINNY JEANS: »Skinny« – klar – kommt von »skin« = Haut. Die »skinny« Jeanshose liegt eng an, nein – verdammt eng an – sozusagen wie eine zweite Haut. Noch enger als eine Röhrenjeans. Damit man die Skinny Jeans an- und auch wieder ausziehen kann, enthält die Hose Elasthan (dabei kam es schon beim hastigen Herausschälen aus der »Skinny« vor dem Geschlechtsakt zu gefährlichen Verletzungen bis hin zu Knochenbrüchen bei Personen, die so hastig und fest an der hautengen Hose zerrten, dass sie zum Beispiel aus dem Bett, dem Hochbett oder über die Couch fielen). Aber das Beste: Jede Rundung wird sichtbar und besonders »gut« in Szene gesetzt.

———•———

That's the fucking reason why: Darum bin ich dürr und weil man so sehr schön die Bauchmuskeln sieht, die nicht unter einer weichen, wabbeligen Speckschicht begraben ist. Alter, ich hab 'nen Sixpack, ohne was dafür zu machen, denkst du, das lass ich mir entgehen? Außerdem kann ich es mir nicht leisten, ständig essen zu gehen. Ich tu es trotzdem. Bio, handmade, fairtrade, die Unmengen an Craft Beer, die ich in mich hineinkippe – ist alles teuer, verdammt teuer. Ist auch okay, sonst könnte es sich jeder Depp leisten. Aber trotzdem, da müssen kleine Portionen reichen. Besteht also keine Gefahr, fett zu werden. Kein Sport nötig. Ich hasse Sport, wie jeder Gentleman mit Stil und Verstand. Sollen die Atzen in ihren Fitness-studios pumpen und schwitzen. Bis auf eine Partie Schach, Golf oder Yoga – mehr Sport ist nicht drin, warum auch?

Ihr denkt, Hipster sind jämmerliche, egoistische, lächerliche Kreaturen? Ich sag euch, fette, faule, furzende Pseudo-Hipster sind jämmerlich. Die benutzen den Hipster-Style als Notausgang für ihre frigide Fettleibigkeit. Die denken, wenn diese Loser-Typen mit ihren dicken Brillen, den komischen Frisuren und diesen Rausche-bärten jetzt als die coolen Typen druchgehen, dann zieh ich mir also auch ein Holzfällerhemd an, hör nicht nur mit der Bewegung auf, sondern auch mit dem Rasieren, stülpe mir eine Beanie übers fettige Haupthaar oder 'ne Trucker-Kappe, und BÄM – fertig ist der HIPSTER.

Nein, Alter, DU bist verdammt noch mal kein HIPSTER – no fucking way!

Geht es nach dem Hipster, gibt es den Hipster nicht. Ich bin kein Hipster. Du bist kein Hipster. Ihr seid keine Hipster. Oder sagen wir besser: Die Hipster, das sind immer die anderen.

WEIL DER HIPSTER SCHON IM UTERUS EIN HIPSTER WAR

Ich würde gern behaupten, ich wäre schon so cool zur Welt gekommen, aber das bin ich nicht. Ist nicht meine Schuld. Schuld
sind immer die anderen. Meine Mutter oder was weiß ich, jeder, nur
nicht ich. Am liebsten würde ich meine Autobiografie damit beginnen, dass ich euch erzähle, wie ich schon im Mutterleib den Unter-
schied zwischen einem Bordeaux und einem Syrah oder einem
Pinot Noir schmecken konnte. Wie ich sanft zu den Symphonien
von Beethoven und Mozart in der Fruchtblase gegroovt habe, wie
ich zu dem Gitarren-Solo von Led Zeppelins *Stairway to Heaven*
ekstatisch gejauchzt oder mich bei den Klängen von ABBAs *Dan-
cing Queen* um die eigene Nabelschnur gewickelt habe, um dieser
abscheulichen Musik zu entfliehen.

Aber das geht nicht. Meine Mutter hat leider keinen exquisiten
Wein während ihrer Schwangerschaft mit mir getrunken oder mir
Beethovens Neunte über einen Kopfhörer an die Bauchdecke gepresst. Nein, leider hat meine Mutter nicht viel dazu beigetragen,
dass ich als Wunderkind zur Welt kam. Auch gelesen hat sie nicht
während ihrer Schwangerschaft mit mir – gut, bis auf die wöchentliche Postwurfsendung, die den heiß ersehnten Prospekt von *real*
enthielt – sonst könnte ich jetzt behaupten, ich hätte Nietzsche,
Oscar Wilde und Hemingway schon vor meiner Geburt konsumiert. Coolness und Stil quasi mit der Muttermilch aufgesogen.
Aber – das kann ich nicht.

Whatever.

Ich hatte also allerschlechteste Voraussetzungen, um später mal
ein cooler Hipster zu werden. Ja, ich hatte es nicht leicht. But – *I did
it my way.*

Achtung jetzt kommt das ultimative Geständnis: Früher war
ich pickelig, pummelig und primitiv. Besonders schlechte Voraus-

setzungen für eine Skinny Jeans. Aber heute habe ich das Problem nicht mehr. Heute kämpfe ich mit anderen Problemen – die meist eher von digitaler Natur sind, als von fleischlicher. Der Kampf um Twitter-Follower, die Jagd nach dem ultimativen Selfie für die Instagram Gallery oder das morgendliche hingebungsvolle Bartstyling.

WEIL DER WAHRE HIPSTER NIEMALS ZUGIBT, EIN HIPSTER ZU SEIN

Ich werfe einen Blick in den Spiegel. Sieht so aus, als wäre der Spiegel ziemlich beeindruckt. Es ist erfrischend, zur Abwechslung mal in einen echten Spiegel zu blicken, zwischen all den flüchtigen Blicken aufs Handy-Display, in Schaufenster auf dem Weg zur Agentur und in die Fensterscheiben parkender Autos, die überraschenderweise des Öfteren nicht leer sind.

Ich grinse meinem Spiegelbild zu und bin überrascht, wie perfekt meine Frisur noch nach out-of-bed aussieht. Das, was wie zufällig aussieht, kostet mich jeden Morgen eine gute halbe Stunde, und manchmal, da eskaliert es auch. Dann kommt es zu einem Wutausbruch, bei dem irgendetwas zu Bruch gehen *muss*. Einfach so, fürs Erfolgserlebnis, zum Runterkommen, als Ergebnis, als Wiedergutmachung, Rache und Befriedigung. Das letzte Mal hat es das Bein meines Secondhand-Designer-Stuhls gekostet, der mich zwei Monate davor knapp 360 Euro gekostet hat. *Ein* Stuhl. Ein Hammer-Stuhl.

Also, das wäre geklärt: Ich bin ein Hipster, auch wenn ihr das niemals aus meinem Mund hören werdet. Ein Hipster gibt niemals zu, ein Hipster zu sein. Das wäre genauso, wenn Bob Dylan behaupten würde, er wäre cool. Das macht er nicht – er ist es einfach. Wer behauptet er wäre cool, ist es nicht. Also, der wahre Hipster behauptet nicht, ein Hipster zu sein. Er ist es ganz einfach. Hipster wird man nicht, Hipster ist man. Okay, zugegeben, ich war nicht immer ein Hipster. Tief in mir schon, aber nicht äußerlich. Ich musste erst noch meinen Weg machen, meinen Style, mein Outfit, mein Kostüm finden.

Ja, es gab eine Zeit, da wusste ich noch nicht mal, was ein Hipster ist. Niemand oder nur wenige hatten zu diesem Zeitpunkt das Wort »Hipster« jemals gehört – aber dazu später mehr.

5. GRUND

WEIL DER HIPSTER EINE KAFKAESKE VERWANDLUNG DURCHLEBT

Früher war ich pummelig, pickelig und permanent am Zocken von Videospielen, Game Boy, Atari, Playstation, Amiga 500 – ich hab alles gezockt, was man zocken kann. Wenn ich nicht zockte, hab ich mit von Schokolade oder Chips verschmierten Fingern in meinen Marvel-Comics geblättert. Hab mir vorgestellt, wie ich mich als Spiderman durch die Stadt schwinge, coole Sprüche abfeuere, hübsche Frauen beeindrucke und fiese Typen fertigmache. Meine Lieblingssendung war *MacGyver*, von dem ich mir die Tricks abschaute – die theoretisch verdammt gut waren, aber in der Realität nie funktionierten. Ich konnte mein ferngesteuertes Auto, einen Tamiya Grasshopper, in unter neun Minuten und 20 Sekunden (wäre sicher ein Rekord fürs Guinness Buch der Rekorde, aber das kannte ich damals noch nicht) auseinander- und wieder zusammenbauen – blind.

Ja, ich war ein Nerd.

Wenn ich mich heute im Spiegel betrachte, blickt mich dieser vollbärtige Typ mit seinen schreiend bunten und meist sehr, sehr gut gestochenen Tätowierungen auf den Armen an, mit diesem ironischen Blick, der Selbstsicherheit, Überlegenheit, Gleichmut und der eine gute Prise Geringschätzung ausstrahlt. Warum? Weil erst mal alles scheiße ist, darum.

Wenn ich es mir früher mal zugemutet habe, einen Blick in den Spiegel zu werfen, hat mich dieser kleine, fette unsichere Junge mit diesem ständig nervösen Tourette-Blick angeglotzt. Damals musste ich immer an den einen Film denken, den mit Tom Hanks, in dem er mit dem Vater den Körper tauscht. Vater wird zum Sohn, und Sohn wird zum Vater – Rollentausch. *BIG*, glaube ich, heißt der Film. So fühlte ich mich, ich war immer viel zu erwachsen für diesen noch nicht fertigen und trotzdem schon völlig deformierten Körper. Auch die Worte, die scheinbar aus meinem Mund kamen, waren nicht MEINE Worte, der Blick, war nicht mein Blick, die Gesten, die Mimik – das alles war nicht ich, ich war jemand anders. Wie Rimbaud schon sagte: »*Ich ist ein anderer.*« (Arthur Rimbaud)

All die Worte, die meinen schlaffen Lippen entfleuchten, waren nicht die Worte, die ich sagen wollte. Ich war gefangen in diesem Körper. Am liebsten wäre ich zu den Leuten hin und hätte ihnen gesagt: »Hey, das hier bin ich nicht, ich bin ein anderer, ich bin hier drin gefangen! Wo ist der verfluchte Ausgang, das fucking EXIT? Wo kann ich diese jämmerliche Hülle umtauschen?«

Irgendwann kam dann die kafkaeske Verwandlung, nur umgedreht: vom hässlichen, fetten, ungelenken Ungeziefer zum hippen Hipster, der die Welt um sich herum süffisant belächelt mit seinem perfekt einstudierten Besserwisser- und Scheiß-auf-alles-Lächeln. Ist vielleicht nicht gerade die Vom-Tellerwäscher-zum-Millionär-Geschichte, aber es ist die Vom-unscheinbaren-Nerd-den-Mädchen-nicht-mal-mit-dem-Arsch-anschauen-zum-Social-Media-Manager-mit-33.000-Abonnenten auf-Instagram-Geschichte.

Who the fuck is Kafka?

WEIL DER NERD VON GESTERN DER HIPSTER VON HEUTE IST

Damals spielte sich alles nur in meinem Kopf ab: Mädchen, Partys und Abenteuer – Gedanken, Fantasien, die ähnlich wie die Tricks bei MacGyver in der Theorie ziemlich cool waren, aber in der Realität einfach nicht funktionierten oder besser gesagt: Nicht von MIR umsetzbar waren. Es sah aus, als hätte niemand sonst Probleme damit: Meine Klassenkameraden gingen auf Partys, feierten das Leben und die Liebe, knutschten hinter der Schulmauer, entjungferten ein Mädchen und ließen sich entjungfern, pafften Zigaretten und erzählten sich krasse Geschichten, die sie oder andere erlebt hatten. Meine Geschichten waren alles andere als krass. Meine Geschichten waren Geschichten, wie man sie aus Kinderbüchern kennt. Verdammt langweilig und absolut vorhersehbar. Das Überraschendste, was mir passieren konnte, war, wenn ein auf der Rückseite der Packung versprochenes Spielzeug in der Kellogg's Cornflakes-Packung fehlte.

Bis zu meinem 19. Lebensjahr hab ich nie ein Mädchen angesprochen und dann auch nur, weil ich an den Snackautomaten musste, der in der Aula stand und sie oder es – also das Mädchen – direkt davor stand. In einer Gruppe von noch mehr Mädchen. Ein Mädchen machte mir schon Angst, aber gleich fünf davon? Also habe ich erst mal ein paar Runden gedreht, in der Hoffnung, dass sie bald abziehen, irgendwohin mussten, mit ihren Zöpfen, ihren Brüsten, ihren Lippen, die sich zu einem breiten Lächeln verzogen oder zu einem spöttischen Grinsen, das mir den Adamsapfel zerquetschen konnte.

Ich tigerte also auf und ab, wie eine Raubkatze in Gefangenschaft. Hin und her. Hin und her. Ich zog meine Bahnen und beobachtete sie heimlich. Aber anscheinend hatten sie sich viel zu erzählen. Sie lachten, kicherten und warfen ihre Köpfe zurück. Mir war schon schlecht vor Hunger, meine Hände zitterten, und mir wurde schwindelig. Und weil irgendwann der Hunger stärker ist als jede Angst, näherte ich mich langsam den Mädels. Die Atmosphäre änderte sich mit einem Mal. So, als hätte jemand die Zeit angehalten und alle anderen Schüler eingefroren. Es gab nur noch mich und diese fünf Mädchen. Das war unser Moment. Unsere kleine Geschichte. Nur wussten die Mädchen noch nichts davon. Aber das sollte sich gleich ändern …

Meter für Meter näherte ich mich in Slow Motion. Ich konnte mir dabei zusehen, wie ich in diesem Frankenstein-Gang auf sie zutrottete, als würde ich mich selbst fernsteuern. Als ich die Mädels-Gruppe schon fast erreicht hatte, hab ich mich geräuspert, so, wie ich es in Filmen schon gesehen hatte. Einmal. Keine Reaktion. Zweimal. Keine Reaktion. Zweimal schnell hintereinander. Keine Reaktion. Lauter. Keine Reaktion. So laut, dass ich einen Hustenanfall bekommen habe. Aber immer noch keine Reaktion. Ich war der unsichtbare Junge, ein Mensch aus Glas, durch den man hindurchsah.

Also musste ich zu einem Frontalangriff übergehen und bereitete mich darauf vor: Brust raus, Schultern und Kopf hoch und die Worte meiner Mutter in den Ohren, die sie mir an meinem ersten Schultag mindestens dreimal ins Ohr drückte: »Und jetzt – immer schön den Kopf hoch und allen, die an dir vorbei kommen, ganz fest in die Augen blicken, und schon werden sie dir ganz anders gegenübertreten!« Heute weiß ich, warum ich schon am ersten Schultag eins in die Fresse bekommen hab.

Aber zurück zu den Mädels und dem Snackautomaten: So stand ich nur noch ungefähr einen Meter von ihnen entfernt: Mit hochgerecktem Kopf, den Schultern auf Höhe meiner Ohren, die so rot waren wie ein Pavianhintern, Brust raus, den Blick auf die Mädelsgruppe gerichtet, als hätte ich ich gerade eine fremde Spezies entdeckt. So kam ich mir vor: Als wären sie Wesen von einem völlig anderen Planeten. Und gewissermaßen waren sie das ja auch.

Trotzdem purzelten mir dann ein paar Worte aus dem Mund, völlig zusammenhanglos bröckelten sie mir zwischen den Lippen heraus, noch bevor ich die Zeit hatte, sie in die richtige Reihenfolge zu bringen:

»Entschuldigung, ähm? Ich könnte …? Müsste ich mal … ran da? Vielleicht … ich kann … ran da … ganz kurz … ich?«

Da stand ich dann und wiederholte mich ungefähr dreimal, baute die Wörter um, was es aber eher nur noch schlimmer als besser machte, wurde immer ein wenig lauter, aber sie hörten mich nicht – sie nahmen mich gar nicht wahr. Ich existierte nicht. Aber der Schweiß, der mir den Rücken herunterlief, der existierte. Ich dampfte, und plötzlich hatte ich panische Angst, dass sie meinen Angstschweiß riechen konnten, und rannte mit Gummibeinen über den langen Gang zur Toilette.

Der Nerd und die Mädchen. Das ist meine Geschichte. Meine und die Millionen anderer Nerds. Ich muss kaum erwähnen, dass die ersten richtigen weiblichen Brüste, die ich zu sehen bekam, die meiner Schwester waren, und selbst das war nur ein peinlicher und dramatischer Unfall, in den ich verwickelt wurde.

Eine Karambolage im unabgeschlossenem Badezimmer, eine Dusche wie bei *Psycho* und ein gerissener Duschvorhang, ein schriller Schrei, eine laut klatschende Ohrfeige, die durch das ganze Haus hallte, und eine Tür, die mir so heftig ins Gesicht schlug, dass ich mit dem Hinterkopf gegen die Wand prallte und meine erste Ohnmacht erlitt. Noch drei Tage später konnte man die vier Finger meiner Schwester auf meiner Wange erkennen.

Ein Mahnmal, das mich die nächsten Jahre noch begleiten sollte. Der fünfte Finger, ihr Daumen, schrammte mir bei der Ohrfeige über die Nase und riss mir eine Handvoll Pickel auf. Mit blutigem, leuchtend rotem Gesicht wankte ich durch die Wohnung und war fest davon überzeugt, dass ich als Jungfrau sterben werde.

WEIL DER HIPSTER DIE FRAUEN KRIEGT

Mein Leben als Nerd war also nicht gerade einfach, und es hätte leicht mein ganzes Leben lang so weiterlaufen können, ohne dass ich etwas dagegen hätte tun können. Ich wäre immer der Nerd, der Loser geblieben, doch dann kam der Hipster, und mit dem Hipster wurde plötzlich alles anders.

Die ganze Welt veränderte sich. *Meine* Welt veränderte sich.

Ein bisschen so wie in *Karate Tiger,* wo diesem Loser der Geist von Bruce Lee erscheint und ihm zeigt, wie man es richtig macht: Wie man kämpft und am Ende die Frau kriegt. Der Hipster hat uns Losern gezeigt, wie wir es machen müssen. Der uncoole Nerd von gestern ist heute der hippe Hipster, der dir dein Gehalt zahlt, der morgen schon dein Boss sein kann, der mit seinem Start-up in einem Monat mehr verdient als du in deinem ganzen lächerlichen, unbedeutenden Leben.

Das Großmaul von damals, der coole Typ, der Weiberheld aus der Schule, ist heute der Alki, der Assi oder der nervige Typ, der immer der Letzte in der Kneipe ist und dem Barkeeper die Geschichten aus der guten alten Zeit vorlallt.

Welche Frau entscheidet sich heute noch für den dummen, sonnengebräunten, schlecht tätowierten Atzen? Nur Atzen-Tussen, wie wir sie aus *Berlin Tag und Nacht* oder aus der McFit-Werbung kennen. Welche Frau entscheidet sich für den sportlichen Langweiler, der einer Raffaello-Werbung entsprungen ist? Welche Frau steht auf das ungebildete Großmaul mit den Alt-Herrenwitzen und den Chauvi-Sprüchen? Die Frauen stehen auf den Hipster. Das wissen bereits alle: Die Filmbranche, die Musikbranche, die Werbung, die Kunst, das ganze World Wide Web weiß es – einfach alle. Wer kriegt also jetzt die ganzen Frauen, Alter?

WEIL DER HIPSTER SICH ALS BEDEUTENDES KUNSTOBJEKT FÜR DIE NACHWELT BETRACHTET

Jetzt bin ich in Stimmung, kreativ er- und angeregt – Zeit also, für mein tägliches Super-Selfie – mein Jahrtausend-Kunstprojekt. Hab ich euch schon davon erzählt? Here we go: Bei mir zu Hause hängt der gute König Ludwig II. in einem uralten vergoldeten Rahmen, den ich mal teuer auf dem Flohmarkt am Boxi erstanden habe. Davor mache ich mein tägliches Selfie.

————•————

BOXI: *Für alle Nicht-Berliner: »Boxi« ist die Kurzform und der liebevolle Spitzname für den »Boxhagener Platz« im Berliner Stadtteil Friedrichshain. Die Pilgerstätte und Treffpunkt der Generation Y (aber auch von allen Jung- und Hängengebliebenen – vom Studenten, über das junge Pärchen, über den Penner bis zum Dope-Head) befindet sich zwischen der Grünberger Straße, Krossener Straße und der Gabriel-Max-Straße und somit im Herzen des Szenebezirks F'hain. Zu seinem Namen kam er um 1900. Namensgeber war das Vorwerk Boxhagen. Der »Boxi« dient im Südkiez als zentrale Kiffer-, Säufer- und Erholungswiese, Treffpunkt aller Chiller, Freaks, Penner, Künstler, Hipster, Partyleichen, und genau darum schließt auch direkt an den Boxi ein Kinderspielplatz an. Aber das Highlight ist wohl der Flohmarkt, der dort jeden Sonntag stattfindet, sowie der Wochenmarkt, auf dem man frisches Obst, Gemüse, Fleisch, Käse, Brötchen und Gras kaufen kann. So versifft und abgefuckt der Platz auch sein mag – er steht als Gartendenkmal unter Schutz.*

————•————

Jeden Morgen stelle ich mich daneben und mache ein Selfie von mir oder besser gesagt von Ludwig und mir. Ja, ich mache jeden

Tag ein Selfie – JEDEN Tag. Entweder zu Hause mit Ludwig oder woanders mit anderen großen gemalten Persönlichkeiten. Ich habe schon Selfies im MoMa gemacht, in der Berliner Gemäldegalerie oder gemeinsam mit Dalí (Selbstporträt) und mit Oskar Schiele im Leopold-Museum in Wien.

Für mein Jahrtausend-Kunstprojekt habe ich eigens eine Instagram Gallery angelegt, und in ein paar Jahren folgt die Ausstellung. Auf der Vernissage könnt ihr dann die Entwicklung sehen. Ich nenne sie: »Porträts eines jungen Mannes mit Kunst.« (Fortsetzung ist auch schon in Planung: »Porträts eines alten Mannes mit Kunst.« (Ich weiß, da schwingt auch ein bisschen Hemingways *Der alte Mann und das Meer* mit – geil, oder?) Ich denke nicht gerne ans Verfallen und Älterwerden, aber das wird dann so was wie mein Alterswerk. Dann wahrscheinlich mit Hologrammen.

In 20 Jahren oder in 1.000 Jahren werden Menschen oder was es da auch immer an intelligentem Wesen geben wird (wenn wir die Erde bis dahin nicht völlig gefickt haben) mich in den Museen der Welt betrachten können. Man wird über mich rätseln und diskutieren, wie man viele Jahre davor über die Mona Lisa gerätselt hat. Who the fuck is Mona Lisa? – werden sie dann sagen. Das hier ist JONAS – ein echter Hipster aus dem 21. Jahrhundert. Ein Sprachrohr der Generation Y. Wer war dieser Mann? Wie hat er gedacht? Gefühlt? Gelebt? Geliebt? Gehasst?

Es gab Jack Kerouac, eine bedeutende Figur der Beat Generation, und es gab Jonas, eine große, bedeutende Figur des Hipstertums. Man wird es nicht ganz so genau mit der Zeitrechnung nehmen und wird mich mit Oscar Wilde, Djuna Barnes, Woody Allen, Hemingway und Ezra Pound an einen Tisch setzen. Man wird uns zur wichtigsten und einflussreichsten Bewegungen der literarischen Welt zählen. Man wird meine Instagram- und Twitter-Accounts reaktivieren, entschlüsseln und analysieren. Man wird meine Wohnung detailgetreu nachbilden, um ein Gefühl davon zu bekommen, wie ich gelebt habe. Das Jonas-Haus wird von Millionen Touristen in der Zukunft besucht werden und eine Pilgerstätte für pubertäre Mädchen sein, die Liebesbriefe, Kondome und in Holz geritzte Botschaften hinterlassen.

Die Beats würden heute bloggen. Ich sehe mich als deren würdiger Nachfolger, darum blogge ich. Kritische Texte, Poetry und Haikus.

Zurück zum Selfie: Ich postiere mich neben dem guten Ludwig, der über meinem skandinavischen Vintage-Schreibtisch hängt und wacht, posiere und setze das ironische Jonas-Lächeln auf, das ich immer aufsetze für mein Selfie-Kunstprojekt und eigentlich auch sonst: in der City, in den Bars, in der Agentur bei der Arbeit und wenn ich im Café meine Soja-Latte zu mir nehme. Es muss immer das gleiche Lächeln sein! Immer! Der Ausdruck, die Pose, das Lächeln – das muss immer gleich sein. Klamotten und Umgebung können variieren – Jonas nicht. Ich richte den Selfie-Stick aus, linker Arm locker an linke Hüfte, leicht einknicken, Blick von leicht unten nach oben, Brust raus, dank des schön weiten Ausschnitts meines American-Apparel-T-Shirts, ist mein relativ frisches Brustbein-Tattoo schön zu sehen, darüber mein voller dichter krasser Bart, leicht wie Wolle, top frisiert, glänzend und schimmernd, eine Augenbraue leicht gebogen, das leichte Kräuseln der Lippe und … KLICK!

Pause.

Shit! Gezwinkert. Verdammt! Okay, noch mal …

Pose: check!

Ironic smile: check!

Und … KLICK!

FUCK! VERDAMMT! WAS ZUR HÖLLE??? Eine Haarsträhne ist verrutscht!

Wollt ihr mich verarschen? Ich renne ins Bad, reiße mit zittrigen Fingern den Deckel der Pomade auf, fixiere die Strähne, streiche über mein weiches, gut gefettetes, glänzendes Haar: check!

Perfekt.

Zurück zu Ludwig, der immer den coolsten Blick draufhat, ohne zu blinzeln, ohne dass ihm eine Strähne verrutscht oder sich plötzlich bewegt. Jetzt aber, alter Ludwig, jetzt kriegen wir's hin! Jetzt wird ein Stück Kunstgeschichte geschrieben.

Pose: check!

Smile: check!

Und … KLICK!

BOOM!

Ich bin stolzer Vater von Porträt Nr. 453. Mein Baby ist gerade zur Welt gekommen. Ich könnte nicht glücklicher sein.

Upload in meine Instagram Gallery.

Futter für die hungrigen Fans.

Mein Start in den Tag.

9. GRUND

WEIL WIR NICHT WISSEN, WOVON WIR REDEN, WENN WIR VOM HIPSTER REDEN

Jeder redet über uns Hipster. Wir sind in den Zeitungen, in Magazinen, in den News, auf Blogs und mittlerweile auch in der Werbung angekommen. Kaum eine Anzeige für eine Bank oder eine Bausparkasse ohne das hippe, bärtige, tätowierte Hipster-Pärchen. Wir sind einfach überall. Aber trotzdem oder gerade deswegen wird so viel gehatet auf den Hipster. Und wie es so oft beim Haten ist: Niemand weiß eigentlich genau, wer oder was der Hipster eigentlich ist. Hauptsache hassen. Hass ist so einfach. Hass ist so dumm. Hater haben nur das Hassen, sonst haben sie nichts. Darum lasst mich erzählen vom Hipster – danach könnt ihr immer noch hassen und verachten und spotten und spucken – whatever …

Es wird viel gerätselt und viel gemutmaßt über den Hipster und seine Eigenschaften: Wie sieht er aus? Was zieht er an? Was denkt er? Was isst er? Was isst er nicht? Was und wie empfindet er? Hat er eine eher lange oder kurze Lebenserwartung? Verträgt er sich mit Artgenossen oder sogar *nur* mit Artgenossen? Können Hipster und Non-Hipster eigentlich heiraten? Kinder kriegen? Kann man einen Hipster zu Hause züchten? Was tun, wenn das eigene Kind ein Hipster ist? Was würde passieren, würde man Hipster klonen? Ist der Hipster ansteckend? Woher stammt der Hipster ursprünglich? Und vor allem: Wie konnte er sich so schnell verbreiten?

Seit die Medien den Hipster entdeckt haben und seine rasend schnelle Vermehrung (der Hipster vermehrt sich ähnlich schnell wie Viren oder Ratten), häufen sich die Fragen über Herkunft, Abstammung, Gewohnheiten und Motivation des Hipsters. All diese Fragen sind nicht leicht zu beantworten und die Letzten, die diese Fragen beantworten, sind wir selbst: DIE HIPSTER.

Der Hipster wirft mehr Fragen auf, als er beantwortet. Nicht weil wir etwa scheu wären oder zurückgezogen leben, nein, erwischt man uns etwa in einem der seltenen Momente, in denen wir aus Versehen oder betrunken eine Frage nicht mit einer Gegenfrage beantworten, beantworten wir diese gut verpackt in Ironie oder einer fetten Portion Sarkasmus, denn wir sprechen nicht nur fließend englisch, sondern auch fließend ironisch, sarkastisch und fickdisch.

10. GRUND

WEIL DER HIPSTER SO VIELE MASKEN TRÄGT

Tja, man wird nicht schlau aus uns. Und auch optisch werfen wir viele Fragen auf, aber eigentlich sind wir ganz deutlich zu erkennen. Ihr seht uns jeden Tag dort draußen auf der Straße – ganz besonders in Berlin, New York, London, Portland, Barcelona, Tokio, Amsterdam, Kopenhagen, Tel Aviv, Madrid, Hamburg, München, und trotzdem: Ihr könnt uns schwer einordnen – Schubladen sind für uns zu klein, wir fallen aus dem Rahmen, aus dem Raster, brechen mit allen Konventionen. Zu viele Splittergruppen gibt es, zu viele Merkmale, zu viele Styles, zu viele Gesichter und Bärte tragen wir. Wir sind Verwandlungskünstler und Verwandlungskrüppel zugleich. Wir tragen eine Maske, und nehmen wir sie mal in den seltenen Momenten ab, kommt darunter nur eine weitere, andere Maske zum Vorschein. Unser wahres Gesicht bekommt ihr nicht zu sehen. Unser wahres Gesicht kennen wir nicht mal selbst.

Wir tragen die Maske, die wir beliebig abnehmen und austauschen können, während ihr nur eure einzige Fresse habt, mit der ihr jeden einzelnen verdammten Tag herumlauft. Glotzt ihr darum so verbittert und frustriert, wenn wir leichtfüßig, gut gelaunt, mit einem Nachgeschmack des letzten Super-Green-Smoothies im Mund an euch vorbeischlendern und euch ignorieren?

Ihr könnt uns nicht einordnen. Nicht fassen. Nicht labeln. Darum hasst ihr uns. Oder hasst ihr in Wahrheit nur euch selbst? Weil ihr uns nicht zu fassen kriegt? Hasst ihr uns, weil ihr nicht klar sagen könnt: So, genau so und nur so, sieht DER HIPSTER aus? So tickt er und nur so?

Ich sag euch, ihr hasst uns, weil wir uns kleiden, wie wir wollen. Ihr hasst uns, weil wir uns nehmen, was wir wollen. Ihr hasst uns, weil wir die ganze Stadt zum Laufsteg machen. Ihr hasst uns, weil wir uns lieben und ihr euch hasst. Ihr hasst uns, weil wir leben und lieben und ihr leidet.

Wir machen uns die Welt, wie sie uns gefällt.

Und das gefällt euch nicht.

Ganz und gar nicht.

WEIL EIN BART ALLEIN NOCH KEINEN PHILOSOPHEN MACHT

Später irgendwann, als ich meine Transformation vom pickeligen Nerd zum super-ironischen und alles besser wissenden Hipster mit krassem Bart, dicker, schwarzer Ray Ban und coolem Man Bun abgeschlossen und meinen festen Platz im Hipster-Olymp eingenommen hatte, gab es ab und an Momente, in denen ich mir selbst einige philosophische Fragen stellte: Woher kommt der Hipster eigentlich? Aber was mich noch mehr interessierte, war die existenzielle Frage aller Fragen:

Wer war der allererste Hipster?

Bis heute habe ich mich immer und immer wieder mit der Frage auseinandergesetzt. Und gerade jetzt, während ich bei einem ausgiebigen Brunch sitze, zärtlich mein Bio-Brötchen hauchdünn mit der handgerührten Butter eines Bio-Bauernhofs aus der Uckermark bestreiche, es anschließend mit drei Scheiben Bio-Salami – vegan, Alter! – belege und ich plötzlich zwischen einem Bissen in mein Bio-Brötchen und einem großen Schluck von meiner Soja-Latte wieder einmal auf diese EINE große, existenzielle Frage stoße, die meine sonst so standhafte und sichere Hipster-Welt ganz kurz, ganz krass ins Wanken bringt …

Ja – wer war eigentlich der allererste Hipster?

Vor mir liegt aufgeklappt das *VICE*-Magazin, das einen Schaumklecks von meinem Soja-Latte abgekriegt hat – die Latte, so perfekt aufgeschäumt, dass es schon an wahre Barista-Kunst grenzt und bei dem sich jeder Schluck anfühlt, als küsse man ein Daunenkissen, das prall gefüllt ist mit Daunen von Gänsen, die nicht einen Tag in ihrem Leben traurig waren und natürlich aus einer Bio-Freilandhaltung stammen – ohne diesen lebensverachtenden Lebendrupf. Hier sitze und genieße und entspanne ich. Hier tanke ich auf. Kreativ und energetisch.

Ich schaue aus dem großen Fenster meines Stamm-Cafés und kraule meinen perfekt gestylten Rauschebart. Meine Gedanken wandern rückwärts, machen einen Streifzug durch die Geschichte, Popkultur, Popgeschichte, Viva und MTV und weiter zurück bis zu den alten Griechen. Wer zur Hölle war also der allererste Hipster?

Die Frage geht mir nicht mehr aus dem Kopf.

Ich mache eine Reise durch meine Synapsen. On the road durch die Galaxie meiner Gedanken. Ich, der Hipster-Philosoph auf der Suche nach dem Sinn – nein, nach der Entstehung des ersten Hipsters.

Ein wahrhaft großer Moment eines großen Mannes mit großen Gedanken. Sartre, Camus, Jonas.

12. GRUND

WEIL DER HIPSTER MIT GOOGLE AUF SINNSUCHE GEHT

Angefixt von meinem so philosophischen Gedanken, der einem Platon und einem Sokrates alle Ehre gemacht hätte, klappe ich mein MacBook auf, hole mir noch eine zweite und dritte Verstärkung dazu und bringe iPad und iPhone in Stellung. Verbunkert hinter einer Wand aus hoch intelligenter, hoch moderner und hochstylisher Technologie, sitze ich an meinem Stammplatz in meinem Stammcafé in meinem Wahl-Heimat-Kiez Neukölln und sehe aus wie ein Mitarbeiter der NASA oder der CIA. Das ist mir bewusst, aber es ist mir auch egal. Die Leute glotzen. Warum glotzen sie? Weil ich gerade das Interessanteste hier bin, darum.

Noch schnell einen Schluck von meiner stärkendem Soja-Latte, danach beauftrage ich Google mit der Suche auf meinem Mac-Book nach dem ersten Hipster in der Geschichte des Hipsters. Auf dem iPad beauftrage ich Bing mit der Suche, und auf dem iPhone bekommt den Suchauftrag die umweltfreundliche Suchmaschine umlu zugeteilt. Jede Suchmaschine spuckt was anderes aus, aber das war klar:

Google ist der Meinung, der Begriff »Hip« kommt ursprünglich aus der afroamerikanischen Jazzszene der 20er- und 30er-Jahre. Das kurze, so wohlklingende Wort bezeichnete Musik, die gerade angesagt war. So weit, so gut, wer aber war jetzt nun der allererste *Hipster?*

Bing gibt nur Unzuverlässiges und Altbekanntes von sich. Da wüsste selbst meine Mutter mehr und Konkreteres über den Hipster zu sagen. Und so schön und gut und nachhaltig und umweltfreundlich die Privatsphäre schützende Suchmaschine *umlu* auch ist, so nutzlos ist sie mir jetzt bei diesem allzu wichtigen Projekt – sie ist jetzt nicht zu gebrauchen, zu wichtig, zu ausufernd und komplex ist das Unterfangen, und darum muss ich mich auf den Giganten der Suchmaschinen verlassen: Ich peitsche Google weiter an, fordere die Suchmaschine wie noch nie jemand zuvor, nippe von meiner mittlerweile kalten Soja-Latte, beiße ungehemmt und mit einer Fratze, als würde ich einem Wildschwein die Oberkeule herausbeißen, von meinem Bio-Marmeladenbrötchen, wobei ein fetter Klecks Bio-Erdbeermarmelade auf dem Home-Button meines iPads landet und ich … ERSTARRE.

Eine Katastrophe! Verdammt! – VERDAMMT, möchte ich jetzt brüllen, sodass es jeder hört, so dass jeder meinen Schmerz spüren kann, sodass jeder Einzelne hier in diesem Café mit mir leidet, den Schmerz fühlt, in jeder Faser seines Körpers, ich brauche einen Schuldigen, sehe mich um, der Kellner, der Tischnachbar, der fette schlafende Köter unter dem Tisch da drüben – aber ich halte mich zurück. Auch die Tränen. Ich schlucke alles runter, feuchte die Serviette an und säubere drei Minuten lang in höchster Konzentration mein iPad, bevor ich wieder klar denken und weiter recherchieren kann. Mein Puls ist schneller als Google – die schnellste Suchmaschine der Welt. Am Arsch. Die Hipster-Zeitreise kann weitergehen. Ich jage *Google* immer weiter und tiefer durch die unendlichen Weiten des World Wide Web, auf der Suche nach dem allerersten Hipster, und stoße bald auf etwas, was mich zusammenzucken und innehalten lässt:

Calloway. Cab Calloway, ein afroamerikanischer Jazzmusiker, soll der erste Hipster gewesen sein. Damals, überaus erfolgreich, hat er ein Wörterbuch publiziert: *A Hipster's Dictionary: Language of Live.* Der Typ trug verdammt stylishe Anzüge: eine Mischung aus stilvollen Gentlemen-Anzügen und zu großen, zu lockeren, zu coolen Klamotten – extrem lange und weit geschnittene »Zoo Suits«.

Damit wurde er schnell zur modischen Stil-Ikone. Okay, also Calloway, der allererste Hipster? Vielleicht.

Vielleicht auch nicht. Google spuckt weitere Ergebnisse aus, und plötzlich heißt es wieder: Alles auf Anfang: Der jüdische New Yorker Boogie-Pianist und Sänger Harry Gibson soll nun der erste – der allererste – Hipster gewesen sein. Er hat den Slang schwarzer Musiker wie zum Beispiel Thelonious Monk imitiert und sich dafür den Spitznamen »THE HIPSTER« gegeben. Hm, selbst der erste Hipster soll schon geklaut und kopiert haben? Klingt glaubhaft, klingt nach dem Hipster, aber nicht nach 'ner guten Story. Ich grabe weiter und stoße auf einen alten Bekannten, mit dem ich schon des Öfteren im Bett lag:

Norman Mailer, das Literatur-Schwergewicht der modernen amerikanischen Literatur. Er soll den Begriff angeblich zum ersten Mal in seinem Essay *The White Negro* verwendet haben, über verzogene Weiße, die krampfhaft und auf lächerliche Weise versuchten, die schwarzen, coolen Getto-Jungs zu imitieren. Klingt auch so, als könnte das stimmen, aber wäre auch nicht wirklich … cool. Oder?

Okay, Calloway, Harry Gibson oder Norman Mailer waren also die ersten Hipster? Und einer von ihnen der ALLERERSTE?

That's it? Dem muss ich nachgehen, dann weiß ich mehr als andere, also öffne ich die Amazon-App auf meinem *iPhone* und bestelle mir ein paar schöne, alte, gebrauchte Bücher von und über Harry Gibson, Calloway und drei E-Books von Norman Mailer, die ich noch nicht habe. Dann fällt mir auf, dass ich es schon wieder getan habe: Bei AMAZON bestellt. Verdammter Mist. Es ist schon wie Atmen. App auf, bestellen, zack, fertig – morgen da. No Stress! Dabei hab ich mir geschworen, es nur noch in Notfällen zu tun und sonst meine Bücher in meinem Lieblingsbuch-Shop um die Ecke, in meinem Kiez zu bestellen. Fuck. Stornieren? Egal jetzt, das nächste Mal bestell ich im Kiez-Buchladen – versprochen.

Darauf schnell einen Schluck von meiner Club Mate, alle Zweifel und Schuldgefühle runterspülen, ab geht's, weg damit und weiter geht's.

13. GRUND

WEIL JESUS DER ERSTE UND WAHRE HIPSTER WAR

Ich starre aus dem großen Fenster, lasse meine komplexen Gedanken in alle Richtungen schweifen, nein, rasen, sodass die Funken sprühen, und beobachte dabei Berliner Gestalten, die am Fenster vorbeiziehen, -schlurfen, -humpeln, -kriechen und -torkeln. Meine Gedanken spritzen in alle Richtungen und Ecken, und ich schweife immer wieder ab – denke an Twitter, an Instagram und an Facebook – der unbändige Drang zu checken, zu sehen was es Neues gibt, was die Community so treibt und was sie umtreibt. Aber das würde bedeuten, den Gedankenstrom zu unterbrechen. Also, denke ich superkonzentriert und fokussiert weiter, so wie es die Menschen früher auch gemacht haben, ohne Internet.

Erst als es schon dunkel wird und ich dieses Gesicht sehe von diesem krass bärtigen Typen, der grübelnd in der Sitzecke sitzt und an dem Strohhalm seiner Soja-Latte nuckelt wie ein Säugling an dem Nippel der Mutterbrust und dabei mit irrem Blick durch das Fenster starrt, macht es auf einmal »Klick«, und alles – wirklich ALLES – fügt sich zusammen. Das letzte Puzzle-Teil – hier ist es, und jetzt sehe ich das ganze Bild.

Oh Baby, ja, genau so muss sich Einstein gefühlt haben, als er die Relativitätstheorie geknackt hat! Ich hab den ALLERERSTEN HIPSTER gefunden! Ich hab den Hipster-Code geknackt. Ein kleiner Schritt für den Hipster, aber ein großer Schritt für das Hipstertum.

Ganz ohne Google, ohne Internet und ohne Wikipedia – hab ich ihn gefunden, den allerersten Hipster: Cheese-ass, also: JESUS.

Ja, Jesus war der allererste Hipster. JESUS! Verdammt ja, Jesus war der aller-aller-allererste HIPSTER! Ich schnappe nach Luft. Das schreit nach einem Soja-Espresso-Macchiato, aber das könnte gefährlich werden. Mein Puls rast. Ich atme aus. Sehe mich um. Lehne mich zurück. Genieße den Moment, diesen großen, großen Moment. Meinen Moment.

Ein paar irritierte Blicke der Gäste sind auf mich gerichtet (oder bilde ich mir das nur ein?), aber das ist fast immer so, egal wo ich auftauche. Hab ich laut gedacht? Geredet? Das halb leere Latte-Glas schwankt plötzlich – ich muss es vor Aufregung berührt haben – und bevor es auf die Tastatur meines MacBooks kippt, greife ich es, trinke es aus und stelle es weit weg von meinem MacBook. Ich wische mir den knisternden Sojaschaum vom Mund und muss den unendlich starken Drang unterdrücken, nicht aufzustehen und feierlich zu rufen:

»*Hört her! Hört alle her! Ich weiß es, ich hab es endlich herausgefunden, wer der allererste und wahre Hipster war: Es war … (dramatische Pause, kurzer Blick in jedes der erwartungsvollen Gesichter) … JESUS!*«

Ein Raunen geht durch den Raum. Hastiges, empörtes Flüstern, dann vereinzeltes Klatschen, das anschwillt und sich zu einem tosenden Applaus hochschraubt. Ich verneige mich. Blitzlichtgewitter. Breaking News: Die Presse berichtet. *Süddeutsche, SPIEGEL, ZEIT*

und *VICE* sind vor Ort. Live-Übertragung auf Facebook. Live-Übertragung auf einen überdimensionalen Screen auf dem New York Times Square. Eine Presse-Sondersitzung wird einberufen. Eine Limousine holt mich ab, bringt mich in ein Studio, vor dem schon kreischende Fans auf mich warten, um mir das Jeanshemd zu zerfetzen und meinen Man Bun zu verstrubbeln – sie wollen etwas von mir – eine Haarsträhne, einen Hemdknopf, den Schnürsenkel meiner Budapester oder meine Beanie – egal was, irgendwas.

Ich schaue mich noch einmal um. Alle Gäste sind auf sich konzentriert. Auf ein Gespräch, in eine Zeitung vertieft, oder sie starren auf den Screen ihres Smartphones. Wäre ich jetzt an meinem Arbeitsplatz, zwischen all meinen Kollegen, in der Agentur, würde ich es tun. Ich würde aufspringen und es ausrufen, ich würde eine Rundmail schreiben. Aber hier, im Café – no way, wäre echt 'ne Nummer zu crazy. Also beiße ich mir auf die Lippe. Mein Herz klopft in Höchstgeschwindigkeit gegen meine Brust, dazu schießen mir 1.000 Fragen durch den Kopf wie: Soll ich das jetzt gleich mal twittern? Einen Artikel darüber schreiben und ihn der *VICE* anbieten? Ein ganzes krasses Buch darüber schreiben? Den Titel dafür hätte ich schon:

Jesus – The Holy Hipster
oder
Jesus – The Hipster No 1
oder
Holy Shit – War Jesus der erste Hipster?

Ja, Jesus war der wahre Hipster, der ganze Rest, von wegen Gottes Sohn, Messias und diese Kreuzigung – das war alles eher Zufall, da ist er ungefähr so zufällig reingeraten wie der DUDE in *The Big Lebowski* in die Geschichte mit der Entführung, obwohl er doch eigentlich nur seinen bepissten Teppich ersetzt bekommen wollte. So lief es auch bei Jesus ab. Er wollte eigentlich auch nur eine ruhige Kugel schieben: Schön kiffen (hat John Niven in einem Buch ja schon ganz gut erzählt), lange Spaziergänge unternehmen auf den staubigen Straßen von Nazareth (Fixie hatte er ja noch keins), und irgendwann war er so weit spaziert und so stoned, dass er nicht mehr umgedreht ist, er ist einfach immer weiter spaziert. Hat Leute getroffen und mit ihnen geplaudert. Einige haben das, was er von sich gegeben hat, eindeutig missverstanden und es als Predigt missdeutet und verbreitet. So was passiert, so was passiert auch noch heute jeden Tag, da müssen wir uns nur die Nachrichten anschauen oder einen Blick auf Facebook werfen – Leute verstehen das Richtige oft völlig falsch, und dann verbreitet sich der ganze Scheiß, und aus der eigentlichen Message wird Gossip, wird ein Shitstorm oder all diese Fake News.

Heute würde Jesus mit einem Jutebeutel über der Schulter in Bars in Neukölln rumhängen, ein paar ironisch witzige Zitate auf Twitter raushauen und von seinen urbanen Reisen durch das Berliner oder New Yorker Nachtleben bloggen. Er würde in Kochshows auftreten, würde ein Buch über seine besten Posts und coolsten Tweets rausbringen und am Wochenende mit den Jungs rausfahren in eine Hütte im Grünen, um zu angeln und über die Vor- und Nachteile des Urban Gardening zu philosophieren. Er würde sein Leben leben und all den Scheiß machen, den auch ich mache. That's life, Baby. Er würde sich eine Sauna bauen und chillen, er würde mit seinen Jungs jammen und würde auf Flohmärkten abhängen. Er wäre Social Media Manager in einer Werbeagentur – so wie ich.

Ich gebe es nicht gerne zu, aber ein klein wenig zittere ich vor Aufregung. Ich fühle mich ein wenig heldenhaft, so als hätte ich gerade den Code geknackt, um Aids zu heilen oder so. Ich öffne schnell die Twitter-App auf meinem iPhone und haue einen Tweet raus, den ersten für heute, und ich bin verdammt spät dran damit:

Holy Shit! Erkenntnis des Tages:
Jesus war der allererste und einzig wahre Hipster.
#hipster #jesus #holyhipster #holyshit

Nachdem ich in den folgenden zwei Stunden im 3-Minuten Takt mein Twitter Account gecheckt habe, erst ziemlich schockiert, weil ich nach zehn Minuten immer noch kein einziges VERDAMMTES LIKE, keinen einzigen RETWEET oder sonst irgendeine Reaktion auf meinen Killer-Tweet bekommen habe, kippe ich noch einen Soja-Latte mit Extra Espresso-Shot und gönne mir einen Schuss Karamell-Flavor on the top. Was kostet die Welt?

Ist klar, dass mich der extra Koffein-Kick nicht runterbringt: Ich bin innerlich am AUSFLIPPEN! Rutsche auf der glatt gesessenen Sitzbank hin und her, checke immer wieder mein Twitter-Account, werde erst innerlich und schließlich auch für alle gut sichtbar verdammt nervös: Mein Kopf zuckt paranoid hin und her, meine Blicke huschen durch das Café, als würde man nach mir fahnden, alle zehn Sekunden reiße ich mein iPhone hoch und checke Twitter – dann … bekomme ich einen Schweißausbruch. IMMER NOCH NICHTS: NOTHING. NADA. FUCK – wo zur Hölle sind die denn alle, wenn man sie braucht? Scheiß Twitter-User, scheiß asoziale Netzwerke! Sozial am Arsch – total asozial! Denn das machen sie aus einem: einen Asozialen, vernetzt mit Millionen von Asozialen und abgeschirmt von der Realität, dem echten Leben, ein Leben unter der Käseglocke der digitalen Scheinwelt.

14. GRUND

WEIL DER HIPSTER IMMER WAS FEIERT – AM LIEBSTEN SICH SELBST

Eine halbe Stunde später: immer noch keine einzige Reaktion auf meinen Tweet. Was ist los, Twitter? Ein Hacker-Angriff der Japaner? Russland? China? Eine groß angelegte Manipulation von Trump, dem Trottel? Putin? Der dritte Weltkrieg, der bei Twitter beginnt und sich in rasender Geschwindigkeit im ganzen World Wide Web ausbreitet? Verfickt noch mal. Oder ist das Thema »Hipster und Jesus« vielleicht zu heiß für die meisten? Ach was, scheiß drauf.

Aber dann trudeln sie endlich ein, die ersten Reaktionen. Ich liebe Twitter und das Gefühl, das sich in deinem Magen ausbreitet, wenn du immer mehr und mehr Likes und Re-Tweets bekommst.

Bis zum Abend haben es von meinen 12.645 Followern fast 70 Prozent geliked, 358 retweetet (darunter auch Follower, die der deutschen Sprache nicht mächtig sind, aber da sie das Wort »Hipster« und »Jesus« lesen können und auch verstehen, ist es ja fast selbst erklärend und sie liken es – selbst sicher Hipster – ironischerweise natürlich), und 186 haben direkt darauf geantwortet. Stand 19:30 Uhr: über 12.684 Impressionen, Alter. Und ich habe knapp 100 neue Follower dazubekommen. Ein voller Erfolg.

Ein guter Tag. Der »Jesus Hipster« macht die Runde durchs soziale Netzwerk, und ich bekomme meine Portion Ruhm. Was hätte der gute Andy Warhol wohl dazu gesagt? 15 Minuten Ruhm? Scheiß drauf, was will ich mit 15 Minuten? Ruhm wird heute in Tweets, Likes, Shares und Follower gemessen, Andy, Alter!

Das will gefeiert werden. Also sitze ich am Abend mit zwei Kumpels bei einer Runde Craft Beer, wobei ich ihnen in aller Ausführlichkeit die beeindruckende Reise meiner Gehirnwindungen beschreibe, als würde Steve Jobs eine Keynote zum neuen iPad vor 1.000 Apple-Jüngern halten. Nach einem knapp 35-minütigen Monolog, in dem ich das Tempo mal angezogen, mal kurz unterbrochen habe, um einen Schluck vom köstlichen, mittlerweile lauwarmen Craft Beer nehme oder mir eine American Spirit drehe (blau), eine Kunstpause einlege, damit meine Freunde die Informationen besser verarbeiten können, hinterherkommen und ich schließlich meine Kopf-Reise beende – sind sie nun bestens darüber informiert, wie ich zu dieser Jahrtausend-Idee gekommen bin, nicken, staunen, glotzen und prosten.

Also stoßen wir an. Jesus – der allererste und einzige wahre Hipster – Whooop! Noch eine Runde. Kostet ja nur 5,90, das 0,33-Craft-

Beer. Was kostet die Welt? Das steht in fetten schmierigen Lettern über unseren Köpfen an der nikotindurchtränkten Wand der Kneipe, auf einem Retro-Schild: Was kostet die Welt?

Nada. Prost!

Der Hipster-Jesus wird derbe abgefeiert. Zum Craft Beer gesellt sich nun der ein oder andere Shot, und zum Shot gesellt sich der nächste Shot – bis wir so zerschossen sind, dass ich die Damentoilette mit der Herrentoilette verwechsle – ist aber nicht leicht, schon gar nicht besoffen – gibt ja kein Schild. Was soll's. Wird's nicht sowieso Zeit für Uni-Sex-Toiletten? Wer kann schon heute noch Frauen von Männern trennen? Die Grenzen verschwimmen. Schwanz ist nicht gleich Mann und Muschi ist nicht gleich Frau. Und das ist auch gut so.

Dann kommt mir der geniale Gedanke, dass Jesus, also der Hipster-Jesus, gay war. Nein, nicht gay, sondern bi – ganz klar: Jesus war bisexuell. Hat Liebe mit allem und jedem gemacht. Weil man das so macht. Keiner wird benachteiligt. *Alles kann, nichts muss* war schon sein Slogan. Klar, Alter. Warum nicht? Er hat einfach alle geliebt und sich von allen lieben lassen. Würde Hipster-Jesus heute leben, er würde Kleid und Strapse tragen. Würde sich dick Kajal um die Augen malen und ab und an auch mal 'nen Lippenstift auftragen. Und Nagellack? Auf jeden Fall NAGELLACK, ALTER!

Ich mach mir eine Notiz ins iPhone, wofür ich Evernote nutze:

Merke: Jonas – zur nächsten Kostüm-Party muss du als Transen-Hipster-Jesus gehen!

Als ich weit nach Mitternacht ins Bett steige, müde, aber zittrig erregt und befriedigt bis in die immer noch gut geölten Bartspitzen, tippe ich im Geist bereits die ersten Zeilen meines Artikels fürs *VICE*-Magazin. Dann packe ich das Projekt »JESUS-HIPSTER« zu meinen anderen 156 Projekten in eine Schublade in den Tiefen meines genialen Gehirns, wo ich es dann herausholen werde, wenn es so weit ist, ziehe mir die dicke Biber-Bettdecke bis ans Kinn, auf der ein Waschbär mit Partyhütchen in einem dicken skandinavi-

schen Wollpulli prangt – total ironisch natürlich –, und seufze erleichtert. Ein letzter Blick auf den selbst gebastelten Sternenhimmel
an meiner Zimmerdecke, und ich schließe die Augen. Meine letzten
Worte, bevor ich in den Schlaf gleite, sind wie immer:

»Gute Nacht, John-Boy.«

15. GRUND

WEIL DER HIPSTER SICH LEIDENSCHAFTLICH GERN SELBST INSZENIERT

Brunch-Time! Darauf habe ich mich schon die ganze Woche ge-
freut. Beim Brunch ist es ein bisschen so wie auf der Fashion Week.
Es geht nicht ums Essen, es geht darum, zu sehen und gesehen
zu werden und dabei auch noch so gut wie möglich auszusehen
(was natürlich so aussehen muss, als würde man darauf keinen besonderen Wert legen).

Das Wichtigste: so tun, als würde man nichts und niemandem
besondere Aufmerksamkeit schenken, aber trotzdem jeden ganz
genau abchecken, der das Café betritt oder verlässt, während man
zum dritten, vierten oder fünften Mal die erste Zeile des Artikels im
SZ-Magazin liest, den man sowieso nie ganz liest – viel zu viel Text,
zu wenig Bilder und einer Lesedauer von fünf Minuten – WTF!?
Fünf Minuten Lebenszeit – so viel opfere ich höchstens dem Beischlaf.

Ich schaue also im 5-Sekunden-Takt von meiner *SZ*-App auf,
sehe mich wie zufällig und unauffällig um und lasse meinen Blick
über die Gesichter der Gäste schweifen. Ein paar kenne ich vom
Sehen, aber niemanden persönlich. Kommt noch. Früher oder später tanzt hier jemand an, der mich kennt und erkennt, dann werde
ich so tun, als lese ich gerade total konzentriert die *SZ* und könne
mich nur schwer von ihr trennen – aber weil ich höflich bin, tue ich

es dann doch, und man kommt ins Gespräch. Endlich! Wie lange muss ich hier noch sitzen und so tun, als würde ich Zeitung lesen, verdammt noch mal? Please will someone save me? SOS – SAVE OUR SOULS!

Ich checke Twitter. Ich checke Facebook. Ich checke Instagram. Ich checke, was zu checken ist, und checke, dass viel passiert ist – und sich doch nichts getan hat in den sozialen Netzwerken. Bleibe überall ca. zehn Minuten hängen. Like, re-tweete, kommentiere – dann werfe ich einen Blick durch das Fenster, um nach meinem Fixie zu sehen. Ich hasse es, es draußen stehen lassen zu müssen, aber ich darf es nicht mit rein nehmen. Frechheit. Das Pärchen bringt seinen Bernhardiner mit rein, und ich muss mein Fixie draußen lassen?

Aber – es steht noch da. Bin erleichtert und irgendwie auch traurig, nein, nicht traurig, empört – warum versucht niemand, es zu klauen? Sieht niemand außer mir, was für ein Hammer-Teil das ist? Es hat mich fast 1.000 Eier gekostet, die ich jetzt monatlich in 26-Euro-Raten abstottere.

FIXIE: *Das Modewort »Fixie« bedeutet so viel wie »fixed gear«, also »starrer Gang«, und im Gegenteil zum Hipster selbst, ist das Fahrrad auf das Nötigste reduziert: Es hat weder eine Gangschaltung, noch Freilauf, Bremse, Licht oder Schutzbleche. Es hat einen Rahmen, zwei Räder und zwei Pedale – that's it, und Hipster stehen drauf. By the way: Das erste Eingangrad ohne Freilauf war ein Hochrad und wurde etwa 1870 zum ersten Mal gebaut. Vielleicht kommt auch das Hochrad noch mal zurück auf unsere Straßen? Der Hipster würde es lieben.*

Ich bestelle mir noch eine Soja-Latte und frage mich: Was würde Hemingway twittern, würde er heute leben? Der Meister der Short Stories und der Erfinder der Six Word Stories. Also einer Geschichte, bestehend aus nur sechs Wörtern – kürzer als die 154 Zeichen bei Twitter – also, perfekt für Twitter. Story + Hashtags = BOOM! Wie kam es zu den Six Word Stories? Gut, dass ihr fragt, das ist 'ne Anekdote, die ich immer und überall erzähle – also, passt auf:

Wir schreiben die 20er-Jahre. Musik, Jazz, Swing und Gin liegen in der Luft. Drei Freunde sitzen bei einem Drink zusammen. Wo? In einer Bar in Paris natürlich. Drei junge Schriftsteller.

Ezra Pound, F. Scott Fitzgerald und Hemingway. Sie prahlen und sie veralbern sich gegenseitig, machen das Werk des anderen schlecht – ja, sie dissen sich auf eine freundschaftliche Weise, wie man es unter Saufkumpanen und Kollegen so macht. Sie wollen wetten. Sie wetten bei jeder Gelegenheit. Der Einsatz sind zehn Dollar. Nur die Wette fehlt noch. Dann kommt Hemingway mit der literarischen Wette, die sofort begeistert: Wer schafft es, eine gute Kurzgeschichte mit nur sechs Wörtern zu schreiben? Die Wette gilt, und sie legen los. Wer gewinnt? Hemingway natürlich – wer sonst. Es ist seine Anekdote, also ist es seine Wette und seine Version der Geschichte. War seine Kurzgeschichte gut? Sie war verdammt gut. Wollt ihr sie hören? Hier ist sie:

For sale: baby shoes, never worn.
ERNEST HEMINGWAY

BOOM. Das bringt mich auf DIE Idee! Ich lege einen Twitter-Account an und twittere, was Hemingway heute twittern würde – in nur sechs Worten. Die kürzesten Short Storys der Welt.

Manchmal sprudele ich über vor Ideen, viele vergesse ich, also öffne ich die Evernote-App und mache mir eine Notiz. Das nächste Projekt. Ich sehe mich um. Niemand sieht mich an. Niemand sieht mich. Niemand da, der mich kennt. Wie viel Kaffee muss ich noch trinken, wie oft den ersten Satz des *SZ*-Artikels noch lesen, bis jemand kommt, der mich erlöst? Ich könnte einen Tweet raushauen und meine Follower wissen lassen, dass ich hier bin. Ist jemand in der Nähe, kommt er vielleicht vorbei. Es darf nur nicht verzweifelt wirken. Ich mache ungefähr 30 Entwürfe für EINEN Tweet, platze beinahe vor rasender Eifersucht. Eifersucht auf was, auf wen, warum? Ich hab keine verdammte Ahnung. Trotzdem, ich renne, nein, ich renne nie – ich eile aufs Klo, spritze mir kaltes Wasser ins Gesicht, schaue mir tief in die Augen und sage meinem Spiegelbild, dass es verdammt noch mal cool bleiben soll. Ich lächle. Gehe zurück an meinen Platz. Ich lächle. Es schmerzt.

Good things come to those who wait (Guinness Slogan) – aber ich hasse es zu warten. Jonas wartet nicht. Jonas wartet auf niemanden. Ich beschließe jetzt ernsthaft, aus lauter Verzweiflung den geöffneten Artikel in der *SZ*-App zu lesen. Ich nehme eine lässige Lesepose ein und lese. Ich lese wirklich, Wort für Wort, Satz für Satz, einen nach dem anderen, und plötzlich, ganz plötzlich sitze ich nicht mehr in diesem Café, höre ich nicht mehr diese Stimmen um mich herum …

16. GRUND

WEIL DER HIPSTER UNS ALLE ÜBERLEBEN WIRD

Der *SZ*-Artikel packt mich zuerst am Button-Down-Kragen meines kobaltblauen Fred-Perry-Hemds, dann an den Eiern, und bevor ich wieder auftauchen kann, hat der Artikel mich fest an der Kehle gepackt, und ich ersticke beinahe an meinem Bio-Brötchen. Ich huste krampfhaft, wobei mehrere Körner wie kleine Geschosse über die Tischplatte schießen. Ich schiebe das iPad mit dem *SZ*-Magazin vor mein Gesicht – so nahe, dass das Gestell meiner nachtschwarzen Ray Ban beinahe den Screen des iPads berührt. Titel des Artikels: »Gescheiterte Missionare: Der Hipster ist tot« …

Ich schlucke.

WWW ... WTF!? HIPSTER IST TOT?

Was wird dann aus mir?

Ich lege mein Bio-Brötchen und das iPad zur Seite, atme ein und atme aus – dann packe ich das iPad mit frischem Mut mit beiden Händen und halte es ganz nah vors Gesicht. Dreht sich jetzt jemand zu mir um, sieht er einen Typen, auf dessen Hals ein iPad steckt statt eines Kopfes. Eine neue Spezies. The iPad-Man. Oder iMan.

Dann mache ich etwas, was ich, glaube ich, noch nie getan habe: Ich lese den Artikel, Wort für Wort. Lesezeit sechs Minuten steht da, das ist krass – echt krass, aber nicht unmöglich und als ich anfange, fließen die Worte kristallklar wie Wasser in einem Fluss dahin, und ich folge ihnen, lese bis zum letzten Wort, bis zum bitteren Ende. Dann lege ich das iPad ab, lehne mich zurück und atme tief ein und aus.

Was macht er mit mir, der Artikel? Er erregt mich. Reizt mich. Regt meine gut und tief vergrabenen Emotionen an. Er macht das, was kaum jemand schafft, nicht einmal das Knacken der magischen Follower-Marke von 10.000 auf Twitter hat diese Emotion in mir hervorgerufen – damals. Der Artikel bewegt mich. Tief. Tiefer. Ich würde am liebsten weinen und schauen, wie sich das anfühlt. Muss sehr seltsam sein, wenn Wasser aus den Augen fließt. Was macht man dann?

Gleichzeitig erschüttert der Artikel mich. Missionare? Hipster sind Missionare? Na klar sind wir das, das hab ich ja bereits mit meiner Jesus-Theorie vom ersten Hipster klargemacht. Aber sterben? Das Aussterben der Hipster? Was kommt dann? Was kommt danach? Und was passiert mit uns – mir mir? Werde ich dann wieder der pickelige und pummelige Nerd?

Mit zittriger Hand stopfe ich mir das Bio-Ei wie einen Pfropfen in den Mund. Es flutscht in meinem Mund hin und her, bis ich es mit den Zähnen zu fassen kriege, meine Zähne hineinramme und es genüsslich und voller Rachsucht zermalme. Die bröckelnden Reste schütte ich mit einem großen Schluck Soja-Latte hinunter.

Ein dickes Stück Ei bleibt dabei wie ein Korken in meiner Speise-röhre stecken, ich japse kurz, röchle, und dann löst sich der Brocken ploppend und plumpst in meinen Magen.

Ich halte dagegen. Mein Theorie ist besser, als die vom Tod des Hipsters. Der Hipster ist tot? Never ever! Lang lebe der Hipster, Alter. Warum wird der Hipster alles und jeden überleben?

Passt auf, ich sag's euch.

Der Hipster hat beste Zukunfts- und Überlebenschancen, ähn-lich wie Ratten und Kakerlaken: Er verbreitet sich schnell und über-lebt jede Krise dank einer ungesunden Portion Ironie, die er wie ein Schutzschild vor sich her trägt. Das kann man auch ganz gut daran erkennen, wie ausgerechnet Hipster-Magazine wie *VICE* und das Hipster-geschwängerte *Interview Magazine* den nahenden Tod des Hipsters verbreiten. Aber wisst ihr was, ich halte es da mit den Worten von Mark Twain: *»Die Nachrichten über meinen Tod sind stark übertrieben.«*

Von wegen Untergang des Hipsters, die Hipster-Welle sei vorbei, das ist alles Quatsch, Hipster vermehren sich unaufhaltsam – jeden Tag. Alter, du musst nur mal einen Fuß auf den Boden hier in mei-nem Kiez in Kreuz-Kölln setzen, und es dauert keine 30 Sekunden, bis dir ein frisch gezwirbelter Porno-Schnäuzer, ein Jutebeutel oder eine Trucker-Mütze über den Weg spaziert oder du von einem Fixie-Bike überrollt wirst, während dich ein Meer aus ironischen Blicken geflissentlich ignoriert. Stell dich dort an eine Kreuzung, schließe die Augen und wirf einen Nike-Sneaker: Ich wette 'nen Fuffi mit dir, du triffst einen Hipster – aber triff bloß nicht mich, Alter, sonst werd ich dich so dermaßen dissen auf Twitter, dass du nie wieder nur einen Blick in deinen Account werfen wirst vor Panik. Ich werde dich digital so abfucken – dass du freiwillig ins digitale Exil aus-wanderst und nur noch auf Facebook rumhängst, zusammen mit den Müttern, den kleinen Geschwistern und deinem Chef.

Es gibt uns überall, und wir werden immer mehr. Nicht weni-ger. Du siehst uns überall. Dich aber sehen wir nicht. Du existierst nicht. Wir sehen nur das, was wir sehen wollen. Wir werden euch alle überleben, gemeinsam mit den Kakerlaken und den Ratten. Und warum? Weil wir die Fähigkeit besitzen, uns perfekt anzupassen, scheinbar ohne uns anzupassen. Ähnlich wie das Chamäleon verändern wir unseren Style: Wir besitzen eine ausgeprägte Farbwechselfähigkeit, dadurch ist es schwierig, einige Hipster-Arten genau zu bestimmen. Sie sind auch innerhalb einer Art stark variabel und von Alter und Geschlecht abhängig. Sieht vielleicht nicht so aus, aber unser besessenes krampfhaftes Streben nach Individualität ist eigentlich nur eine Suche nach einem Platz, an dem wir es uns gemütlich machen können – einem Platz, an dem wir unangreifbar, unantastbar und unzerstörbar sind. Damit haben wir in vielen Jahren gelernt, uns bestens anzupassen – unter allen Umständen. Wir Hipster sind Lebens- und Überlebenskünstler.

Wir werden wie Ratten und Kakerlaken gehasst, aber das macht uns nur stärker – ja, vielleicht sogar unbesiegbar. Da stehen wir drüber. Wir sind jetzt schon überall. In der realen Welt, in der Werbewelt und im World Wide Web – einfach überall.

Angefixt von diesem Survival-of-the-fittest-Gedanken haue ich einen Tweet raus:

Der Hipster ist tot? Es lebe der Hipster!
#deathtothehipster #thehipsterisdead #hipsterforever

Und dann noch einen:

The Hipster is like the cockroach: He'll survive us all.
#hipsterlife #hipsterforever #hipsterwillsurvive

Ironisch gemeint natürlich. Darum füge ich noch einen Smiley hinzu, einen mit schwarzer Sonnenbrille, der sich eine Knarre an den Kopf hält.

WEIL DER HIPSTER DEINEN WÜRDEVOLL ABGEFUCKTEN KIEZ IN EINEN SEELENLOSEN PONYHOF VERWANDELT

Während er mir von seinem Konzert erzählt, wie immer so laut, dass es die ganze Kneipe hört, blicke ich an ihm vorbei und starre auf ein neues Straßenschild an der Straßenecke. Nicht das Schild ist neu, sondern das, was da jemand drübergeklebt hat. Sieht aus wie das Werk, der Hipster-Antifa, einer Gruppe von unterbelichteten Spacken, die sich gegen solche wie mich zur Wehr setzen und eine Art Hipster-Säuberung betreiben. Lächerlich, einfach lächerlich. Auf dem Schild steht mit krakeliger schwarzer Farbe auf weißem faltigen Papier, das man auf das Straßenschild geklebt hat:

Welcome to Schwabylon!

Ja, verdammt, ich komme aus dem Schwabenland, bin vor fast zehn Jahren nach Berlin gekommen. So what? Ich und 1.000 andere.

Früher Punk, heute Prada, Alter. Wer will schon bepisste Ecken statt coole Designer-Boutiquen, Kreativ-Hotspots und Smoothie Pop-up-Läden? Das nennt man Veränderung oder auch Entwicklung. Wir schreiten nach vorn in die Zukunft, und ihr geht rückwärts, haltet euch krampfhaft an eurer großen Zeit fest, um auch noch mit 80 Jahren mit eurer verrosteten Sicherheitsnadel im Ohr in eurem Kiez herumzutorkeln und zu nölen.

Aber wisst ihr was? Was wir im Prenzlauer Berg begonnen haben, ziehen wir weiter durch und holen uns den Rest: Friedrichshain, Mitte, Kreuzberg und Neukölln. Wir machen ein Hipster-Paradies aus deinem Kiez. Du musst keine 300 Meter weitergehen, und dir begegnet eine weitere Botschaft auf einen Stromkasten gesprayed:

HIPSTER GO HOME!

Das steht da schon lange, und immer wenn es jemand übermalt, kommt jemand und bringt wieder seinen Spruch. Ich fühle mich immer persönlich angesprochen, angespuckt und angewichst. Manchmal habe ich sogar das Gefühl, sie verfolgen mich schon. Also, mich persönlich. Wahrscheinlich stehe ich auch auf deren Hipster-Abschussliste. Wollen mich fertigmachen. Sie haben mich auserwählt, mich als DEN Hipster, der für ALLE Hipster steht und sterben muss. Ich sollte vielleicht erwähnen, dass ich mich leicht in Dinge hineinsteigern kann. Eine weitere Beichte: Ich leide unter einer Zwangsneurose, gepaart mit einer leichten Prise Paranoia. Aber dazu später mehr, wenn sich dazu eine Gelegenheit bietet – aber die bietet sich bisher jeden Tag.

Hip, hipper, Hipster: »Hilfe die Hipster kommen!«, schreist du noch, aber da ist es längst zu spät: Wir schlagen die Kriegstrommel, kommen in wildem Galopp auf bunten Einhörnern herbeigestürmt und fallen über deinen so schön abgefuckten, billigen, gemütlichen, sympathisch charaktervollen Kiez her, vergewaltigen ihn mit einer Horde von hippen Hipstern und verwandeln ihn in einen farbenfrohen, verkitschten, überteuerten, hippen und seelenlosen Ponyhof. Der Hipster, der Kiezkiller.

Aber hey, das stört uns doch genauso wie dich, aber was soll's, dann ziehen wir eben weiter. Irgendwo wartet bestimmt noch ein abgefuckter Kiez, über den wir herfallen: Wedding ist schon die ganze Zeit »am Kommen«, oder Moabit. Aber weißt du was, Marzahn kannst du behalten.

Und was verflucht noch mal ist so schlimm an bunten Einhörnern? Besser als brennende Autos, fliegende Backsteine und Scheiße an den Wänden, oder?

WEIL DER HIPSTER AN ALLEM SCHULD IST

Eine weitere Beichte und ein Geständnis: Ja, ich bin schuldig. Ich bin schuld. Wir sind schuld. Wir Hipster sind schuld – an allem.

☞ Wir sind schuld daran, dass du keinen Gin Tonic mehr in deiner Stammbar bestellen kannst, ohne gleich als Hipster beschimpft zu werden.

☞ Wir sind schuld daran, dass du dir zweimal überlegst, dein Lieblings-Jeanshemd anzuziehen.

☞ Wir sind schuld daran, dass du dich jetzt täglich rasierst.

☞ Wir sind schuld daran, dass du dich nicht mehr mit deinem MacBook ins Café setzt.

☞ Wir sind schuld daran, dass du nicht einmal mehr mit einem Jutebeutel auf den Markt gehen kannst.

☞ Wir sind schuld daran, dass du jedes Mal ein schlechtes Gewissen hast, wenn du deine Ray-Ban-Sonnenbrille aufsetzt, die du schon seit 15 Jahren trägst.

☞ Wir sind schuld daran, dass dein Kiez von Bioläden überschwemmt wird und du dir nicht mal mehr 'ne Schrippe leisten kannst.

☞ Wir sind schuld daran, dass plötzlich bunte Hipster-Pärchen mit Glitter-Einhörnern auf dem Pulli durch die gerade noch so abgefuckten, vermüllten und von Pisse stinkenden Straßen trippeln, als wäre der Kiez ihr fucking Laufsteg.

☞ Wir sind schuld daran, dass die Mieten durch die Decke gehen.

☞ Wir sind schuld daran, dass du keinen normalen, einfachen Coffee to go mehr kriegst.

Leute, wir nehmen es auf unsere Trucker-Kappe: Wir sind schuld.

WEIL DER HIPSTER ZU COOL IST, UM ZU LÄCHELN

Ich klappe mein MacBook zu und lausche mit einem Ohr unserem immer schlecht gelaunten Creative Director, der gerade dabei ist, die neuen Konzepte für einen unseren Kunden XYZ zu präsentieren. Der Kunde ist eine der führenden Bausparkassen. Es geht um einen neuen TV-Spot. Sie wollen jetzt natürlich auch jüngere Leute ansprechen und ihnen ein Eigenheim und die Aussicht auf eine sorgenfreie, von einem Jägerzaun abgesicherten Zukunft schmackhaft machen.

Wir sichten Fotos von hippen jungen Menschen: tätowiert, bärtig, mit Hornbrille, ohne Brille, dafür mit Man-Bun oder Out-of-bed-Look mit Undercut. Die Frau trägt einen streng frisierten Dutt oder einen Undercut oder die eine Hälfte lang, die andere weggefressen, fransig und mit Undercut, dazu trägt sie wahlweise einen Faltenrock, der aussieht wie der untere Teil eines Muffins in Bunt, und irgendwie macht sie dabei trotzdem den Eindruck, als wäre sie auf einer Fotografie aus den 50ern zu sehen und … dann wird's erst so richtig gut: Wir sichten Fotos von Mini-Hipstern: Kinder in Anzügen, Kinder mit Hüten und Hosenträgern, Kinder mit Fliegen und Krawatten, Kinder mit zurückgegelten Haaren, Kinder mit Undercut, Kinder mit Mützen und Kinder mit Schnullern, die ihnen einen künstlichen Bart in ihr kleines, aber schon Hipsterverseuchtes Gesicht zaubern – einfach zauberhaft.

———•———

UNDERCUT: *Ist natürlich englisch und bezeichnet eine Frisur, bei der der untere Teil der Haare rasiert ist – das Deckhaar bleibt lang oder etwas länger. Der Undercut hatte in den 80ern, wie so viele skurrile und trashige Modetrends, seinen ersten Auftritt, verschwand wieder in der Versenkung, bis der Hipster ihn wieder ausgegraben hat, so* *wie er alles ausgräbt und ausprobieren muss. Es gibt Leute, die sagen, der Sidecut ist mittlerweile wieder out, und es gibt Leute, die sagen, er ist so »hip« wie noch nie. Tatsächlich tritt er immer noch verstärkt auf und ist bereits bei den Stars wie Rihanna, Scarlett Johansson, Kelly Osbourne, Colin Farrell, Miley Cirus und sogar bei unserer Tennis- und Twitter-Legende Boris Becker angekommen. Wird also Zeit, dass der Hipster das Monster wieder tötet, das er selbst erschaffen hat.*

———•———

Unsere Designerin Julia kommt wie immer zehn Minuten zu spät zum Meeting. Sie hat ihr iPhone ständig in ihrer kleinen Faust und zückt es alle drei Sekunden, aber trotzdem hat sie keine Uhr, auf die sie sehen kann, ob sie zu spät ist oder nicht. Sie betritt den Konfi, ohne zu lächeln, ohne einen Laut von sich zu geben und ohne uns auch nur eines kurzen Blicks zu würdigen. Sie setzt sich mit ihrem typisch gelangweilten Gesichtsausdruck, den sie wahrscheinlich auch beim Sex nicht ändert, ans Ende des langen Tischs, um zu zeigen, dass sie zwar dabei ist, aber nicht zu uns gehört.

Oder wir nicht zu ihr.

Wenn ich ihr auf dem Flur begegne, hebe ich ausnahmsweise meinen Kopf für sie – ich will sie jedes Mal grüßen. Freundlich sein, man kennt sich schließlich – ich sehe sie öfter als meine Eltern. Montag bis Freitag – fast jeden Tag. Acht Stunden. Wir könnten verheiratet sein, und ich würde sie nicht öfter sehen. Aber sie – sieht mich nicht. Sie lächelt nie. Sie ist irgendwo anders, in ihrer Welt. Wegen ihr habe ich schon angefangen zu lächeln – ja, mein Gott –, ich lächle sie an, wenn ich ihr begegne, im Fahrstuhl, auf dem Weg zur Toilette (ist vielleicht 'n bisschen creepy?) und wenn Feierabend ist – aber nie, NIE, lächelt sie zurück. Sie lächelt nie. Sie ist so verdammt cool. Das bin ich auch, aber nicht, wenn ich ihr begegne. Ich hasse sie.

WEIL DER HIPSTER NICHT WEISS, WAS WAHRE LIEBE IST

Die anderen sichten immer noch Fotos. Ich sichte Julia. Und sie sieht was komplett anderes – weiß der Teufel, was sie sieht. Sie macht mich wahnsinnig. Wie sie da sitzt, so für sich und doch dabei. Sie steht gerne im Abseits oder lässt andere im Abseits stehen – kommt auf die Perspektive an. Ihr verbeulter Hut sitzt ihr so leicht auf dem Hinterkopf, als wäre er vom Himmel gefallen und nur zufällig auf ihrem honigblonden Schopf gelandet. Alles an ihr sieht schwedisch aus: ihre blass-blauen Augen, die in einem Teich aus blauem Lidschatten schwimmen, ihre helle, fast durchschimmernde Haut, ihr blondes Haar, ihre Nase, ihre langen, dürren Finger mit den immer dick und knallrot lackierten Fingernägeln, die ihre Finger aussehen lassen wie Streichhölzer. Ihr gelbgrün kariertes Holzfällerhemd ist weit geöffnet, wie die Türen eines Klubs, und flattert bei jedem Schritt, den sie macht, hinter ihr her. Darunter trägt sie ein schwarzes Top, das sie knapp unter ihren Brüsten absichtlich schlecht abgeschnitten hat, darüber spannt sich eine Art schwarzes Netzshirt, das ihr knapp bis zum Bauchnabel reicht. Ihre kleinen Brüste gefangen in einem Netz, als könnten sie sonst verloren gehen. Ihre schwarzen Hotpants sehen an den Rändern aus, als hätte sie sie von ihrem Hund kürzen lassen. Lange und kurze, dicke und dünne Fransen hängen herab. Ihre mageren Schenkel schlägt sie übereinander und wippt ungeduldig mit ihrem linken Fuß, der in der Luft baumelt und in einem schwarzen, klobigen Desert Boot von Clarks steckt – die Schnürsenkel fahrlässig wie schlaffe Spaghetti herabhängend und beinahe den Boden berührend. Sie sieht einmal in die Runde, und das war das letzte Mal, dass sie ihren Kopf gehoben hat, ab jetzt sitzt sie nur noch da und kritzelt in ihr Notizbuch.

Warum sieht sie mich nicht an?
Ich hasse sie.
Sie macht mich wahnsinnig.
Ich hasse sie.
Warum spricht sie mich nicht an?
Ich hasse sie.

21. GRUND

WEIL DER HIPSTER SCHLECHTE WERBUNG NOCH SCHLECHTER MACHT

Nach etwa vier Stunden, Tausenden Fotos von jungen, schönen Menschen und unzähligen Litern Club Mate haben wir endlich die drei Fotos ausgewählt und zusammengesetzt, wie ein Puzzle, das die Lösung zur Rettung der Welt darstellt. Wir haben unser Hipster-Pärchen für den Werbespot gefunden. Feierlich stehen wir auf und geben uns High Five. Von außen sieht das wahrscheinlich grotesk aus, aber wenn man in Action ist, fühlt sich das gut an, so als hätte man eine Schlacht gewonnen oder einen Preis, und das muss man irgendwie körperlich ausdrücken. Wir könnten uns auch die Klamotten vom Leib reißen und einen riesigen Gang-Bang veranstalten – aber das wird nicht passieren. Also muss es bei den peinlich leidenschaftlichen High Fives bleiben.

Der obligatorische Mops darf im Spot natürlich auch nicht fehlen. Irgendeiner schlägt sogar noch eine fette Grumpy Cat vor, die man zwischen die Gartenzwerge in den kleinen Vorgarten platzieren könnte, aber das geht dann doch zu weit. Der Kunde hält den Spot sonst noch für 'ne Verarsche. Ja, sogar die Werbewelt kennt ihre Grenzen. Soll ja schließlich keine Parodie werden. Obwohl ernst gemeinte Werbung am Endes des Tages immer als Parodie endet. Zumindest hier bei uns in good old Germany.

Aber das hier, das, was wir hier heute geschafft haben, gemeinsam, das ist total ernst gemeint. Diese so junge und hippe Familie, mit ihrem Fertighaus und ihrem Katalog-Leben, außerhalb Berlins, im frischen, fruchtigen Fertighaus, mit ihrem Hipster-Kind, das wahrscheinlich einen so klangvollen Namen wie Hans Peter-Gustav oder Chantal-Sarafina und Sarah-Jane trägt, dem Familien-Mops und ihren ernst gemeinten Gartenzwergen hinter ihrem so sicheren und frisch lackierten Jägerzaun – das sind wir.

Wir sind die neuen Spießer.

Ja, wir sind spießiger, als die spießigsten Spießer es jemals waren, auch wenn wir tätowiert, bärtig, gepierct, schwul, lesbisch, schwarz, weiß, gelb, grün sind oder Boutiquen eröffnen, die Dildos, Anal-Plugs und Doppel-Vibratoren ausstellt wie Kunstwerke – wir sind die neuen Ultra-Spießer. Und wir sind stolz darauf.

Weil wir alles besser machen als unsere Eltern. Wir machen nicht alles anders, wir machen es einfach besser, um es später besser zu haben. So geht Zukunft heute.

WEIL HIPSTER DIE NEUEN SPIESSER SIND

Auch wenn wir im Keller unser eigenes Craft Beer brauen, auch wenn wir jagen gehen, auch wenn wir unser eigenes Gemüse anbauen und empört auf Twitter unserer Wut digital freien Lauf lassen, wenn wir daran denken, was so manch einer unserer Erde antut. Wir sind die neuen Ultra-Spießer. Und wir Hipster sind jetzt auch in der Werbewelt angekommen.

Auf dem Weg nach Hause mache ich noch einen kurzen Abstecher zu Denn's, um die Zutaten fürs Abendessen zu besorgen. Ich koche heute mal wieder selbst, statt essen zu gehen. Warum?

Weil ich gut drauf bin und der Tag mehr als erfolgreich war. Der Spot wird der Hammer, so total ironisch und cool. Die Stimmung ist gut, und wenn die Stimmung gut ist, muss ich kochen, das ist wie Party machen. Nur gesünder. Ich checke kurz die »Go Veggie-App« und suche mir mein Abendmahl aus. Ich werde liebevoll Tofu marinieren, dazu einen Sud aus Kürbiskernöl, einem frischen Sugo und einem selbst gemachten Mandel-Pesto zaubern, alles zur selbst erstellten JONAS' Spotify-Dinner-Playlist. Das wird mega.

Eine halbe Stunde nach meinem Abendmahl sitze ich auf der Kloschüssel und scheiße mir die Eingeweide aus dem Leib. Es brodelt und knallt in der Schüssel. Begleitet von tiefen Seufzern und schrillem Wehklagen starre ich in verkrümmter Haltung den Elchkopf aus Pappe über der Tür an – das heißt, wir starren uns gegenseitig an – der Elch und ich, Auge in Auge, während ich mich krümme und biege und stöhne und laut knatternd in die Schüssel furze. Aber da, plötzlich, zwischen Schmerz und nächstem Furz, erfasst mich plötzlich ein Gedanke, nein, eher ein Gefühl, ein Gefühl von ja was – Heimweh? Ja, es ist Heimweh. Plötzlich schieben sich Bilder vor mein geistiges Auge, und ich sehe ein schickes Fertighaus mit großen Fenstern, skandinavischer Stil, große, meterhohe Fenster, fast nur Glas und Holz, – lichtdurchflutet – luftig möbliert mit skandinavischen Öko-Möbeln, die ich und ein schwedisches Architekturkollektiv designt haben. Mitten im Grünen, um am Wochenende angeln, jagen oder wandern zu gehen. Oder wie wäre es mit ein wenig Yoga am Morgen vor grüner Kulisse, während dir die frische Luft die American-Spirit-vernebelten Lungen durchpustet?

Vielleicht könnte ich endlich mit dem Bogenschießen beginnen? Gelbe Zucchini anbauen? Mate anpflanzen? Mich mit einer Familie niederlassen. Die Familie müsste ich noch produzieren mit einer Frau, die ich noch finden müsste, aber das wäre alles machbar. Einen coolen Dackel zulegen. Ein Dackel würde dann ganz gut zu meinem neuen Hobby, dem Jagen, passen. Ich sehe schon das gerahmte Porträt von mir und meinem Dackel über dem Kamin. Oder die ach so ironische und doch irgendwie ernst gemeinte Weihnachtspostkarte, auf der meine junge Familie und ich, das gleiche Kostüm tragen – auch der Familien-Dackel, und die an alle Freunde, Bekannte, Geschäftspartner, Eltern, Verwandte und Nachbarn geht.

Hipster Christmas to everyone
Ho-Ho-Ho – Hipster Christmas
O Hipster Night
All I want for Christmas is a Hipster
I'll be Hipster for Christmas
Santa Hipster
Hipster the Snowman
The Hipster Drummer Boy
God Rest Ye Merry Hipsterman

Der Hipster ist geboren
Es ist ein Hipster entsprungen
Fröhliche Hipster überall
Ihr Hipsterlein kommet
Lasst uns froh und Hipster sein
Leise hipstert der Schnee
Morgen, Hipster, wird's was geben
Süßer die Hipster nie klingen
Stille Nacht, Hipster Nacht
Vom Hipster hoch, da komm ich her

– alles jetzt schon echte Hits.

WEIL DER HIPSTER DER MODERNE NARZISS IST

Wir sind der Spiegel unserer Gesellschaft, und der Spiegel ist verdammt groß. Wir schauen in den Spiegel, und was sehen wir? Nicht das, was wir sind, wir sehen das, was wir sein wollen. Wir brauchen die absolute Kontrolle, die absolute Überwachung über uns und unser Spiegelbild. Big Brother is watching you? Scheiß auf Überwachungskameras, was wir brauchen sind Spiegel, wir brauchen mehr Spiegel! Ganz viele viele Spiegel, große, kleine Spiegel – überall Spiegel. Spieglein, Spieglein an der Wand, wer ist der schönste Hipster im ganzen Land?

Die Gesellschaft schafft sich ihre eigenen Monster. Wir sind euer Produkt. Ihr seht uns immer und überall, und wir sehen nur uns, immer und überall. Wir nutzen und benutzen alles, was uns als Reflexionsfläche dient, alles, worin wir uns spiegeln können – egal wie klein, egal wie groß, egal wo, was, wann und wie – wir sehen uns immer und überall darin. Narziss hatte nur sein verschwommenes Spiegelbild auf einem See. Wir aber haben die Schaufenster, wir haben Autoscheiben, Handydisplays, die Sonnenbrillengläser unseres Gesprächspartners, den Spiegel hinter den Flaschen in der Bar, das Chrom des Zapfhahns, den Flatscreen in der Agentur, die Kaffeemaschine – was und wo auch immer, wir finden es, und wir werden hineinblicken, und was werden wir darin sehen? Uns. Uns Uns. Uns selbst und nur uns selbst.

Unterhalte dich darum niemals mit einem Hipster direkt vor einem Schaufenster. Er wird so tun, als höre er dir zu, er wird lächeln, nicken und zustimmen – das gilt aber nicht dir, das gilt seinem Spiegelbild. Denn was er in Wirklichkeit die ganze Zeit tut, ist sein Spiegelbild im Schaufenster zu betrachten und dich zu ignorieren, denn du störst ihn dabei nur. Während du Konversation machst, betreibt er Ego-Wellness und checkt sein Lächeln, seine

Pose, seine »Performance«. Das ist sein Auftritt. Und du bist sein Publikum.

Das letzte Mal kam ich an einem Schaufenster in BERLIN-MITTE vorbei, in dem ein Schild angebracht war:

DAS IST EIN SCHAUFENSTER!!!
KEIN SPIEGEL!!!!!!!

Warum müssen die Leute mit ihren Ausrufezeichen immer so inflationär umgehen, um ihren Worten Nachdruck zu verleihen? Das wirkt so verzweifelt.

24. GRUND

WEIL DER HIPSTER SOGAR 'NE APP FÜRS KLO HAT

Ich greife nach dem Stapel mit dem Lesestoff fürs stille Örtchen und erwische das zerfledderte Buch über Elon Musk *Wie Elon Musk die Welt verändert – Die Biografie*. Ich schlage es irgendwo auf, ich kenne es auswendig, suche nach einem schnellen Zitat, das ich klauen und leicht abwandeln kann, eins, das sich tweeten lässt, eins, das Eindruck schindet, einen frischen Gedanken auslöst, eine schnelle Befriedigung mit sich bringt. Aber ich suche und finde nicht das passende, das eine, das mich befriedigt. Das Buch wirkt heute völlig inhaltslos, voller leerer Phrasen und nichtssagender, weichgespülter Zitate. Ich bin so viel besser als Elon Musk. Who the fuck is Elon Musk?

Ich sollte selbst ein Buch schreiben. Ich hatte mal ein Angebot von einem Verlag, von einem großen Verlag. Er wollte meinen Twitter-Account zwischen zwei Buchdeckel packen. Ich hab gesagt: Fuck you, und hab gelacht, hab den Verlag auf Facebook und

PRADA
SPIEGLEIN, SPIEGLEIN AN DER WAND, WER IST DER SCHÖNSTE HIPSTER IM GANZEN LAND?
NO!
DAS IST EIN SCHAUFENSTER!!! KEIN SPIEGEL!!!

Twitter gedisst und gehatet. Scheiß Kommerz-Verlag. Heute bereue ich es natürlich und heule diesem einen Moment hinterher. Meiner verpassten Chance. Dem großen Moment. Könnte ich die Zeit zurückdrehen, ich würde wie Marty McFly in meinen DeLorean steigen und in die Vergangenheit reisen. Ich würde meinen Twitter-Account von einem Verlag verlegen lassen, ich würde einen verdammten Spiegel-Online-Bestseller landen, ich würde in Talkshows meine Best-of-Tweets von mir geben, mit einem ironischen Grinsen im Gesicht, ich würde auf Lese-Tour gehen, die wie Rock-Konzerte ausufern – das alles und noch viel mehr würde ich tun ...

Ich stehe auf, spüle, putze mir exakt drei Minuten die Zähne – dafür habe ich natürlich eine App, von ORAL-B, die unterhält und lenkt mich ab mit unnützen News. Zähneputzen kann schließlich verdammt lang sein, und das zweimal oder sogar dreimal am Tag. Danach benutze ich keine Zahnseide, sondern Zahnseide-Sticks – geniale Erfindung (könnte von mir sein, damit würde ich in die Höhle der Löwen gehen, Alter!) –, schaue zu, wie sich das Wasser im Waschbecken mit dem Blut meines Zahnfleischs vermischt, gurgele mit natürlichem alkoholfreien Weleda Ratanhia Mundwasser, setze mich auf den Klodeckel und bürste meinen Bart ausgiebig mit genau 100 Bürstenstrichen und behandle ihn schließlich mit meinem Beard Brew Woodland Bartöl. Eine tägliche Streicheleinheit für gesundes Wachstum. Ein glücklicher Hipster braucht einen stolzen Bart.

Danach geht es mir wieder gut, mein Magen hat sich beruhigt, und ich fühle mich, als hätte ich zwei Stunden meditiert, und genau das ist es auch, meine Bartpflege – eine erholsame Mediation.

Das erdet mich.

WEIL DER HIPSTER NUR PERFEKT GESTYLT INS BETT STEIGT

Ich korrigiere noch schnell einen Wildwuchs und entferne mit einem Trimmer ein paar Haare im Abseits, checke kurz kleine Krater und Fältchen im Gesicht und behandle mein Gesicht mit einem wohltuenden Weleda Gesichtspeeling, einem Weleda Gesichtswasser und schließlich mit einer Weleda Feuchtigkeitscreme für den Mann: einer leichten Feuchtigkeitspflege, die sofort einzieht und die Haut geschmeidig hält. Warum sollte meine Fresse mit 30 aussehen wie die eines Bauarbeiters, wenn es auch anders geht? Das Sesam- und Jojobaöl pflegen, Bienen- und Carnaubawachs schützen meine Haut vor all den Umwelteinflüssen, die mich jeden Tag draußen erwarten. Natürliche ätherische Öle verleihen einen frischen Duft. Die Wirkformel mit einem Auszug aus Eibischwurzel verwöhnt meine Haut und hilft ihr, genug Feuchtigkeit zu bewahren – die Haut gewinnt an Elastizität und ich an Anziehungskraft. Spannungsgefühlen wird wirksam vorgebeugt – ich hasse es, wenn ich in einem Meeting sitze und plötzlich spüre, wie meine Gesichtshaut spannt, als hätte mir jemand ein Kondom über den Kopf gestülpt. Kennt ihr das? Es fühlt sich an wie eine Maske. Eine Maske, die ich herunterreißen muss.

Ich checke noch einmal schnell mein Spiegelbild, korrigiere hier und da eine Haarsträhne, schnappe mir die Pinzette und zupfe drei Augenbrauenhaare aus, die aus der Reihe tanzen, und fahre noch ein allerletztes Mal voller Stolz mit der Hand durch meinen dichten, wolligen Bart. So muss sich ein stolzer Vater fühlen, der sein Kind im Arm hält. Ich liebe meinen Bart. Er ist ein Kunstwerk – perfektes Teamwork zwischen mir und Mutter Natur.

Ich spüre so etwas wie Erleichterung. Ich könnte auch ganz anders aussehen, irgendwie scheiße, da würde auch keine Weleda Gesichtscreme helfen. Ich schenke meinem Spiegelbild ein Gute-

Nacht-Lächeln und steige ins Bett. Ist schließlich schon 22:34 Uhr. Heute bitte keine Albträume. In meinen schlimmsten kafkaesken Träumen krabbeln mir Insekten, Spinnen und Käfer in meinen Bart und bauen sich Nester oder krabbeln mir in den weit geöffneten Mund. Noch bevor die Titelmusik der *Drei ???*-Folge zu Ende geht, gleite ich in einen tiefen erholsamen Schlaf – meinen Schönheitsschlaf. Nie unter sieben Stunden und nie über acht Stunden.

26. GRUND

WEIL DER HIPSTER ZUR FALSCHEN ZEIT GEBOREN WURDE

Wieso wurde ich gerade in diese Zeit hineingeboren? Das frage ich mich oft. Warum nicht in den 20ern oder 50ern oder so oder auch noch früher, zur Zeit Caesars oder den alten Griechen?

In einer anderen Zeit könnte ich im stylishen Anzug und mit unverschämt frechen und cleveren Sprüchen auf den Lippen mit Oscar Wilde bei einem Glas Absinth in den Bars von London, Berlin und Paris abhängen. Ich würde mich mit Hemingway und Fitzgerald auf einen Aperitif auf der Terrasse eines französischen Cafés treffen, plaudern und Gossip austauschen.

Der Spruch *Früher war alles besser* ist abgedroschen, I know, aber es stimmt. Ich unterschreibe es sofort. Schaut euch doch mal um, Chaos, Terror, das Abschlachten der Bäume und Abholzen der Tiere – oder umgekehrt, wie auch immer, es herrschen KRIEG UND TERROR –, dieser ganze Irrsinn, und wie sind die Aussichten? Mehr als schlecht. Grotesk grässlich. Einfach schauderhaft. Noch nie sah es für uns so miserabel aus. Gäbe es eine Zeitmaschine, ich wäre der erste Zeitreisende, aber natürlich nur mit den wichtigsten Features wie MacBook, iPhone, iPad, Netflix und Internet. Also bitte, ein Minimum an Service und Technologie sollte schon gewährt sein – egal in welcher Epoche. Oder was soll ich in den 20ern ohne Internet? Massentaugliche Radio-Popkacke hören? Vergiss es.

Ich sollte mir heute Abend mal wieder alle drei Teile von *Zurück in die Zukunft* reinziehen. Ganz klassisch auf VHS. Das waren noch Zeiten, da konnte man wenigstens noch mit einem Auto in die Vergangenheit reisen. Und heute? Brauchen wir ewig, um auch nur ein paar vernünftige Elektro-Autos auf die Straße zu bringen und diese Abgas-Dreckschleudern endlich zu verschrotten.

WEIL DER HIPSTER EIN VERKLÄRTES BILD VON NOSTALGIE MIT SICH HERUM SCHLEPPT

Back to the roots: mit der Hand und dem eigenen Schweiß etwas erschaffen – so wie früher. Echte Handwerkskunst. Ich schaffe es zwar nicht mal, in meiner eigenen Wohnung eine Lampe richtig anzubringen, und wenn eine Glühbirne durchbrennt, dauert das schon mal Monate, bis ich mich dazu durchringen kann, das verdammte Teil endlich auszutauschen, aber ich glaube, wenn es drauf ankommt, etwas mit den bloßen Händen zu erschaffen, dann kann ich das – ganz gut sogar. Zumindest in meiner Vorstellung. Oder für die eigene Nahrung zu sorgen.

Darum habe ich mit meinem Kumpel und Arbeitskollegen Bernd erst vor Kurzem einen eigenen Schrebergarten angemietet. Wir sind jetzt also Teilhaber eines Schrebergartens, in dem schon bald unser eigenes Gemüse wachsen wird. Weitere Pläne sind: eine selbst gebaute Sauna, ein Baumhaus, ein Grill mit Schornstein und Steinofen für selbst gemachte Pizzen. Da werden dann die geilsten Gartenfeste gefeiert. In unserem Garten, den wir mit bloßen Händen erschaffen haben, nach unseren Vorstellungen. Ein Paradies. Der Garten Eden.

Ich treffe mich mit Bernd, um unser »Urban Gardening« voranzutreiben. Beim Unkrautjäten, Bodenbesamen und -bewässern erzähle ich Bernd von meiner Idee raus aufs Land zu ziehen: »Also, ich mein nicht raus aufs Land, in so'n Kuhkaff oder so. Nein, ich meine so am Rande der Stadt. Verstehst du? Grunewald. Wannsee. Schlachtensee oder so was. Da bist du schnell in der Stadt, wohnst aber im Grünen, hast den Wald und das Wasser direkt vor deiner Nase, so 'nen coolen Dackel, einen eigenen Garten, 'ne Family, Garten-Partys, Barbecues, lange Schachabende und vielleicht sogar so 'ne selbst angelegte Minigolfanlage. Verstehste?«

Bernd wischt sich den Schweiß vom Gesicht und korrigiert sein pomiertes Haar, das sich in langen, glänzenden Strähnen wie Schnittlauch über seinen Undercut legt. Er blinzelt in die Sonne, stützt sich auf den Zinken des Rechens ab, den Stiel leicht in den Boden gedrückt, und blickt sich nachdenklich im Garten um. Aufgesetzte James-Dean-Pose. Fehlt nur noch, dass er jetzt den Rechen hochnimmt und ihn wie ein Gewehr über beide Schultern legt. Bin ich dann Elizabeth Taylor? Er nickt langsam zustimmend, immer noch nachdenklich. Oder er tut so, als würde er nachdenken.

»Klingt nich schlecht, Alter«, sagt er, lehnt den Rechen gegen die Gartenlaube und öffnet zwei Neumarkter Lammsbräu Urstoff und gibt mir eins davon.

»Alter, darüber hab ich auch schon 'n paar Mal nachgedacht, Haus im Grünen und so mit 'nem fetten Smoker im Garten, Fisch räuchern, Pulled Pork, Beef und Chicken und so – das wär's, Alter. Mehr brauch ich nicht.«

Bernd nickt, sein Blick bekommt diesen Schimmer, wie ihn Menschen bekommen, die ein Anflug von Nostalgie überkommt. Aber eigentlich haben wir gerade von meinem Haus im Grünen gesprochen. Es geht mir auf den Sack, dass Bernd immer alles auf sich bezieht. Wenn ich sage, dass ich krank bin, geht's ihm noch viel schlechter; wenn ich sage, dass ich letzte Nacht kaum geschlafen hab, hat er nicht eine Minute ein Auge zugetan; wenn ich ihm sage, dass ich pleite bin, ist er so pleite, dass er sich den Tofu ohne Marinade reinziehen musste oder nur zwei Blatt Toilettenpapier benutzen konnte statt der üblichen drei.

Ich reiße das Ruder wieder an mich: »Ich glaub, ich mach das, Haus im Grünen, Alter, das ist es. Hab genug von der Stadt. Wenn meine Oma noch leben würde, würde ich ihr das Haus abkaufen, Alter. Aber das gibt's nicht mehr. Haben wir verkauft, verdammter Mist. Das wäre jetzt perfekt. Schönes Einfamilienhaus mit Dachboden und Jägerzaun und so«, sage ich.

Wir nicken beide dem Garten zu.

Darauf stoßen wir an.

»Da fehlen dir halt dann die Bars, die Kneipen, die Geschäfte und die Vernissagen und so. Kannst nicht mal schnell um die Ecke in deine Stamm-Bar. Wie viele Bars gibt's hier? Eine Kaschemme, in der das Durchschnittsalter bei 65 liegt?«, sagt Bernd. In seinem Schnäuzer perlt und prickelt der Bierschaum. Er wischt sich mit dem Handrücken darüber und nickt.

»Mach das, Alter, wenn es das ist, was du willst, dann mach das.«

Ich zucke mit den Schultern. Hat er vielleicht recht? Hat er, aber das muss ich ihm ja nicht in den Schnäuzer schmieren.

28. GRUND

WEIL DER HIPSTER DEN GEIST SEINER GROSSMUTTER MIT EINEM EINTOPF HERAUFBESCHWÖRT

Es gibt diese Abende, meine Kochabende für mich allein. Das sind besondere Momente. Ich mache Borschtsch. Mein Ritual. Nach dem Original-Rezept meiner Großmutter. Ich werde dieses Rezept weitergeben an meine Kinder, und die geben es weiter an ihre Kinder – ein bisschen so wie die Szene aus *Pulp Fiction*, in der Christopher Walken dem Jungen die Taschenuhr seines Vaters übergibt, die sein Vater und dessen Vater in seinem Arsch mit sich herumgetragen hat, und auch er selbst hat sie in seinem Arsch mit sich herumgetragen, wenn ich mich richtig erinnere – nur dass ich den Borschtsch nicht in meinem Arsch mit mir herumtragen muss. Zumindest nicht das, was ich an meine Kinder weitergeben werde. Ich werde verdammt noch mal dafür sorgen, dass dieses Gericht noch in 100 Jahren von meinen Nachkommen gekocht wird und zwar genau so, wie es meine Großmutter gekocht hat.

Mein Ritual. Das sieht dann immer so aus:

Ihr kennt sicher den Film aus den 80ern: *Karate Tiger*. Nicht *Karate Kid*. Ich spreche von *Karate Tiger*, der, in dem der Geist von Bruce Lee diesem jungen Typen erscheint und ihm zeigt, wie man richtig kämpft. Klingelt's? Und so ungefähr läuft es bei mir und meiner Großmutter, wenn ich allein zu Hause bin und ihren Eintopf kochen will. Ich hole die Schürze meiner Großmutter, und schon erscheint dieses gleißende Licht, aus dem nach wenigen Augenblicken meine Großmutter heraustritt. Erst sehe ich nur ihre Silhouette, den gebückten Gang, die dünnen, krummen, knorrigen Äste von Beinen, die in Thrombosestrümpfen stecken, den schlurfenden Gang, als würde sie gerade inline skaten lernen, den Kopf mit dem kurz gelockten, grauen Haar, in dem immer dicke alte Lockenwickler stecken; der Duft nach ihrem Haarwasser, der schon zu ihrem Eigengeruch geworden ist. Das sanfte Lächeln, das nur Großmütter können. Das Licht verschwindet, und sobald sich meine Augen wieder an das Tageslicht gewöhnt haben, erkenne ich sie klar und deutlich:

Da steht sie. Lebendig, steht mit mir in meiner kleinen Küche und blickt immer zuerst auf den Katzenkalender, der dort hängt. Ein Geschenk meiner Ex-Freundin. Ex-Freundin ist vielleicht etwas

zu dick, es war eher eine viel zu ausgedehnte Affäre. Meine Großmutter steht dann da und sieht sich den Katzenkalender an, dreht
sich zu mir um und lächelt, lächelt und lächelt mich an. Bis sie endlich etwas sagt: »Mein kleiner Jonas, du willst also mal wieder meinen guten alten Borschtsch machen?« Dann kichert sie und reibt
sich die Hände, wie die Hexe bei *Hänsel und Gretel*.

Obwohl ich den Eintopf schon über tausendmal gemacht habe,
führt sie mich Schritt für Schritt durch den Kochprozess, zeigt mir,
wie ich die Petersilienwurzel schneiden soll, wie viel Salz ich hin-
zugeben soll, wie viele Augenbohnen in den Topf kommen, warum
es wichtig ist, die rote Bete genau so und nicht so zu schneiden,
und warum ich ein altes polnisches Wanderlied dazu singen muss.
Auch das kann ich auswendig, auch wenn ich keine einzige Zeile
davon verstehe. Wenn meine Großmutter sicher ist, dass ich auf
dem richtigen Weg bin, verlässt sie mich wieder, nickt mir noch
ein letztes Mal voller Stolz zu, tritt in das plötzlich auftauchende
gleißende Licht und spaziert davon, ohne meine letzte Frage beantwortet zu haben, wie es Opa denn da oben so geht und was sie
die ganze Zeit so machen. Ich winke ihr ein letztes Mal hinterher,
blicke in den großen Topf vor mir, atme den köstlichen Duft ein
und schließe die Augen.

Dass ich das Schweineschmalz weglasse und durch kalt gepresstes
Bio-Olivenöl ersetze, verschweige ich ihr.

Während ich mit dem großen Kochlöffel aus Olivenbaumholz im
großen Emaille-Kochtopf rühre, der doppelt so alt ist wie ich, lasse
ich den Tag Revue passieren und beschließe, am Wochenende raus
an den Wannsee zu fahren und mich inspirieren zu lassen – von den
Bäumen, den Blättern, dem Wind, der Sonne und dem Geist des
Waldes. Ich sollte Jack Londons *Ruf der Wildnis* mitnehmen. Nicht
um es zu lesen, nur um es im Wald dabeizuhaben und ein Selfie
davon zu machen – für die Instagram Gallery. Im Grünen, in der
Natur, in der Wildnis kommen mir die besten Gedanken.

Ich gebe eine große Kelle dampfenden Borschtsch in eine Schüssel, schnappe mir mein iPhone, öffne die Instagram-App, suche mir den passenden Food-Filter und mache ein Foto von meinem selbst gekochten Borschtsch und ein Selfie von mir und dem gigantischen uralten Kochtopf, aus dem in dicken Rauchschwaden wohlriechender Dampf aufsteigt. Ich teile das Essen mit meinen Followern.

Man darf alleine kochen, aber niemals alleine essen.

29. GRUND

WEIL DER HIPSTER IN EINER RETRO-VINTAGE-SCHEINWELT LEBT

Glaubt ihr, *Mad Men* war so erfolgreich, weil der Protagonist ein Geheimnis hatte oder jede Frau flachgelegt hat, die er wollte? Nein, die Serie war so erfolgreich, weil wir Teil dieser Welt sein durften. Weil wir mit Don Draper aus der alten Whisky-Karaffe den Whisky eingegossen haben, weil wir mit den Figuren paffend und süffelnd auf den stylishen 60er-Sofas gesessen haben und mit ihnen im perfekt sitzenden Anzug und Hut oder im eng anliegenden Kostüm über die Madison Avenue spaziert sind.

Typen wie ich haben allein bei dem Anblick einer dieser wunderschön geschliffenen Whiskykaraffen einen Schweißausbruch bekommen. All diese Details, die uns so verdammt retro-sexuell angeregt haben, ja wir haben uns Hals über Kopf verliebt, als Don Draper mit seiner neuen Freundin in dieses New Yorker Apartment gezogen ist. Der Moment, als er nach Hause kam und über diesen 60er-Flokati-Teppich spaziert, um sich an seiner eigenen Haus-Bar einen Drink zu mixen, um damit dann auf seinem meterlangen George-Nelson-Sofa Platz zu nehmen – das saucoole Apartment inspired by Frank Lloyd Wright, den Stararchitekten, über den schon T.C. Boyle ein ganzes Buch geschrieben hat. Deswegen wollten Männer Don Draper sein und Frauen seine Frau, seine Affäre und seine spätere Frau.

Jeder Hipster würde sein letztes Flanellhemd dafür geben, um sich seinen Gin Tonic in dieser Welt mixen zu dürfen, während er umgeben ist von diesen wohlgeformten, orgasmischen Vintage-Möbeln, die sein Herz nicht nur schneller schlagen lassen, sondern ihm in Sekundenschnelle eine hammerharte, noch nie da gewesene Erektion verschaffen.

Aber wer von uns hat schon die Kohle für all diese geilen Möbel, wo schon ein Stuhl so viel kostet wie ein Kleinwagen? Ist nicht zu machen. Also müssen Fake-Vintage-Möbel her. Sehen ja genauso aus. Ist zwar fake und billig produziert, aber darüber wird nicht gesprochen. Der Schein trügt, und das reicht erst mal. Fragt jemand, ist das Teil natürlich alles andere als fake. Das ist echt. Von wegen man sieht nur mit dem Herzen gut, Bullshit, man sieht mit dem Auge gut genug, und was das Auge sieht ist ein verdammt cooles Vintage-Möbelstück. Punkt. Also, her damit.

Ich mache nach einem gechillten Arbeitstag in der Agentur – wo ich so getan habe, als würde ich einige interessante Storys suchen, für die nächsten monatlichen Posts auf Facebook für einen unserer Kunden, aber stattdessen nach coolen Vintage-Möbel auf Etsy und Co gesucht habe – einen Abstecher zu diesem neuen Secondhand-Möbelladen am Hackeschen Markt. Schon allein beim Blick durch das große Schaufenster bekomme ich Herzrasen und Gänsehaut. Mein Gesicht klebt am Schaufenster, wie das Gesicht eines Jungen, der all die bunten Bonbons in einem Süßwarenladen in den 50ern entdeckt. Uns beiden, dem Jungen aus den 50ern und mir, läuft das Wasser im Mund zusammen. Mit zittriger Hand greife ich den Türgriff, drücke die Tür auf, und ein glückliches Klingeln über der Tür erklingt. Allein dieser Moment ist die Fahrt hierher wert.

Ich stolpere durch die Tür (VORSICHT STUFE!) und tue so, als wäre es Absicht. Ich nicke bestimmt – ironisch grinsend – und lasse meinen Blick über die glänzenden, wohlgeformten Körper der Vintage-Möbel und -Lampenschirme gleiten. Nach außen habe ich ungefähr den Gesichtsausdruck von Van Damme in *Bloodsport* aufgesetzt, aber innerlich quietsche ich wie ein kleines Mädchen, das gerade ein rosa Einhorn entdeckt hat.

Ich lasse meine Hand über einen Designer-Schreibtisch aus den 60ern gleiten, und es fühlt sich an wie Liebe machen. Als würde man seine Hand über den glatten, festen, nackten Bauch einer wunderschönen Schwedin gleiten lassen. Ich hasse dich, Julia!

Es ist wie Liebe machen und eine Zeitreise der Sinne. Der staubige Duft nach altem Holz kriecht mir in die Nase. Echtes dreifach poliertes Walnussholz, mit passendem Stuhl – ein Traum! Alles zusammen für nur 550 Euro – Wahnsinn! Ein echtes Musthave! Darüber würde ganz gut mein gold gerahmtes Bild von König Ludwig II. passen – wie geil das rüberkommen wird, der Hammer. Lange stehe ich so da, lasse immer wieder meine Hand über diese wunderschöne Oberfläche gleiten, bis eine Stimme hinter mir sagt: »Ehm, entschuldige, aber das hier ist kein Streichelzoo, okay?«

30. GRUND

WEIL DER HIPSTER SOGAR AUS DEM ZUBETTGEHEN EIN PROJEKT MACHT

Ich fühle mich leichtfüßig wie nach drei Orgasmen. Total angefixt poste ich meine Vintage-Fundsachen, haue sie in meine Instagram-Gallery, um sie mit meinen Followern zu teilen, denn nicht nur Essen will geteilt werden, auch guter Geschmack bei der Auswahl von Vintage-Möbeln. Wer nicht mit anderen teilt, hat nichts zu sagen.

Die Zeit verfliegt, wenn man sich mit der Schönheit der Vintage-Möbel beschäftigt. Ein Blick auf die Kuckucksuhr in meiner

Küche sagt mir, dass es Zeit ist fürs Bett. Okay, vielleicht mache ich eine Ausnahme und genehmige mir noch eine Folge *Mad Men* auf meinem iPad – um den Tag gebührend zu feiern und abzurunden – gemütlich im Bett, bei einem letzten frisch aufgebrühten Yogi-Gute-Nacht-Tee mit einer ausgewählten Mischung aus süßen und duftenden Kräutern wie Pfefferminze, Fenchel, Lavendel und Baldrian. Meine Kräfte und Säfte im Schlaf wieder auftanken. Sorgfältig suche ich mir das morgige Outfit aus dem Schrank und lege es auf den Vintage-Stuhl vor meinen skandinavischen Vintage-Designer-Schreibtisch.

Mit dem Feldstecher ein letzter Blick in das Fenster meiner mageren Nachbarin von gegenüber. Sie hat die Angewohnheit, nackt durch die Wohnung zu wandern, sich mehrmals täglich umzuziehen oder gruselige Grimassen vor dem Spiegel zu schneiden – das alles bei aufgezogenen Vorhängen. Entweder ist sie ganz einfach dumm, oder sie legt es darauf an, beobachtet zu werden. Vor etwa einem Jahr habe ich ihre Einladung dazu angenommen und beobachte sie nun jeden Tag. Sie ist nicht schön. Sie ist aber nackt. Sie ist interessant, ungewöhnlich – nein, eher merkwürdig. Seltsam. Es ist kein Spannen, es ist eher eine Art, wie ein Tierpfleger nach seinem Lieblings-Panda schaut, bevor er den Zoo verlässt. Aber heute ist es dunkel bei ihr. Ist wohl ausgegangen. Aber noch nie habe ich Besuch bei ihr gesehen.

Ein letztes Selfie aus dem Bett und raus in die Nacht und in die Tiefen des World Wide Web – das Internet kennt keinen Schlaf. Das World Wide Web ist immer wach. Ein Selfie von mir in meinem Bett, im Pyjama, gut angeschnitten neben mir auf dem Vintage-Nachttisch »Ein unendlicher Spaß« – und KLICK! Filter drüber und zack, noch schnell ein kurzes Statement:

Gute Nacht, John-Boy!

Es gibt nichts Besseres, als morgens aufzuwachen und die Reaktionen auf sein letztes Selfie zu checken. So kann der Tag zu Ende gehen und ein neuer beginnen.

31. GRUND

WEIL DER HIPSTER SEINE ELTERN ERZIEHT

Ich hab es mir zur Gewohnheit gemacht, meine Eltern jeden Sonntag um 18 Uhr zum Abendessen einzuladen. (Pünktlich zum *Tatort* bin ich dann in meiner Stamm-Bar zum Public Viewing.)

Das stärkt den Zusammenhalt als Familie, und wer weiß, wie lange meine Eltern noch so fit und gesund sind? Es geht mir jedes Mal gut danach, eine gute Tat. Man fühlt sich, als hätte man etwas Wohltätiges getan. Ja, es fühlt sich jedes Mal richtig gut an, wenn ich an dem reservierten Tisch am Fenster, mit Blick auf den Fernsehturm sitze und bei einem Glas Gin Tonic und mit einem gönnerhaften Lächeln auf meine Eltern warte, die jeden Moment das italienische Bio-Restaurant betreten müssten, sollten – aber jedes Mal zu spät dran sind. Am Anfang war es schwer für sie. Mein Vater musste für dieses Abendessen auf seine wöchentliche Doku verzichten (ich hab ihm gezeigt, wie er sie sich jederzeit in der Mediathek anschauen kann – es war für ihn ein kleines Weltwunder), und meine Mutter strickt jetzt immer Samstag ihr Pensum für Sonntag mit, sodass sie nun auch Zeit für ihren Sohn erübrigen kann.

Schon fünf Minuten zu spät. Ich klicke auf mein iPhone und aktiviere die Tastensperre, stecke es in die Innentasche meines Jacketts (Strellson), lasse meinen Blick weltmännisch durch das Restaurant schweifen, während ich meinen frisch geölten Bart kraule und versuche, nicht auszusehen wie jemand, der auf jemanden wartet.

Eine Idee schießt mir durch den Kopf: Warum nicht Kissen mit Barthaaren füllen? Ein echtes Öko-Kissen. *Made by Mother Nature – For a better, healthier sleep.* Ein wirklich nachhaltiger Beitrag und vielleicht ein echtes innovatives Konzept. Ich schiebe den Gedanken zur Seite und nippe an meinem Aperitif: einem Gin Tonic. *Bombay Saphir* (sie haben keinen *12 Monkeys*) auf Eis, mit einem Spritzer Soda und einer Gurkenscheibe. Bei jedem Schluck schmecke ich die Geschichte des Gins, und meine Zunge geht auf die Reise, eine Zeitreise zurück in eine bessere Welt, eine Welt, in der guter Stil und Geschmack noch zelebriert und respektiert wurden.

———•———

GIN: *erfunden und mit großer Leidenschaft gebrannt im Mittelalter von den Holländern. Die meisten Leute behaupten, die Briten hätten ihn zuerst gebrannt. Ist aber falsch. Die Holländer brachten den Gin während des Achtzigjährigen Kriegs (1568-1648) nach England. Die Mischung von Gin und Tonic Water ist ebenfalls nicht den Briten zu verdanken, sondern den Schotten: Ein schottischer Arzt hat im 18. Jahrhundert Soldaten mit dem Arzneistoff Chinin vor der Tropenkrankheit Malaria geschützt. Er mischte Tonic und Gin und neutralisierte so die Bitterstoffe des Chinins. Danach hat der Gin die Welt erobert und mit ihr die Gaumen solch großer Persönlichkeiten wie Hemingway, Fitzgerald und Churchill, die man des Öfteren mit einem Gläschen Gin in der Hand antraf.*

———•———

Ich checke im 3-Sekunden-Takt die Uhr meines iPhones, versuche, mich nicht allzu sehr aufzuregen, und spüle meinen aufkommenden Ärger mit einem weiteren Glas Gin runter. Ich könnte mit meinem neuen Mont Blanc ein Poem in mein Notizbuch kritzeln, wenn ich eine Idee hätte. Aber ich tue trotzdem so und schlage das immer noch leere Notizbuch auf und kritzle hinein:

Ich werde das marinierte Zanderfilet auf einem Rucola-Bett bestellen, oder?

Das genügt. Ich lege das Notizbuch zur Seite, stecke den Mont Blanc vorsichtig zurück in die Innentasche meines Sakkos und warte weiter. Auf meine Eltern warten ist wie Warten auf Godot. Man verbringt seine Zeit mit Nichtstun und rechnet jeden Moment mit dem

Eintreffen der Eltern, die es aber immer wieder schaffen, meine Erwartungen zu enttäuschen. Das Problem ist, kommen sie dann endlich, kann ich nicht böse sein, das würde nur Streit geben, und Streit ist das Letzte, was ich hier in einem Restaurant gebrauchen kann. Ich habe bei der Erziehung meiner Eltern, vor allem eins gelernt: zu schlucken.

Zehn volle Minuten später tanzen meine Eltern endlich an. Meine Mutter mit diesem immer schuldbewussten und entschuldigenden Blick, den sie immer und überall aufsetzt, als würde sie alles und jeden nur ungern stören. Am liebsten würde sie zum Kellner gehen und sich entschuldigen, dass er sie gleich bedienen muss. Mein Vater, wie immer viel zu nachlässig gekleidet, als wäre er gerade von seiner alten Couch aufgestanden. Er sieht sich um mit dieser Mischung aus Faszination und Ungläubigkeit. Ein kleiner, dummer Junge in dem Körper eines alternden, zerfallenden und unsicheren Mannes. Mein Vater wirkt wie ein Junge, der durch einen Zoo spaziert, in dem es ausschließlich exotische Tiere gibt. Hätte ich dieses Ritual nicht eingeführt, würden meine Eltern niemals ein Restaurant besuchen. Das einzige Fremdessen, das sie sich erlauben, wäre die verschrumpelte Currywurst, die sie sich an der Raststätte teilen, wenn sie zu ihrem jährlichen Familientreffen ins Sauerland fahren.

Ich winke ihnen dezent zu und tippe dann auf meine imaginäre Armbanduhr an meinem frisch rasierten und eingecremten Handgelenk. Ich schüttele den Kopf. »Ihr seid zwölf Minuten zu spät! Wenn man die zehn Minuten dazunimmt, die ich früher da war, um pünktlich zu sein, hab ich jetzt also 22 Minuten auf euch gewartet.«

Ich nippe zur Beruhigung an meinem Gin Tonic und seufze theatralisch, um meine Kritik zu untermauern, grinse aber ironisch, um meine Kritik an ihnen ein wenig zu entschärfen. Meine Mutter fällt über mich her und bedeckt meinen frisch frisierten Kopf mit Küssen. Also werde ich gleich noch mal aufstehen und auf die Toilette müssen, um meine Frisur und meinen Bart zu korrigieren.

»Ist gut, ist gut, setzt euch jetzt!«

Meine Mutter schiebt sich auf die Sitzbank und sieht mich mitleidig an. »Mein Schatz, wir mussten noch …«

Ich hebe die Hand und bremse sie.

»Ist o-kay. Ist o-kay. Schon gut.«

Ich mache eine Pause, sehe beide an. Mein Vater zwängt sich wie ein kleiner Junge aus seiner aufgeplusterten Winterjacke und verdreht dabei seinen Kopf in alle Richtungen. Alles, was er tut, tut er so verflucht umständlich und ungelenk.

»Hab euch schon mal einen Aperitif bestellt, aber nicht das, was ihr sonst immer trinkt. Ihr müsst mal was Neues probieren, ihr müsst mal was entdecken! Euren Gaumen auf Reisen schicken!«

»Und wer zahlt das Bahnticket dafür?«, sagt mein Vater, während sein schwabbeliger Hintern mich anglotzt. Dann lacht er hohl. Mein Vater ist der König der Witze, der Altherrenwitze. Als mein Vater sich endlich setzt und zu uns umdreht, lächle ich ihn an und sage: »Papa, für dich hab ich einen Dry Martini bestellt. Trink ihn bitte, bevor er zu warm wird und …«

»Aber ich mag überhaupt keinen Martini. Das Zeug schmeckt grässlich!«

»Das ist auch *kein* Martini.«

»Warum heißt er dann so?«

»Das ist sein Name, er heißt halt so, aber …«

»Warum heißt er so, wenn es kein Martini ist?«

Ich senke den Kopf, seufze, sammle etwas Kraft und sehe meinen Vater an, aber dann schüttle ich nur den Kopf und widme mich meiner Mutter. Dabei sehe ich, dass sie mal wieder zu viel Lippenstift aufgetragen hat und schon wieder nicht die Ohrringe trägt, die ich ihr geschenkt habe, nachdem ich sie auf dem Flohmarkt am Mauerpark günstig erstanden hatte. Es versetzt mir einen kurzen, aber heftigen Stich ins Herz. Ich sehe sie gequält an, verzeihe ihr und lächle.

»Und für dich, Mama, hab ich einen prickelnden Aperol-Spritz bestellt. Sehr erfrischend! Wird dir schmecken.«

Mein Vater lacht laut auf – viel zu laut: »Spritz? HAHAHA-HAHA!«

Peinlich. Ich sehe mich um, mit einem Blick, der den Gästen sagen soll: Ja sorry, mein Vater hier ist leider geistig minderbemittelt. Das Lachen meines Vaters geht über in einen nächsten Altherrenwitz:

»SPRITZ! Na, dann pass aber gut auf! Hätt ich wohl lieber meinen Regenschirm mitnehmen sollen!«

Mein Vater lässt erneut ein lautes, hohles, dummes Bauerntölpel-Lachen durch das Restaurant dröhnen, laut genug, damit sich mindestens ALLE Gäste zu uns umdrehen und sich fragen, wer wohl diesen unzivilisierten Neandertaler reingelassen hat. Ich werfe ein peinlich berührtes und entschuldigendes Lächeln durch den Raum, dann ermahne ich meinen Vater mit einem Blick, den er bereits sehr gut kennt und der ihm für einen Moment den Wind aus den Segeln nimmt. Er räuspert sich, weicht meinem Blick aus und lenkt ab, wie ein kleiner Junge, der etwas Dummes gemacht hat und von seinem Vater ermahnt wurde. Das muss reichen. Denn wenn ich ihn jetzt noch mehr kritisiere, sagt er überhaupt nichts mehr und sitzt für den Rest des Abends nur noch trotzig und mürrisch am Tisch.

Ein trotziger Junge. Manchmal frage ich mich echt, wer von uns beiden der Vater ist.

32. GRUND

WEIL DER HIPSTER SOGAR SEINEN ELTERN PEINLICH IST

Ich winke den Weinkellner an unseren Tisch und lasse ihn sämtliche Weine rauf und runter rattern und anschließend das Ganze noch mal wiederholen, während ich so tue, als höre ich ihm gebannt zu, so als würde ich einem spannendem Hörbuch lauschen.

Währenddessen kraule ich mir nachdenklich den Bart und nicke bei Namen, Beschreibungen und anderen Erklärungen, wie Herkunft, Terroir und Jahrgang – Infos, die meinen Eltern nichts, rein gar nichts sagen und mir in Wahrheit nur geringfügig mehr. Aber schon bald werde ich ein Weinkenner sein. Gerade studiere ich ein paar Bücher dazu: Wine – Just a Drink und Weinwissen: In 2 Tagen zum Kenner. Der Anfang einer großen Karriere als Weinkenner. Nach etwa drei Minuten, in denen der Weinkellner seine Show abgezogen hat, sagt meine Mutter flehend: »Nehmen wir doch den zweiten, der ist bestimmt … GUT!«

Mein Vater nickt und meint: »Ja, nehmen wir den oder irgendeinen anderen, Hauptsache wir bestellen jetzt.«

Ich blicke zu meinem Vater, zu meiner Mutter, zu unserem Weinkellner, verteile ein ironisches, sanftes Lächeln und frage mich, wie es sein kann, dass diese doch eher primitiven, uninteressierten und unkultivierten Menschen einen solch intelligenten, gut erzogenen und kultivierten Menschen zeugen und auch noch großziehen konnten. Ja, ich frage mich wirklich: Wie konnten diese Menschen ein solches Genie wie mich zur Welt bringen? So oder so ähnlich muss es wohl auch Steve Jobs gegangen sein. Aber der hatte wenigstens Adoptiveltern.

Aber okay, ich nicke – Zeit für einen kleinen Peitschenhieb, bevor die Eltern beginnen zu rebellieren: Ich schenke meinen Eltern ein boshaftes Lächeln und sage, so sanft es mir möglich ist. »Ihr seid solche Weinbanausen …« Ich schüttle den Kopf und seufze.

Was ich wirklich gesagt habe war folgendes: »Ihr seid solche Bauerntrottel, und ich habe nichts mit euch gemeinsam.«

Das lag alles in meinem Blick, den sie wahrscheinlich nicht wirklich lesen konnten, aber der zumindest ausreichte, um sie im Zaum zu halten. Meine Mutter tätschelt die Hand meines Vaters. Muss ein geheimes Zeichen, eine Art Code zwischen den beiden sein. Sie beruhigen sich auf jeden Fall und entspannen sich. Mein Vater und meine Mutter lächeln sich an. Sie müssen wirklich stolz auf ihren Sohn sein. Ich lächle und genieße das Gefühl, das nur Stolz auslösen kann. Ich bin stolz auf meine Eltern, stolz darauf, dass sie ein solches Prachtexemplar von Mann auf die Welt gebracht haben. Damit verdienen sie sich einen Platz in meiner Instagram Gallery. Sollen die anderen sehen, dass ich stolz bin. Ich zücke das iPhone und sage meinen Eltern, sie sollen mal zusammenrutschen für ein Foto.

Mein Vater lächelt beschämt, sieht sich um und rutscht zögernd an meine Mutter, seine Frau, heran. Mein Vater ist so bescheiden, so hilflos. Soll er doch sein Familienglück genießen. Ich drücke mich dazwischen, lächle. Klick – ein Familien-Selfie. Gut, okay, mein Vater ist nicht gerade fotogen, immer guckt er auf Fotos wie ein geprügelter Hund, aber das ist eben sein Naturell. Egal. Zack – Filter drüber, und schon sieht alles ein wenig sympathischer aus. Ich lächle sie an, meine Eltern, dann erhebe ich mein Glas. Meine Mutter macht es mir nach, mein Vater zögert erst, sieht sich wieder um, dreht seinen Kopf, voller Schranken und Barrieren, in alle Richtungen und erhebt ENDLICH zögernd sein Glas.

»Ich bin stolz, echt stolz …«, sage ich. Und meine mich.
»Prost!«

33. GRUND

WEIL DER HIPSTER SICH FÜR EINEN SOMMELIER HÄLT

Ich lasse uns den Barolo Riserva von 2009 für knapp 50 Euro die Flasche kommen. Der Kellner entkorkt die Flasche und fragt in die Runde, wer denn probieren möchte. Meine Eltern sehen aus, als würden sie sich gerade in einem Klassenzimmer ducken, um vom Lehrer nicht aufgerufen zu werden. Ich räuspere mich und mach ihm klar, dass das meine Aufgabe ist. Der Kellner schenkt mir einen

Schluck von dem Barolo ins Glas. Ich hebe das Glas an, betrachte die rubinrote Farbe des Weines, seine Struktur, schwenke leicht das Glas, schnuppere daran, nehme einen Schluck, schlürfe, lasse den Wein an meinem Gaumen hin und her schwappen, schlucke, schmecke und nicke.

»Hm, hm – gut.«

Ein guter Wein. Der Kellner schenkt uns höflich lächelnd ein. Dahinter erkenne ich seine Arroganz uns gegenüber – oder besser, meinen Eltern gegenüber, und sie ziehen mich da mit rein. Peinlich. Während er einschenkt, sagt keiner von uns ein Wort, und mir entgeht nicht, dass sich meine Eltern beschämt und peinlich berührt umschauen. So als würden wir gerade den Kellner dazu versklaven, uns den Wein einzugießen. Es ist verflucht noch mal sein Job. Wenn meine Eltern könnten, würden sie in die Küche gehen und den Koch fragen, ob sie was helfen können.

Ein paar Leute an den anderen Tischen sehen zu uns herüber. Vermutlich beeindruckt von diesem jungen Mann, der seinen Eltern noch etwas Elementares beibringt. Das hier ist meine Bühne, und meinen oscarreifen Monolog habe ich noch nicht gehalten. Ich laufe mich warm und beginne, meinen Eltern etwas über Wein zu erzählen, führe sie durch die Komplexität der verschiedenen Weinsorten und rattere einige Seiten herunter aus dem Hörbuch, das ich im Moment auswendig lerne: *Grundkurs Wein: Alles, was man über Wein wissen sollte.*

Wenn ich an einer Stelle hängen bleibe und nicht weiterkomme, mische ich meinen Monolog mit meinem angeeigneten Wissen aus einem YouTube-Tutorial und streue noch einige Fetzen ein, die ich bei Freunden, Kollegen und in diversen Kochsendungen gehört habe. Mein Vater sieht sich nervös um. Nach etwa zehn Minuten bin ich durch mit meinem lehrreichen Monolog und erhebe mein Glas zu einem Toast.

»Ich möchte einen Toast aussprechen.«

»Was bitte?«, fragt mein Vater. »Einen Toast?«

Ich lächle ihn weiter an, nicke ihm aufmunternd zu, so lange, bis er sein Glas ergreift und es erhebt. Ich nicke belohnend. Gut gemacht. Meine Mutter strahlt und hebt ihr Glas ein wenig zu hoch, so als würde sie eine Reisegruppe anführen.

»Schön, dass wir schon so etwas wie eine Art Ritual haben. Unser wöchentliches Essen. Ich finde das großartig und hoffe, wir machen das noch sehr, sehr, sehr lange. Auf euch, auf uns, auf unser Ritual – cheers!«

Als die Rechnung in einer in Leder gebundenen Mappe kommt, schnappe ich sie mir schnell, aber mein Vater sieht ganz woandershin. Er hat den Versuch, das Essen zu bezahlen, nach dem dritten Besuch aufgegeben. Ich öffne die kleine schwarze Mappe und lege sie für meine Eltern gut sichtbar auf den Tisch.

Mein Vater pfeift ungläubig, meine Mutter ruft nach dem Herr im Himmel, und ich zücke ganz cool, ganz lässig, geübt meine goldene Mastercard mit einem lächerlich geringen Kreditrahmen von 2.600 Euro, aber das sieht man ja nicht. Man sieht nur die goldene Mastercard, die so schön im Licht der Lampe glitzert. Das Trinkgeld, knapp zehn Euro, zähle ich bar ab und lege es zur Kreditkarte in die Mappe.

»Zehn Euro Trinkgeld?«, fragt mein Vater und bekommt beinahe eine Schnappatmung. Ich hebe die Hand und nicke leicht, lehne mich gönnerhaft grinsend zurück, wie der Pate. Mit zufriedenem Lächeln, vollem Bauch und trunkenem Kopf sehe ich mir meine Eltern an und empfinde so etwas wie Mitleid für sie. Was haben diese einfachen Leute nur richtig gemacht?

WEIL DER HIPSTER SEINE VERLORENE JUGEND NACHHOLT

Es gab den Rock 'n' Roll, es gab den Punk, die Disco-Ära, den Grunge. *Smells Like Teen Spirit.* Bei mir hat der Teen Spirit nach fettigen Chips, Hubba Bubba, Coca-Cola und Aloha-Brause gerochen.

Joints, Bierdosenstechen, Konzerte, Party, Entjungferungen im Autokino, warmes schäumendes Bier auf Musikfestivals – das alles hat ohne mich stattgefunden. Ist an mir vorbeigezogen. Als Nerd ist der Rock 'n' Roll unerreichbar für dich, der Punk keine wirkliche Option, weil er Angst und Schrecken verbreitet. Und Disco? Tanzen? Ein Nerd und Tanzen? No way. Die Türen zum Club blieben mir verschlossen. Die Jugendbewegungen bewegten sich ohne mich weiter voran, ich blieb zurück, mit meinem Game Boy zwischen den fettigen, schwitzigen und klebrigen Händen.

Die einzige Jugendbewegung, die bei mir stattfand, war Tocotronic's *Ich will Teil einer Jugendbewegung sein,* das ich als Trost rauf und runter hörte und träumte. Aber bewegt hat sich außer der CD im Player nicht viel. Aber später schrammelten meine Hände tatsächlich über die Saiten einer Gitarre. Einer Plastikgitarre. Während ich gemeinsam mit Joey Ramone im Duett »Hey ho let's go!« brüllte und ich ein Gitarren-Gott wurde und bei *Guitar Hero* die Speerspitze der Highscore bildete.

Zeit also, mir das zu holen, was mir zusteht. Jetzt bin ich bereit, mir die Rosinen aus dem Rock-'n'-Roll-Cocktail zu picken, oder sollte ich sagen die Kirschen? Konzerte, Gras, Craft Beer in Strömen, Partys, Festivals, Twitter-Orgien bis in die tiefe Nacht hinein, Instagram-Fotos posten bis zur Ekstase, Tumblr-Porno-Gifs glotzen bis zur völligen körperlichen und geistigen Erschöpfung. Der Rausch des digitalen Lebens – a real walk on the world wild web!

Hey ho – let's go!

WEIL DAS HIPSTERTUM DIE LANGWEILIGSTE ALLER JUGENDBEWEGUNGEN IST

Der Rock 'n' Roll ließ Beine zappeln und kurze Röcke fliegen, man entjungferte sich gegenseitig inmitten von Gleichgesinnten in einem Autokino, die heute so gut wie ausgestorben sind, machte sich über alte Leute lustig, rebellierte gegen die Eltern und den Spießer auf der Straße, der einem ungläubig und empört hinterherglotzte.

Der Punk ließ Bierflaschen und Zähne fliegen, bunte Haare zu Berge stehen, und Musik wurde neu definiert: Es musste laut sein, laut und schnell. Ordentlich krachen musste es. Seit Beethoven hatte wohl keine Musik mehr für so krasse Verzückung und gleichzeitig so viel Schrecken gesorgt.

Dann kam die Disco-Ära, in der trotz allem Glitzer-Glitter und Glamour der Punk abging: Es wurde gekokst, als wäre das weiße Pulver Traubenzucker und kein Nasenscheidewand-zerfressendes Gift. Es wurde gevögelt und getanzt – das machte sogar Aerobic überflüssig, und es wurde höchstens alle drei Tage mal geschlafen – das Leben war eine große, wilde Party. Die besten Partys sind die, auf denen man nie sein wird. Ich war damals auf keiner einzigen, und in meinem Kopf waren sie legendär.

Und heute? Wo ist der Rock 'n' Roll. Der Punk? Die fetten Disco-Jahre? Heute haben wir alles und nichts. Aber ihr habt uns, die Hipster, die sich aus all den Überbleibseln nicht die Rosinen herauspicken, sondern die alten Pflaumen, und sich einen Teil der guten alten Zeit zurückholen: den Grunge, den Punk, die Disco, den Metal, den Hardcore, die 80er – whatever. Das wird dann bunt gemischt. Es gibt keine Grenzen, keine Regeln, keine Vorschriften. Ihr findet es vielleicht geschmacklos, aber wir sind so etwas wie die Ritter und Retter des Heiligen Grals. Wir bringen euch ein Stück 80er zurück, machen den SM-Style salonfähig, bringen den

Zwitter auf den Catwalk und den Punk in die Schaufenster von H&M.

Dafür könnt ihr uns weiter hassen. Euer Hipster-Bashing lassen wir in den unendlichen Weiten des World Wide Web verpuffen. Wir haben den längeren Atem, weil wir uns bei allem, was wir tun, nicht anstrengen oder verausgaben. Wir sind gechillt – ganz Zen. Und darum werden wir die Letzten sein.

Früher war vielleicht nicht alles besser, Bullshit, aber früher war mehr Lametta und mehr Emotion: Krawall, Rebellion, Wut, Energie und Musik lagen in der Luft. Und heute? Da weht höchstens der Duft von frisch gebackenen Bio-Brötchen, Mate-Tee und mariniertem Tofu durch die Straßen. Wären die Bomben, der Terror und das Chaos nicht überall um uns herum, wäre es das Paradies. Bis jemand den Apfel vom verbotenem Baum pflücken und hineinbeißen würde – aber wenigstens wäre es ein Bio-Apfel.

———•———

MATE: *bereits von den Ureinwohnern Lateinamerikas entdeckt und leidenschaftlich konsumiert und angewendet. Das Wort stammt von »mati« ab, einem Quechua-Wort, das eine ausgehöhlte Kalebasse als Trinkgefäß bezeichnet. Darin werden die Blätter aufgegossen. Der spanische Konquistador und Gründer von Buenos Aires, Pedro de Mendoza, entdeckte die Blätter und berichtete Ende des 16. Jahrhunderts von dem aufmunternden Getränk der Indios. Im folgenden Jahrhundert besiedelten die Jesuiten das heutige Paraguay und begannen mit dem systematischen Anbau der Mate-Pflanze. Bis zu ihrer Vertreibung im 18. Jahrhundert hatten sie eine Art Handelsmonopol in ganz Lateinamerika. Traditionell wird Mate als leistungssteigernd und hungerstillend eingeschätzt.*

———•———

Wisst ihr was? Wir haben aus den Fehlern der anderen vor uns gelernt und wissen, dass eine Party nicht ewig dauern kann, dass

Koksen nicht nur geil, sondern auch gaga macht, dass statt Sex, Drugs & Rock 'n' Roll auch Soja, Chia & Green Smoothie erfüllend und anregend sein können. Wir schätzen das Happy End nicht in unseren Lieblingsfilmen, aber im wahren Leben. Wir sehnen uns nach Sicherheit, nach Ruhe, Beständigkeit, und trotz aller digitaler Hyperaktivität sehnen wir uns auch nach einer totalen Entschleunigung.

Rock 'n' Roll? Ja, aber bitte nur in Zimmerlautstärke. Punk? Immer doch, aber nur in Form eines übergroßen Ramones-T-Shirts zum Schlafen oder um es den Kollegen vor die Nase zu halten. Disco? Ja bitte, als supergeiles 70er-Disco-Silber-Pailletten-Party-Kleid. Obwohl, so 'ne total ironische Discokugel kommt in der Küche oder im Flur doch irgendwie auch ziemlich cool, oder? Werd ich mir holen. Gleich mal auf eBay Kleinanzeigen oder Etsy checken.

Rock 'n' Roll – darauf einen Green Smoothie Shot mit 'ner extra Portion Ingwer, Alter!

36. GRUND

WEIL DER HIPSTER TOT IST (LANGE LEBE DER HIPSTER!)

Wir haben keine Wurzeln. Wir haben keine Heimat. Wir sind Immigranten. Uns gibt es überall, obwohl es uns gar nicht gibt. Ihr wollt uns nicht. Aber ihr habt uns erschaffen. Jede Gesellschaft bekommt, was sie verdient. Wir sind gekommen, um zu bleiben. Wir werden überdauern. Wir werden alles überleben. Was wir wollen, ist nichts weniger als die Weltherrschaft über das World Wide Web.

Das sind ungefähr meine Gedanken, als ich im Gang des Klubs stehe und die Klänge und das fette Wummern des Basses der isländischen Hardcore Band mit dem obskuren Namen *Octrusylity* an mir vorbei schwappen, während mir diese Tussi in ihrem Schaffell-(Imitat) Mantel das Ohr abkaut. Sie muss auf Speed sein oder so. Ihre Sätze schießen im schnellen Galopp an meinen Ohren vorbei, wie Rennpferde. Ich nicke ab und zu, drehe mir meine nächste American Spirit und frage mich, ob sie es wert ist, mir das ganze Gelaber anzuhören. Ich mustere sie unauffällig, aber selbst wenn ich sie anstarren würde, bekäme sie rein gar nichts davon mit. Ihre Augen rollen in ihren Höhlen wie Flipperkugeln umher, schauen mal hierhin und mal dorthin, überallhin – nur nicht in mein Gesicht. Ich gebe es auf zu nicken und gebe nur noch ein »Hm« und ein »Aha« von mir, so laut, dass ich das Wummern übertöne, und als ich schon beinahe umdrehen und davonmarschieren will, fasst sie mich am Arm und fragt: »Wenn du willst, kann ich heute bei dir übernachten. Haste Bock?«

Ich überlege. Ich müsste dafür am nächsten Tag meine Bettwäsche wechseln. Das ist echt ein Akt. Ist es das wert? Ist es das wirklich wert? Ich müsste mein Klo putzen. Ist es das wert? Ich entschuldige mich und gehe aufs Klo, um zu pissen und zu denken. Während ich mit einem Fuß die Klobrille in der Kabine hochdrücke, fällt mein Blick auf die Kacheln vor mir. Zwischen all den üblichen Sex-Angeboten, Telefonnummern und Verwünschungen stehen folgende Sätze:

The Hipster is dead. NIETZSCHE
The Hipster is dead. GOD
There is no Hipster. HIPSTER

WEIL AUCH DER HIPSTER HIPSTER HASST

»Ich hasse diese Hipster in Neukölln, die sind überall!« – Genau das sind die Worte meines Kumpels Alex, als wir gerade in der Wilden Henne, einer der hippen Eck-Kneipen in Neukölln, sitzen und unser drittes Craft Beer zu uns nehmen.

Hipster – das sind immer die anderen, denke ich, als ich Alex mustere, in seinen Skinny Jeans, seinem fein gezwirbelten Moustache. Dagegen sieht der von Horst Lichter aus wie ein gerupftes Vogelnest. Ich kann Alex förmlich vor mir sehen, wie er für diesen perfekt gezwirbelten Moustache zwei Stunden früher aufsteht, ihn shampooniert, einölt, wichst und zwirbelt, bis er die perfekten Loopings zeichnet. Er könnte die Spitzen seines Bartes als Zahnstocher verwenden. Der Ausschnitt seines immer blütenweißen T-Shirts, das er nur und nur bei American Apparel kauft, ist größer als die Möpse von Daniela Katzenberger. Er sieht Sonnenstudiogebräunt aus, aber das würde er niemals zugeben. Sein Lebensmotto, das er auf seine rasierte Brust hat tätowieren lassen, ist so lächerlich, dass es nur ironisch gemeint sein kann und es wahrscheinlich auch ist, nach außen, aber ich bin mir sicher, tief in seinem Innern meint er es ernst, absolut ernst. Weil – niemanden liebt der Hipster mehr als sich selbst, und das will er zeigen, ohne dass es so aussieht:

I'M THE HERO OF MY OWN STORY

Steht in frisch gestochener, schwarzer Farbe und fein geschwungen, wie eine Halskette auf seiner frisch rasierten schlaffen Brust.

»Wie ich diese scheiß Hipster hasse«, sagt er, kippt sein Craft Beer und zwirbelt liebevoll an seinem Moustache.

WEIL DER HIPSTER AUS ALLEM EIN PROJEKT MACHT

Ich komme vom Klo zurück, und Alex zwirbelt immer noch an seinen Moustache-Spitzen. Ich setze mich wieder und beobachte ihn gute zwei Minuten lang. Mir ist nicht klar, ob er bemerkt hat, dass ich wieder zurück bin, denn er verfällt plötzlich in eine stumme Denkerpose, die er sich entweder aus einer Netflix-Serie oder aus einer Graphic Novel über Kafka abgeschaut hat, und sieht aus dem Fenster. Dabei fallen mir seine perfekt manikürten Fingernägel auf. Ich betrachte meine eigenen. Sie sind abgekaut und eingerissen, viel zu kurz, viel zu krumm und viel zu ungepflegt. Maniküre kommt mir plötzlich in den Sinn. Geht Alex zur Maniküre? Und schon spreche ich es aus: »Alter, gehst du zur Maniküre?«

Damit reiße ich ihn brutal aus seiner Denkerpose, aber vielleicht ist auch einfach nur sein Gehirn eingeschlafen – ich hab bei ihm öfter mal den Verdacht, dass sein Gehirn ab und an auf Stand-by schaltet. Frank sieht mich an, als hätte ich gefragt, ob er nicht Lust hätte, einen Diarrhö-Kuchen zu essen.

»What? Maniküre? Scheiße, ne! Wa-rum?«

Ich nicke, werfe einen Blick auf seine Hände, sage: »Sieht so aus.«

»Alles natürlich. Nur Schneiden ab und zu. Sonst nix.«

»Und Feilen, so mit Nagelfeile und so?«

»Ne, nur Schneiden.«

Er lügt. Morgen werde ich zur Maniküre gehen. Es wird Zeit, mich auch um meine Nägel zu kümmern. Schauen die Frauen bei Männern nicht zuerst auf die Hände?

Alex würde den ersten Preis bei einem Hipster-Contest gewinnen.

Hinter meinem Rücken würde er mich auch als einen »fucking Hipster« bezeichnen, aber ins Gesicht sagen wir uns das natürlich nicht. Der Hipster sagt selten die Wahrheit. Genauso selten, wie er über Gefühle spricht. Alex ist Social Media Manager und in der Szene ganz gut bekannt. Es gibt wahrscheinlich keinen Twitter-, Snapchat-, Instagram- oder Facebook-User, der noch nicht über einen Tweet, einen Post, ein Video, ein GIF oder ein Foto von ihm gestolpert ist. Könnte er sich ein Apartment in den Weiten des World Wide Web einrichten, er wäre der Erste, der einziehen würde. Ich kenne niemandem, dem die Menschheit und die reale Welt so scheißegal sind wie ihm. Seine Welt ist digital, und sie dreht sich um ihn und nur ihm ihn. Er tut nichts, was ihm nichts bringen würde. Tut er etwas Gutes, verspricht er sich etwas davon. Seine Vintage-Kleidung und sein ironischer Jutebeutel mit dem Piraten-Skull sind nur eine Tarnung, dahinter schlägt ein Herz für Beauty-Produkte, Luxus und krankhaften Technikwahn. Er hat immer das Beste, das Neuste, den krassesten, heißesten und neuesten Scheiß.

Alex wartet auf den Moment, in dem es auf dem Mond Eigenheime für Leute wie ihn geben wird – er wäre der Erste auf der Arche Noah in Richtung Mond.

Alex grinst und zeigt nach draußen. Vor dem Café läuft ein Hipster-Pärchen vorbei. »Look at that fucking hipsters!«

»Weißt du, was man machen sollte«, sagt Alex und sieht mich mit diesem Grinsen an, das sagt: Pass auf, ich hab 'ne geile Idee.

Nach einer dramatischen Pause, die er so lange ausdehnt, dass sie schon fast in Langeweile umkippt und ich kurz davor bin, zu vergessen, was er überhaupt gesagt hat, erzählt er endlich weiter: »Man sollte eine Website bauen, auf die jeder, sobald er einen Hipster sichtet, ein Foto von ihm oder ihr uploaden kann, und die User bewerten den Hipster dann. Eine weltweite Sammelstelle für Hipster-Spasten, um sie dann ordentlich zu dissen. Ich nenne die Website: »lookatthisfuckinghipster.com.«

Zu Hause klappe ich mein MacBook auf und tippe die URL ein, und weil es nichts gibt, was es nicht gibt, gibt es auch schon diese Website oder besser gesagt, den Blog www.lookatthisfuckinghipster.tumblr.com

Hipster denken alle gleich. Alle hassen den Hipster. Nur der Hipster selbst hasst ihn noch mehr. Aber vielleicht hassen wir uns einfach nur selbst. Hinter all unserer Selbstverliebtheit, unserem Narzissmus, unserem Egoismus, hinter all unserer Selbstdarstellung lauert der hässliche Selbsthass, den wir zuschütten mit Pseudo-Kunst, GIFs und Selfies, und gleichzeitig tun wir so, als würden wir uns einsetzen für die Rechte anderer; Menschen, Tiere, Umwelt protestieren gegen die Globalisierung – natürlich nur mit Posts, Petitionen und Protest-Tweets. Aber alles digital – denn: *Digital ist besser.*

Ich lege meine neue Ben-Sherman-Hose über den Stuhl, damit die Bügelfalte am Morgen noch gut erhalten ist, schlüpfe in meinen Ganzkörper-Flanell-Pyjama und krieche in mein Bett.

Good night you motherfucking hipster!

39. GRUND

WEIL DER HIPSTER DICH AUS DEINER STAMMKNEIPE VERTREIBT

Ich sitze mit Frank in unserer Stammkneipe. Hier treffe ich mich nur mit ihm. Mit niemand anderem. Das hier ist unsere Kneipe. Eine Eckkneipe, die noch vor gut zwei Jahren von einer alten zahnlosen Schabracke mit sackartigen Hängetitten und einer Haut wie gegerbtes Leder geführt wurde. Bis wir, die Hipster, sie nach und nach aus ihrem Heimatkiez verdrängt haben, über ihre Eckkneipe hergefallen sind, die alten Alkis von ihren Barhockern gefegt haben und letztendlich ein schwules Hipster-Pärchen namens Henrico und Salvatore die Kneipe übernommen hat. In weniger als vier Wochen haben sie diese Schabracke in eine Art Hipster-Wonderland verwandelt.

Wo man auch hinschaut, sieht man alten Nippes, der früher bei der eigenen Oma herumstand. Das Zeug, das man dann als Spielzeug umfunktioniert hat, wenn man sein eigenes vergessen hatte. Zwischen all dem alten Nippes findet man aber auch Figuren von Einhörnern, Plüschkatzen und kleine und große Matrjoschka-Puppen. Das WC ist tapeziert mit Bildern von David Hasselhoff in seinen zwei besten und größten Rollen: *Baywatch* und *Knight Rider*. In Dauerschleife läuft auf dem WC das Intro mit der prägnanten Titelmusik und den ersten kultigen Sätzen von *Knight Rider*:

(Titelmusik) *»Er kommt – Knight Rider – Ein Auto, ein Computer, ein Mann. (Pause) Knight Rider – Ein Mann und sein Auto kämpfen gegen das Unrecht.«*
Wer sich's noch mal reinziehen und in den guten alten Zeiten schwelgen will: https://www.youtube.com/watch?v=7Ah-qKBE8Mhs

Ja, jetzt weht hier ein anderer Wind. Statt verlorener Seelen und gescheiterter Existenzen, die weder Job, noch Frau, noch Kinder oder sonst was hatten, treiben sich hier jetzt eigentlich die gleichen Typen rum: mit Bärten, ohne Frau, oft ohne Job, ohne Kinder, aber eben 20 Jahre jünger. Die Alkis mussten den Hipstern Platz machen. Die Hipster haben sie von ihrem Thron, dem Barhocker, gestoßen. So erging es den meisten Eckkneipen in Berlin-Neukölln. Wie eine wilde Horde fielen die jungen, stylishen Hipster über diese Kaschemmen her, bezeichneten sie als retro hip, schlossen Verträge mit Craft-Beer Brauereien, engagierten DJs und ließen es ordentlich krachen.

Du willst deine abgefuckte Eckkneipe, die hängebrüstige, alte Bar-Schnepfe und die Penner an der Theke zurück? Dann geh nach Moabit oder in den Wedding, aber beeil dich, die holen wir uns auch noch – ist nur 'ne Frage der Zeit.

WEIL DURCH DIE ADERN DES HIPSTERS NUR REINSTES CRAFT BEER FLIESST

Schaut man sich um, hat man nicht das Gefühl, in einer Kneipe in Neukölln zu sein, man hat das Gefühl, gerade zu Besuch bei Oma zu sein. Man sitzt zwischen alten, gruseligen Puppen, Geweihen, Emailleschildern, Vasen, Porzellan-Figuren und Waschschüsseln. Man sitzt auf alten verschlissenen Möbeln, die die meisten Leute nicht mal geschenkt nehmen würden, und schaut auf gerahmte Bilder, die alte, zahnlose Menschen im schwarz-weißen Berlin zeigen – als hätte man dem Foto auf Instagram einen Sepia-Look verpasst. Wie man sich hier fühlt? Alt, gemütlich und lebenserfahren. Der Hipster fühlt sich hier wohl, hier ist er unter seinesgleichen und fühlt sich verstanden. Das Lebensgefühl einer neuen, alten Generation. Eine Generation, bereits als Greis geboren, während sich ihr Körper in den nächsten Jahren noch anpassen wird.

An der Theke sitzen zwei Typen und diskutieren bereits seit zwei Stunden über Struktur, Farbe und Geschmack des neuen Craft Beers, das die zwei Besitzer gerade neu eingeführt und schon ausgeschenkt haben. 0,33 Liter von diesem Gebräu kosten 3,90. Und weil mein Kumpel Frank ein Schnelltrinker ist – er tut auch sonst alles schnell, schnell tippen, schnell pinkeln, schnell reden, schnell gestikulieren und wahrscheinlich auch vögeln –, gehen wir ständig abwechselnd an die Theke und bestellen neues Craft Beer. Frank steht wieder einmal auf, um zu bestellen, und ich sehe ihm hinterher, betrachte die neongrünen Nikes, seinen Jutebeutel mit dem Cover der Pixies-LP drauf, die übergroße Jeansjacke aus den 90ern, seinen frisch geschorenen Undercut, durch den man seine Kopfhaut schimmern sieht, drei, vier Leberflecke erkennt, und als er mit unserem Bier zurückkommt, fällt mir sein frisch frisierter Schnäuzer auf, der immer buschiger und breiter und mächtiger wird. Ein schwarzer Balken, der seine klobige Nase unterstreicht, als hätte jemand FETT einen Fehler in einem Aufsatz angestrichen.

Ich lausche seinen Storys vom Berghain. Ich war noch nie im Berghain, es macht mir Angst, die Legende, alles Gehörte, all die Gerüchte, und meine Vorstellungen vom Berghain sind so gewaltig – da könnte die Realität niemals mithalten –, darum war ich immer noch nicht im Berghain. Jeder Tourist war schon im Berghain – »im besten Klub der Welt« – nur ich nicht.

Ich lausche konzentriert fast drei Minuten lang ununterbrochen, ohne auch nur einmal mein iPhone zu checken, seinen Ausführungen zu Pop-up-Kunst-Ausstellungen, die er besucht hat, Yoga-Weekends, seiner neu gestarteten Paleo-Ernährung, seinen Sportkommentatoren-ähnlichen Berichten von einem Sackhüpfen-Treffen mit einer konkurrierenden Social-Media-Agentur und seiner täglichen Arbeit als Community Manager in einer Agentur für digitale Transformation. Nach knapp fünf Minuten schweife ich gedanklich ab und platze beinahe vor Ungeduld. Er redet schnell, macht keine Pause, holt kaum Luft, fixiert mich mit seinem Blick, ohne auch nur einmal wegzusehen, selbst wenn er sich eine Kippe anzündet, tut er das, ohne mich dabei aus den Augen zu lassen und ohne seinen Monolog zu unterbrechen.

Ich nicke, höre aber nur mit halbem Ohr zu und bin mit meinem Gedanken mittlerweile bei Twitter, frage mich, wie lange der letzte Tweet her ist. Eine Stunde? Sogar schon zwei? Was würde ich als Nächstes tweeten? Vielleicht gibt's ja was Neues im Scheißhaus. Da findet man oft genug Inspiration für Twitter und Co auf die Kacheln geschmiert. Wenn ich keinen griffigen oder witzigen Satz zum Tweeten habe, komme ich hierher und schau im Scheißhaus nach – meistens funktioniert das. Das hat mir bis jetzt immer den Arsch gerettet. Ich kippe mein Craft Beer, und langsam schwappt mein Kopf in einem See aus weißem Schaum, ich lehne mich zurück, sacke ein wenig zusammen, meine Gesichtsmuskeln entspannen sich. Es hat mich ungefähr 35 Euro gekostet, aber jetzt bin ich angenehm angetrunken und ertrage Franks Monolog jetzt ein wenig leichter.

— · —

CRAFT BEER: *Um es auf den Punkt zu bringen: Craft Beer ist hand-werklich gebrautes Bier. Aber das wäre zu einfach, zu langweilig, zu unaufgeregt, also machen wir es ein wenig komplexer und komplizier-ter: Das Craft Beer kommt aus Amerika, wo ein paar Jungs auf die glorreiche Idee kamen, die alte Braukunst wieder aufleben zu lassen. Gutes Bier sollte mit gutem Wein und anderen Spitzen-Spirituosen mithalten können. Nicht mehr als das prollige Gesöff des Pöbels gelten. Bier sollte zu Kunst werden, ähnlich wie Gin, Whisky oder Wein. Mikrobrauereien, die ihr eigenes Bier für ihre Gegend produ-zieren, mit viel Liebe, Kreativität und gerne auch mal experimentie-ren. Deutsches Reinheitsgebot? Fuck it! Hier geht es nicht um Regeln, Gesetze, Masse und Kommerz, hier geht es um Kunst im Glas, um neuen Geschmack und vor allem: um Unabhängigkeit. Es geht darum, den großen Brauereien den Stinkefinger zu zeigen, ihnen ans Fass zu pissen – David gegen Goliath. Und wir wissen alle, wer am Ende ge-winnen wird, oder?*

— · —

RANDNOTIZ: Wollt ihr die Wahrheit? Könnt ihr die Wahrheit überhaupt vertragen? Die meisten Craft-Beer-Sorten schmecken nach gegorener und anschließend gekühlter Känguru-Pisse. Geben wir aber nicht zu. Hauptsache mit Liebe von einer Mikrobrauerei gebraut. Auch wenn's scheiße schmeckt, schmeckt's gut. Besser als die kommerziellen Biere. Es ist teuer, es ist von einer Mikrobrauerei. Also schmeckt es. Fuck the Industrie-Brauereien. Ende und Prost!

GESTÄNDNIS: Okay, ich gebe es zu, wenn ich betrunken bin, nein, das sind Geständnisse, also will ich GANZ offen mit euch sein – wenn ich BESOFFEN bin, trinke ich auch schon mal ein Beck's,

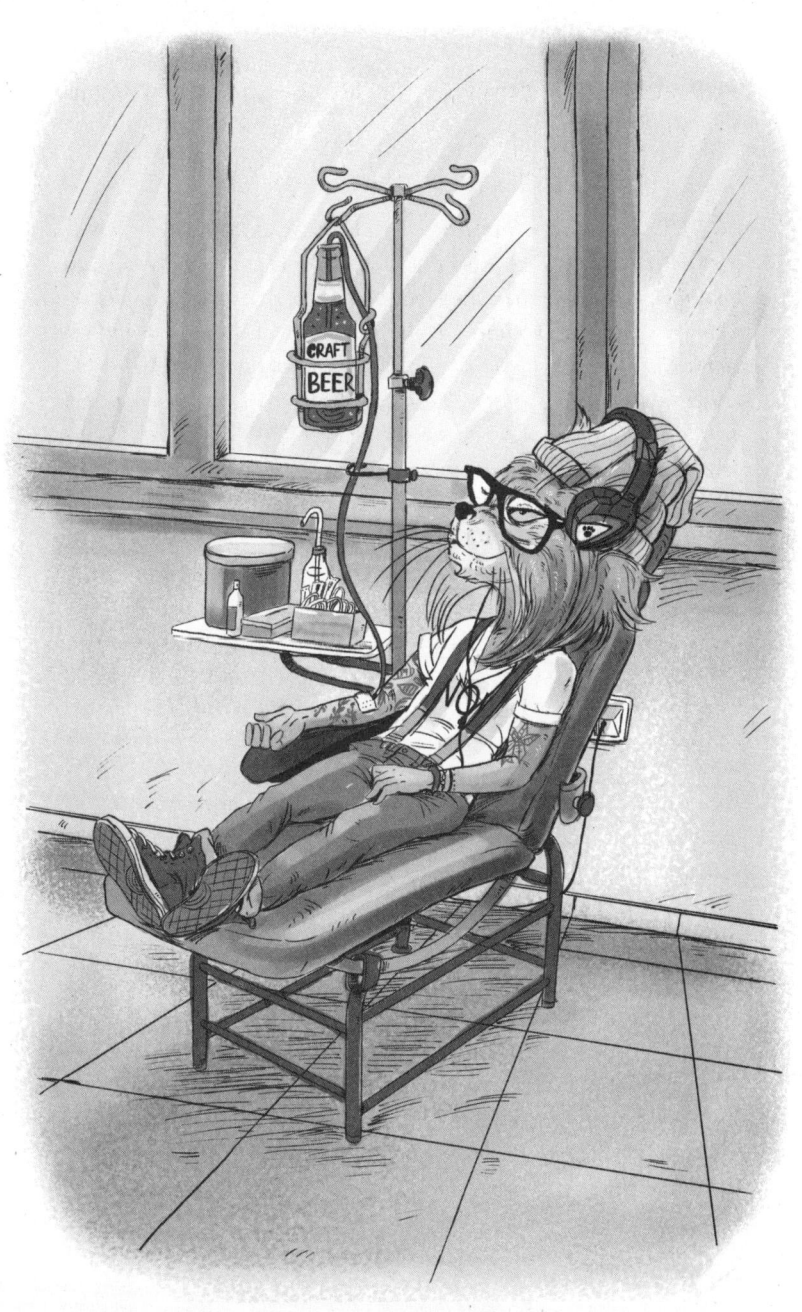

ein Berliner Pilsener oder sogar ein fucking Heineken und HASSE mich am nächsten Tag dafür. Ich schwöre mir dann jedes Mal, dass das nie wieder passieren wird, aber tief in meinem Innern weiß ich: Es wird wieder passieren. Und es wird wieder passieren. Ich hasse mich jetzt schon dafür.

41. GRUND

WEIL DER HIPSTER DICH AUS DEINEM LIEBLINGS-KIEZ VERTREIBT

Aber bevor wir uns all die Kneipen und die Bars holen, mit unseren Green-Smoothie- & Fresh-Salad-Food-Trucks angerollt kommen, überall Burrito-Pop-up-Läden explodieren lassen, euch mit unseren Vegan-Burger-Galerien in den Wahnsinn treiben oder total unnötige und völlig überhebliche Kreativ-Design-Büros in deinem Kiez eröffnen, holen wir uns erst mal in aller Ruhe deine Bude, dein Zuhause, dein Reich und, wenn sie hot genug ist, auch deine Freundin oder deinen Freund, deinen besten Freund, deine Mutter, denn wir stehen bekanntlich auf MILFS, die uns noch was beibringen können oder uns im Bett die guten alten Hippie- und Woodstock-Geschichten erzählen. Wenn's sein muss, machen wir auch vor deiner Oma nicht halt – wir holen uns alles, was du liebst und was dir heilig ist.

Als ich wieder einmal in meiner Stammkneipe sitze und mir mein erstes Feierabend-Craft-Bierchen gönne, nach einem krass harten Arbeitstag in der Agentur, wo ich mir acht Stunden lang unzählige Best-of-Animals-Fighting-YouTube-Videos reingezogen, die komplette Etsy-Seite durchstöbert und eine alte Stehlampe aus den 60ern auf eBay ersteigert habe. Ich hab es mir also verdient. Gedankenverloren schaue ich auf die grauen, verregneten Straßen von Neukölln, halte mein Craft Beer fest in der Hand und würde am liebsten ein Selfie machen, aber dann müsste ich diese unglaublich coole Pose, in der ich gerade seit mindestens drei Minuten verharre, zerstören, also verzichte ich, blicke weiter aus dem Fenster und sehe einen Typen näher kommen. Ganz in Schwarz. Schwarze zerschlissene Jeans, schwarze Turnschuhe, ausgelatschte Chucks, die Kapuze seines Hoodies hat er tief ins Gesicht gezogen. Seine Augen kann ich nicht erkennen. Er ist gesichtslos. Vor dem großen Fenster der Kneipe bleibt er stehen, zieht etwas aus seiner Hosentasche, und dann erkenn ich den Stift in seiner Hand: ein schwarzer, fetter Edding, mit dem er mit weit ausholenden Bewegungen auf die Scheibe – genau vor meinem Gesicht folgendes kritzelt:

VERPISST EUCH, SCHEISS HIPSTER!

Ich lache laut auf. Nicke. Proste ihm zu. Recht hat er. Aber schon ist er wieder in der Dunkelheit verschwunden, kriecht zurück in sein erbärmliches, verwanztes Loch. Aber ich muss ihn enttäuschen, letztendlich wird er derjenige sein, der sich von hier verpisst. Genau wie du, wie ihr alle. Ihr könnt noch so viel Hipster-Hass an Scheiben schmieren, uns mit Scheiße bewerfen, Hipster-Hater-Blogs und Anti-Hipster-Facebook-Seiten erstellen, uns schlagen, aber geschlagen geben wir uns nicht. Wir sind die Ratten, die Kakerlaken, töte eine, und es kommen 1.000 nach. Töte 100, und es kommen Millionen nach. Ein Kampf gegen Windmühlen, Alter.

Wir machen aus deinem alten, abgefuckten Kiez einen neuen Kiez, einen hippen Kiez. »Aus Alt mach Hip« ist das neue »Aus Alt mach Neu«. So sieht's aus. Alter, ich verspreche dir, wenn du nur wenige Wochen später durch deinen alten Kiez läufst, wirst du ihn nicht wiedererkennen. Du wirst glauben, man hat dich entführt und woanders ausgesetzt. Aus deinem proletarischen, rebellischen, abgefuckten Bezirk voller abgefuckt charmanter Bruchbuden, besetzter Häuser wird ein buntes Hipster-Wonderland-Paradies mit kleinen scheißteuren Boutiquen, Hipster-Party-Plakate begrüßen dich, und all das wird deine so günstige Altbauwohnung, in der du schon so zufrieden und selbstsicher seit über 15 Jahren wohnst, zu deiner eigenen Falle machen.

Wir locken den Teufel an: Die bösen Investoren, mit ihrem Geld und ihren Visionen von riesigen verschachtelten, innovativen Gebäuden, in denen man sein Elektro-Auto im Wohnzimmer parken und auf der Dachterrasse einen hübschen Garten anpflanzen kann. Monströse Gewerbe-Komplexe, teure Eigentums-Luxus- und Ferienwohnungen. Bling-Bling. Mietpreisbremse? Fuck it, jetzt heißt es GAS GEBEN, ALTER! Nach oben ist alles offen, see you on the top? No way, Alter – für dich ist an der Spitze kein Platz. Wir pissen auf dich.

Und wenn du dann schon völlig kirre im Kopf bist und dir der Hass im Bauch die Eingeweide auffrisst, wirst du dich noch ein letztes Mal an die Theke deiner alten Lieblingskneipe setzen, wirst an deinem Bier nippen, und dann werde ich neben dir auf dem Barhocker sitzen und dich angrinsen, mit meinem überheblichen, ironischen Grinsen, eingerahmt von meinem frisch geölten und frisierten Vollbart. Kannst du das Leuchten in meinen Augen erkennen? Ach sorry, kannst du ja nicht, dazu müsste ich erst meine verspiegelte Ray Ban absetzen. Aber Alter, die Energie, die ich dafür aufwenden müsste, bist du mir echt nicht wert.

Genieße dein Bier, es wird dein letztes hier sein. Und dann verpiss dich nach Moabit oder Marzahn. Da kannst du dir auch wieder eine 3-Zimmer-Wohnung leisten. Im 23. Stock mit Blick auf deinen hässlichen Nachbarn: einen anderen grotesk gruseligen Plattenbau. Ja, Alter, warum nicht Marzahn? Marzahn kann nicht einmal der Hipster in ein farbenfrohes Hipster-Wonderland verwandeln. Dort bist du sicher. Marzahn – mon amour.

WEIL DER HIPSTER SICH FÜR EINEN GROSSEN KÜNSTLER HÄLT

Ich weiß nicht genau, wie ich das Folgende beschreiben soll, weil ich selbst noch nicht ganz verstehe, was hier passiert. Also, meine Augen sehen es klar und deutlich, aber mein Gehirn will es noch nicht ganz erfassen. Ich versuche, es für euch zu beschreiben:

Vor mir steht ein komplett nacktes Mädel, 24, 25 vielleicht auch 35. Die Haut so weiß wie die Wände in dem großen Fabrikloft hier und so tätowiert wie Jennifer Rostock – sie fällt mir ein, weil diese junge Frau hier verblüffende Ähnlichkeit mit ihr hat oder vielleicht ist sie es sogar? Was weiß ich – jedenfalls steht sie in der Mitte des Lofts, nein, sie lehnt an einem riesigen Holzkreuz, ihre Hand- und Fußgelenke sind mit Handschellen an eisernen Ringen befestigt, die wiederum in dem Holz des Kreuzes befestigt sind. Das Kreuz steht in einer Astra-Bierkiste die auf einem Podest angeschraubt wurde. Würste hängen an Armen, Brüsten, Beinen und vom Kopf des Models. Salamis, Bockwürste, Wiener Würste und andere Sorten, die ich vielleicht schon gegessen habe, aber deren Namen ich nicht kenne. Viele, viele Würste. Sie sehen aus wie Schlangen.

Djamila, meine Kollegin von der Arbeit und die Künstlerin dieser … Kunst hier, platziert gerade noch ein Paar Wiener Würstchen unter der haarigen Achsel des Models, spuckt ihre American Spirit aus, tritt sie tot, geht ein paar Schritte zurück und begutachtet ihr Machwerk. Sie ahmt die Pose einer exzentrischen Künstlerin nach, wie sie sie aus Bio-Pics und Fotobänden kennt.

Sie hält sich für eine Künstlerin. Ich halte sie für durchgeknallt, aber das sage ich ihr nicht. Ihre letzte große Arbeit war eine Wand voller riesiger nackter Männerfotos. Die Männer, die zu sehen waren, hatten statt Penissen echte Rattenschwänze, die zwischen ihren Beinen baumelten. Die Rattenschwänze hatte sie von toten Laborratten. »Kunst kennt keine Grenzen«, hat sie damals gesagt, als ich sie fragte, ob das mit den Rattenschwänzen nicht 'n bisschen zu krass wäre.

Während ich das nackte, gekreuzigte Wurst-Model betrachte, fällt mir meine Jesus-Hipster-Theorie wieder ein, und ich frage Djamila, was sie davon hält.

»Hm, das ist möglich, dass Jesus der erste Hipster wahr, ja. Klar!« Sie grinst und fügt hinzu: »Wahrscheinlich ist er sogar der einzig wahre.«

Ich nicke.

»Ja, genau das denke ich auch. Jesus, der erste und wahre Hipster.«

Djamila bespricht nun die Vorbereitungen mit dem Wurst-Model für den nächsten Schritt und öffnet dabei den Topf mit der Vaseline. Ihr Plan ist es, dem Model eine riesige Bockwurst in die Vagina zu stecken und zur Hälfte herausbaumeln zu lassen.

»Weißt du, der Betrachter soll sich nicht ganz im Klaren sein: Soll es einen Penis darstellen, der dem weiblichen Model auf natürliche Weise gewachsen ist, oder eine Art Dildo, der zur Masturbation dient und den Penis des Mannes ersetzt?«

Oder einfach eine Bockwurst, die man in die Muschi des Models gesteckt hat, denke ich, sage aber nichts.

Sie sagt: »Das will ich offenlassen. Es soll Fragen aufwerfen und keine beantworten, verstehst du?«

Ich nicke und verstehe nichts. Und das ist gut so. Kunst muss man nicht verstehen. Sie ist da und muss akzeptiert oder abgelehnt werden. Ob mit einem staunenden Lächeln oder einem eingefrorenen ungläubigen Staunen – man kann Kunst auf viele Arten betrachten. Ich befinde mich gerade irgendwo dazwischen, als Djamila noch einen großen Salamikringel aus dem Korb holt und ihn mir vors Gesicht hält. Ich mache angeekelt einen Satz rückwärts, bevor mir der Geruch dieser riesigen Wurst meine Gedankengänge vernebelt. Plötzlich habe ich Lust, zu Edeka zu gehen und mir ganz viele Würste zu kaufen und zu Hause eine versaute, schmutzige Wurstorgie abzufeiern. Also, fressen. Alle Würste. Eine nach der anderen.

Djamila guckt mich durch das Loch des Wurstkringels an und erklärt mir mit einer Stimme, die klingt, als wäre sie eine Moderatorin für QVC, dass dieser Wurstkringel jeden Moment in den Hintern des Models eingeführt wird und wahlweise einen Ringelschwanz des Schweines darstellen soll oder einen ungewöhnlich geformten Dildo, dem man dem Model (oder sie sich selbst) in den Anus gesteckt hat. Ich frage mich: Warum? Djamila, als hätte sie meine Gedanken gelesen, antwortet: »Kunst fragt nicht nach dem Warum, Kunst beantwortet auch keine Fragen.«

Ich nicke. Das klingt richtig, was sie da sagt, auch wenn es nicht wirklich neu ist. Wie viele Künstler und Möchtegern-Künstler vor ihr haben das schon gesagt, um ihre primitive Kunst zu rechtfertigen?

Danach wird sie die Fotos schießen, den Artikel dazu schreiben und an *VICE* verkaufen, die das ganze Projekt voller Erwartung unterstützen und fördern. Djamila fettet erst die dicke Bockwurst mit Vaseline ein, dann den Salamikringel. Das Lächeln des Models ist verschwunden, ihre Mundwinkel zucken, und obwohl ich so etwas wahrscheinlich nie wieder in meinem Leben zu sehen bekomme, schleiche ich in Richtung Ausgang, drehe mich aber noch einmal kurz um und mache ein Foto davon für meine Instagram Gallery. Dann drehe ich mich um und gehe. Mir ist leicht flau, und ich bekomme einen plötzlichen Schweißausbruch. Jetzt brauch ich erst mal eine Stärkung, einen krassen Green Smoothie mit extra Grünkohl, das wird mich wieder ein bisschen pushen.

Zu Hause passiert es tatsächlich so ähnlich: Mich überkommt plötzlich ein Heißhunger auf Wurst und Fleisch. Also renne ich noch mal zum Metzger meines Vertrauens. Ich bezahle fast 25 Euro für einen Kringel Bio-Salami, aber scheiß drauf. Wieder zu Hause, schnappe ich mir mein extragroßes, extrascharf geschliffenes Global-Küchenmesser, schleife es noch einmal zelebrierend zu

Dead Alive von The Shins und schneide die Bio-Salami zu den letzten Takten des Songs – wie Papier, in hauchdünne Scheiben.

Aus den Salamischeiben lege ich einen Smiley, bekleckere ihn mit bestem Dijon-Senf, mache ein Foto für meine Instagram Gallery und ziehe mir eine Scheibe nach der anderen rein, so lange, bis nichts mehr da ist. Food Porn – Alter!

43. GRUND

WEIL JEDER EIN BISSCHEN HIPSTER IST. AUCH DU.

Sind wir nicht alle ein bisschen Hipster? Ja, du, du und du – ihr alle seid Hipster. Auch wenn es nur ein bisschen ist, eine Spur von Hipster. Ob ihr wollt oder nicht, dir bleibt kaum etwas anderes übrig. Es gibt kaum einen Modetrend, einen Style, von dem wir nicht unsere Hipster-Finger lassen und den wir mit einem anderen Style kombinieren. Wenn du versuchst, alles Hipster-mäßige zu vermeiden, was bleibt dir da noch an Klamotten, von deinem »eigenen« Style, von deinen Accessoires? NADA.

Du müsstest nackt auf die Straße gehen. Aber selbst das wäre dann schon wieder hip – also Hipster. Das machte einmal die *VICE*, und schon war es ein HIPSTER.

Ich sitze mit meiner Arbeitskollegin in der Mittagspause vor dem Burger Bunker. Auf unseren Knien balancieren wir einen turmhohen Veggie-Burger und ein Nest voller knuspriger Süßkartoffel-Fritten, die in der Sonne glänzen. Vor unseren Füßen steht eine Club-Mate und in unseren Gesichtern stecken Ray-Ban-Sonnenbrillen.

Erster Punkt: Burger. Du liebst auch Burger, oder? Ihr alle. Wir alle lieben Burger, genau wie wir alle Pizza lieben. Wer zur Hölle mag schon keinen Burger? Also, isst du Burger, bist du Hipster. Nein, nicht ganz. Aber es geht nicht ohne ein wenig Hipster.

☞ Du findest die neuen Bars mit ihren Vintage-Möbeln und den mit Kreide beschmierten Tafeln vor dem Eingang so cool und gemütlich? Hipster.

☞ Du hasst den Hipster-Look, magst aber deine Skinny Jeans so sehr, dass du kaum das Haus ohne sie verlässt? Hipster.

☞ Du fährst ein Rennrad oder sogar ein Fixie? Hipster.

☞ Du trägst gerne Jeanshemden? Hipster.

☞ Du kommst jetzt gerade auf die Idee, dir einen Vollbart oder einen Schnäuzer wachsen zu lassen? Hipster.

☞ Du trägst zum Ausgehen am liebsten deine Brogues und bürstest sie davor noch mal so richtig ausgiebig? Hipster.

☞ Du magst Katzen. Auf Tassen, auf Heften, auf deinem Bildschirm, auf deinem Pulli? Hipster.

☞ Du trägst deine Brille mit Stolz und könntest ohne keine drei Meter weit sehen? Scheiß drauf – Hipster.

☞ Du benutzt deinen Jutebeutel zum Einkaufen, weil du die Umwelt nicht mit noch mehr Plastik zuscheißen willst? Nett von dir, trotzdem: Hipster.

☞ Du hast dein ganzes Leben schon Holzfällerhemden getragen oder spätestens seit deiner Nirvana-Phase? Fuck you, Hipster.

☞ Du lässt dir dein Lieblingszitat deines Lieblingsdichters, -musikers, -schriftstellers stechen? Hipster forever, Alter.

Seid ihr, sind wir, sind nicht alle ein wenig Hipster? Du kennst die Antwort. Also, get over it. Ihr entkommt uns nicht. Früher oder später werden wir alle Hipster sein.

Dann werden wir eine Art Atlantis gründen. Eine gigantische Hipster-Insel, reich an Rohstoffen aller Art, verschiedener Bäume, Pflanzen, Früchte und Tiere, mit denen wir in Harmonie und Frieden zusammenleben, und natürlich: mit dem schnellsten Internet der Welt.

ZWEITER TEIL

DER STYLE & LOOK DES HIPSTERS

BEANIE

RAY BAN BRILLE

AMERICAN SPIRIT-ZIGARETTEN

MOUSTACHE

T-SHIRT

RETRO-HEMD

TATTOOS

NO!

DAS BUCH

GUITAR

ON THE ROAD

POLAROID-KAMERA

SNEAKERS

WEIL ERST KLEIDER DEN HIPSTER MACHEN

Ausnahmezustand. Ich brauch was zum Anziehen. Heute Abend ist eine Vernissage von einer Fotografin, mit der ich mal was hatte, nachdem sie die Anzeigenfotos für 'ne Bio-Limo-Kampagne für unsere Agentur geschossen hat. Das Konzept ihrer Ausstellung: Aufstieg und Fall prominenter Persönlichkeiten aus dem Dschungelcamp. Muss sie ironisch meinen. Dann ist es nicht uninteressant.

Das Problem ist, ich hab alles anprobiert, war aber nichts Richtiges dabei. Das muss sich richtig anfühlen. Jede Veranstaltung verlangt das passende, das richtige Kostüm. Das Leben ist eine Show, du brauchst für deinen perfekten Auftritt also das richtige Kostüm. Das nächste Problem ist, wir haben den 26. Also, Monatsende. Ich bin pleite. Waren ein paar Mittag- und Abendessen beim Inder, Thai und dem neuen – krass guten – peruanischen Food Truck zu viel. Urban Outfitters ist jetzt keine Option. Für mein Budget krieg ich da höchstens ein paar Socken. Und weil solche Leute wie ich sogar die Flohmarkt- und Secondhandshop-Preise in ekelerregende Höhe getrieben haben, bleibt nur noch eine einzige Anlaufstelle außer dem unglaublich ekelhaften Kik, und das wäre: H&M. Der Feind. Der Erzfeind und der Retter in der Not. Fuck. Natürlich dürfen die Teile nicht aussehen, als wären sie von H&M. Das ist die Challenge. Und oft klappt das sehr, sehr gut.

Ein Geständnis: Das H&M-Image ist schlechter als die Realität. Ich werde da in der Not sehr oft fündig. Ich gebe es zu: Ein Gang zu H&M bereitet mir zuerst Schmerzen und eine lähmendes Schuldgefühl, das aber dann ganz schnell einem Gefühl von Erregung und Ekstase weicht.

WEIL DER HIPSTER HEIMLICH BEI H&M SHOPPEN GEHT

Also betrete ich den H&M. Inkognito. Ich trage einen schwarzen anonymen Hoodie, die Kapuze tief ins Gesicht gezogen, eine graue Schlabber-Jogginghose und meine zerschlissenen Nike-Sneaker, die mich drei Monate lang keuchend durch den Wald getragen haben, während meiner Jogging-Phase, die nun auch wieder … ähm, ja … zwei Jahre zurückliegt. Sport ist so verdammt langweilig.

Wenn mich hier jemand entdeckt, den ich kenne, bin ich gefickt. Aber H&M rettet mir jetzt die Eier. Mit ungefähr 130 Euro kann man sich hier einkleiden und aussehen, als hätte es 800 oder 1.000 gekostet. Aber während ich gebückt wie der Glöckner von Notre Dame den H&M an der Französischen Straße betrete, schrillt mein iPhone los, und ich erleide fast einen Herzinfarkt.

»Und – was geht, Alter?«, fragt mich diese lächerlich klebrige Stimme durch den Lautsprecher meines iPhones. Ich hasse diese Stimme so sehr, dass ich sogar mit dem Gedanken spiele, mein iPhone umzutauschen. Es ist besudelt, beschmutzt, verunreinigt. Diese grotesk nervige Stimme, die man nie wieder vergisst. Sie gehört Freddy. Eigentlich Frederik, aber wer will schon so genannt werden. Mit Freddy hat er wenigstens einen Pluspunkt, als Anlehnung an Freddy Kruger aus *Nightmare on Elm Street*. Und dieser Freddy ist auch so ein Albtraum. Er ist Berater und die gute, aber verdammt nervige Seele der Agentur. Länger als alle anderen ist er an Bord, kennt jede Büroklammer und jede noch so kleinste Intrige, jedes Gerücht und jeden kleinsten Skandal – was unterhaltsam sein kann, aber nicht, wenn diese Person zufällig der nervigste und penetranteste Mensch auf Erden ist. Freddy ist die größte Nervensäge und so nervig, dass sein Generve schon an eine Parodie grenzt. Er meint es ernst, aber er checkt es nicht.

Wie kommt man zu einem besten Freund, den man nie haben wollte? Ganz einfach: Man macht den Fehler und lädt ihn zu einem Konzert einer russischen Instrumental Hardcore Band ins Lido ein, weil man bei FluxFm zwei Tickets gewonnen hat und niemanden findet, der sich diesen musikalischen Genuss freiwillig antun will – außer … Freddy.

Seitdem denkt er ich bin sein bester, nein, sein allerbester, Freund. Seitdem sagt er, er wäre mein allerbester Freund.

Seitdem sage ich: »Ich brauche und ich will keinen besten Freund, wir sind nicht TKKG oder die Drei ???!«

Daraufhin hat er mich gebeten, mit ihm ein Drei ???-Quiz zu machen. Er wüsste alles in- und auswendig über die Drei ???. Ich hab's gemacht, und er hat jede verdammte Frage richtig beantwortet. Okay. Das liegt auch daran, dass er nie ausgeht, keine Freundin oder Dates hat und JEDEN Tag seine Drei ??? hört. Außerdem erinnert der Trottel mich ein wenig zu sehr – an mich.

Also, nicht den Jonas von heute, sondern an den Jonas von damals. Ist ein bisschen so, als hätte dich dein altes Ich, dem du davongelaufen bist, nach all den Jahren aufgespürt. Freddy ist weich und wabbelig wie ein Marshmallow. Seine Hand steckt immer in einer Chips-Tüte. Kein Zeugs wie Bio-Gemüse-Chips oder Kessel-Chips, nein, es ist der übliche Geschmacksverstärker-Mist wie Chio Chips oder Crunch Chips. Seltsamerweise trägt er in der Agentur immer am nächsten Tag DEN Style, den ich einen Tag zuvor getragen habe. Als ich ihn kennenlernte, hat er eine lächerliche Emo-Frisur getragen und sich in Meetings ständig mit einer Kopfbewegung die Haare aus dem Gesicht geworfen. Schon damals wollte ich ihn umbringen, erschlagen, erwürgen oder eine ganze Nacht lang in einem Keller foltern. Jetzt trägt er einen löchrigen Vollbart und einen Man Bun, in seinem zugeknöpften Jeanshemd steckt immer eine Ray-Ban-Sonnenbrille – auch im Winter. Ich will nicht mit ihm in der Öffentlichkeit gesehen werden. Ich will nirgendwo mit ihm sein. Aber er beherrscht die Kunst, immer da aufzutauchen, wo ich mich gerade befinde. Hat er mein iPhone geortet? Diese Sau. Diese Stalker-Sau.

46. GRUND

WEIL DER HIPSTER ALLES TUT, UM EIN LABEL LOSZUWERDEN

Keine zehn Minuten später steht er vor mir, Freddy. Sein schlecht gewachsener Bart, der größere Löcher hat als Gina Wild, zeigt struppig in alle Richtungen – sogar seine eigenen Barthaare versuchen vor ihm zu fliehen. Sein Man Bun sitzt grotesk platziert auf seinem walnussförmigen Kopf, sodass er aussieht, als wäre er ein verloren gegangener Teletubbie. Er grinst mich breit an und streckt mir die knisternde Chio-Chips-Tüte entgegen.

»Geil Alter, H&M. Gehste shoppen oder was?«

Ich ignoriere die Chipstüte. Ich ignoriere ihn. Schlängle mich vorbei an den Shorts. Ist schon schlimm genug, mit ihm zusammen bei H&M gesehen zu werden, dann müssen wir nicht noch zusammen vor den Unterhosen gesehen werden. Ich schaue mir die Teile an, die im Sale-Bereich ausliegen, und versuche, ein paar davon zu kombinieren. Hinter mir knistert es.

»Haste heute Abend was vor?« Crunch. »Ich hab Zeit.« Crunch. »Wollen wir irgendwas machen?« Crunch.

Ich drehe mich zu ihm um und schenk ihm all meine Verachtung. »Pass auf, das hier …« Ich wische mit meinem Arm durch den Laden. »Hat nie, nie, niemals stattgefunden, kapiert? Ich war nie hier, okay? Normalerweise geh ich nicht in den beschissenen H&M …« Und an dieser Stelle kommt gerade eine junge Verkäuferin an uns vorbei, um ein paar Kleidungsstücke zusammenzulegen. Ich verstumme, sie schaut mich mit einem bösen Blick an und faltet eingeschnappt ihre Klamotten zusammen. Ich schiebe Freddy weiter vorbei an ein paar Kleiderständer und flüstere ihm zu: »Ich brauch was für heute Abend, 'ne Vernissage, bin aber gerade etwas – ähm, ja … knapp.«

Crunch.

»Ich geh aber sonst NIE hierher.«

Crunch.

»Also, erzähl das hier nicht weiter – okay?«

Crunch.

»Jetzt hör doch mal auf zu FRESSEN, ALTER!«

Er gefriert in der Bewegung ein, als seine Hand gerade wieder in die Chipstüte taucht. Er hält inne und nickt.

»Wollen wir zusammen zur Vernissage?«, fragt er.

Mir bleibt wohl nichts anderes übrig, also nicke ich unter großen Schmerzen und schlucke einen Würgereiz hinunter.

Zwei Stunden später trägt Freddy mir die Klamotten in die Umkleide. »Ist ziemlich schräg«, sagt er. »Ich meine schräg, wie lustig, witzig, verstehste? Wenn man uns so sieht, könnte man meinen wir wären ein schwules Pärchen.«

Er grinst mich an. Ich werfe ihm einen bösen Blick zu und reiße ihm die Klamotten aus dem Arm, ziehe mit einer schnellen Bewegung den Vorhang der Umkleide zu, und endlich, sein dummes Grinsen verschwindet für einen Moment. Wie soll ich den Spast einen ganzen Abend lang ertragen? Schon fünf Minuten mit diesem Trottel sind die reinste Hölle. Nein, die Hölle wäre dagegen wahrscheinlich ein erholsamer Kurort.

Zu Hause begutachte ich meine Beute. Bin ganz zufrieden. Das Zeug ist nicht gerade auf den ersten Blick als H&M-Style zu identifizieren. Das ist schon mal cool. Ich helfe dem Used-Secondhand-Look noch ein wenig nach: Das Led-Zeppelin-Shirt dehne ich ein paar Mal, damit es schön schlabbert, den Kragen schneide ich raus, und knapp unter dem Bauchnabel beiße ich ein Loch rein – Rock 'n' Roll, Alter. Jetzt ist es gut, jetzt ist es geil. Wenn mich jemand fragt:

»Ach, das alte Shirt hier? Hab ich schon ewig! Ich glaub, das hab ich auf 'nem Flohmarkt in Barcelona erstanden. Oder war es London? Das Shirt hat Geschichte, Alter. Hat schon so einiges geseh'n.«

Die schwarze Stoffhose rubble ich ein wenig auf. Dafür benutze ich eine Käsereibe. Die Hosenträger lasse ich so, sehen retro aus. Die Schuhe werfe ich ein paar Mal durchs Zimmer, bearbeite sie zehn Minuten lang mit dem Fleischklopfer und verpasse ihnen ein paar alte braune Schnürsenkel. Jetzt sehen sie aus wie echte Budapester, die ich vor ungefähr drei Jahren in Italien – Sizilien – gekauft hab, in einer kleinen Manufaktur, wo ich zufällig vorbeigekommen bin, als ich mit dem Roller quer durch Italien gekurvt bin. Einen ganzen Sommer lang, la dolce vita, Alter. Ich erzähle meine Story so gut, so bildhaft, dass du niemals darauf kommst, dass ich den Scheiß von H&M hab, Alter. Ich beschreib dir die fetten, fleischigen Oliven so, dass du sie schmecken kannst, ich zaubere dir den Duft von frisch gekochter Pasta in die Nase und führe dir die sonnengebräunte Haut der Italienerin vor Augen, die ich unterwegs aufgegabelt habe und die mich bei meinem restlichen Trip begleitet hat, hinter mir auf dem Roller sitzend, mit ihren schlanken Armen fest meine Taille umklammernd und ihre Brüste fest gegen meinen Rücken gepresst. Amore unterm Olivenbaum – la dolce vita, Alter.

Ich war noch nie in Bella Italia. Mit einer Rasierklinge schneide ich an jedem Kleidungsstück sorgfältig das H&M-Label ab und verbrenne sie in der Spüle. Keine Spuren hinterlassen. Kein Label, kein H&M. Ich war niemals dort. Es gibt keinerlei Beweise.

WEIL DER HIPSTER ÜBER LEICHEN GEHT, WENN ES UM SEINEN RUF GEHT

Als ich vor der Gallery ankomme, in der die Vernissage stattfindet, drehe ich mir eine American Spirit, überquere die Straße und warte auf der anderen Straßenseite auf Freddy – die Gallery immer gut im Blick. Wer geht rein, wer kommt raus. Als Freddy auftaucht mit seinem Idioten-Grinsen und seinem Look, der ein billiger Abklatsch von meinem ist – eine billige, blasse und schäbige Kopie –, klatsche ich ihn an die Wand und briefe ihn eindringlich: »Pass auf, Alter. Wenn wir da gleich reingehen, wirst du kein Wort darüber verlieren, dass du mich heute bei H&M getroffen hast, kapiert!«

Er grinst und nickt.

»Du erzählst keinem, NIEMANDEM, dass das, was ich heute trage, von H&M ist, okay?«

Er grinst.

»Was passiert, wenn es mir doch aus Versehen rausrutscht?«, fragt er und grinst – kaum vorstellbar, aber es geht doch – noch dümmer.

»Dann, Alter …«, sage ich, »rutscht mir auch was raus, und ich muss dich aus Versehen kaltmachen. Ich erschlage dich mit meiner alten Olympia-Schreibmaschine, rolle dich in meinen Original Vintage-Flokati aus den 50ern und versenke dich in der Spree. Man wird deine Leiche nie finden. Niemand wird dich vermissen. Das mach ich. Alles nur aus Versehen, Alter. Aber das ist genau das, was ich mit dir mache, wenn du deine Fresse nicht halten kannst, kapiert?«

Ich starre ihn an, ganz dicht an seinem Gesicht, seine Tränensäcke zucken nervös, der Rauch meiner American Spirit steigt uns beiden in die Nase, und sein dummes Grinsen verschwindet aus seiner Visage wie Wasser in einer Badewanne, wenn man den Stöpsel zieht. Freddy sieht mich verwirrt an, versucht, in meinem Blick eine Spur von Witz zu erkennen. Aber er findet nichts, sein Körper erschlafft, würde ich ihn nicht fest gegen die Wand drücken, er würde wie ein schlaffer Sack zusammensacken. Ich grinse, klopfe ihm auf die Schulter.

»So, und jetzt lass uns einen coolen Abend haben, Alter. Ich brauch erst mal 'nen Drink! Du auch?«

Er nickt unsicher und folgt mir zögernd.

»Fuß!«, sage ich grinsend.

Er folgt mir stumm.

So mag ich ihn am liebsten.

48. GRUND

WEIL DER HIPSTER SICH FÜR ALLES ENTSCHEIDET UND AUF NICHTS FESTLEGT

Heute ein Punk, morgen ein Rock 'n' Roller, übermorgen eine Goth-Lolita oder eine hippieske Modebloggerin, die aussieht, als wäre sie die zerrupften Überreste des Woodstock-Festivals. Was auch immer ihr früher wart, welche Phase ihr damals durchgemacht habt – ihr seid durch damit. Ihr habt die Punk-Kluft abgelegt, die zerschlissenen Grunge-Jeans an den Nagel gehängt, schämt euch heute für euer Band-Tattoo und habt eure Piercings zum Alteisen gegeben. Wir aber wandern leichtfüßig durch alle Modestyles der letzten 150 Jahre und sind dabei so individuell, wie du es immer sein wolltest. Nein, das sind wir natürlich nicht, wie sind bloß Kopien von Kopien von Kopien, aber das interessiert uns nicht. Wir tragen was, wie, wo und wann wir wollen. Du nicht. Nicht damals, nicht heute und nicht irgendwann. Du trägst heute deine Ich-bin-alt-und-vernünftig-geworden-Uniform und versuchst dabei, trotzdem so auszusehen, als wärst du mit deinem Leben eigentlich ganz zufrieden. Aber das strahlst du nicht aus. Was du ausstrahlst, ist

Langeweile, Verzweiflung und Angst. Wer ist der Lügner? Der Hipster oder du?

Wir picken uns das Beste aus jeder Bewegung raus und kombinieren es so, wie wir wollen. Wir sind die, die sich nicht entscheiden können? Da liegt ihr aber so was von falsch, wir sind die, die sich nicht entscheiden wollen und auch nicht müssen.

Das überlassen wir den anderen.

49. GRUND

WEIL DER HIPSTER VIELE GESICHTER HAT UND NOCH MEHR KOSTÜME

Noch nie war eine Bewegung so weit verbreitet und in so viele Splittergruppen aufgeteilt. Früher war es ganz klar, man musste sich entscheiden: Warst du ein Punk, sah dein Outfit ungefähr so aus: speckige, abgewetzte Lederjacke mit unzähligen Patches. Vielleicht waren da noch ein paar selbst kreierte Schmierereien drauf, du hast 'ne knallenge gestreifte Hose oder eine Bundeswehr Hose getragen, ein paar Nieten-Arm- und Halsbänder, farbenfrohes Haar zu einem Spaghetti langen Iro aufgetürmt, zu harten, spitzen Spikes gezwirbelt, hast dir eine rostige Sicherheitsnadel durchs Ohr gesteckt und dazu deine Docs getragen. Du warst ein Punk, und jeder hat dich als Punk erkannt.

Scheiß drauf, auch wenn du nach der Schule nach Hause gegangen bist und *Gilmore Girls* geguckt hast, sobald du durch die Tür und raus auf die Straße bist, warst du ein Punk – fuck the police! FUCK THE SYSTEM! Oder du warst Grunger in den 90ern: Holzfällerhemd, langes, fettiges Haar, das du dir ständig hinter die Ohren geklemmt hast, so wie Cobain es gemacht hat, zerfetzte Jeans und Chucks (auch hier gingen Docs – am besten die weinroten mit Stahlkappen, die schon hervorblitzten).

Als Metaller hattest du schlaff herabhängendes oder krauses Haar, gruselige T-Shirts von Iron Maiden, Blind Guardian, Sepultura, AC/DC, Metallica oder strangeres Zeugs wie Cannibal Corpse, Sodom und Slayer (Verdammt, Raining Blood ist aber auch ziemlich cool!)

Deine Lieblingsfarbe war Schwarz. Warst du ein Gothic-Freak, ging sowieso nur Schwarz, abgesehen von deiner blassen Haut, die nur selten die Sonne zu sehen bekam. Oder du warst ein Rapper, ein HipHopper, dann konnte man dich schon von Weitem erkennen an deinem schlurfenden Gang, weil dir deine weite Hose über den Arsch gerutscht war und jetzt irgendwo zwischen den Kniekehlen baumelte. War es nicht die Hose, hat man dich an deinem mindestens so weiten Pulli erkannt, auf dem in fetten Lettern *RUN DMC* oder *Public Enemy* zu lesen war, oder an deiner L.A.-Raiders-Jacke. Dann gab es da noch die etwas weicheren Popper, die harmlosen New-Wave-Leute und so. Absolut harmlos, absolut unauffällig, absolut überflüssig.

Die Splittergruppen des Hipsters sind beinahe unüberschaubar, und genau das macht es so gefährlich, selbst zu einer Art Hipster zu werden: Es ist also viel leichter, ein Hipster zu sein, als keiner zu sein. Hipster zu sein ist leicht, heute noch wirklich individuell zu sein, dagegen schwer. Unser Style ist, alles, einfach alles tragen zu können, zu wollen und zu dürfen. Genau das macht euch so wütend. Darum hasst ihr uns. Wir können alles sein. Wir nehmen uns einfach das, was uns gefällt. Und das gefällt euch nicht.

50. GRUND

WEIL DER HIPSTER KEINEN EIGENEN STIL HAT

Das Feld des Hipsters ist so groß, da verliert man schon mal den Überblick. Welche Hipster-Arten gibt es? Es gibt den (voll) bärtigen

Hipster, der aussieht, als wäre er die Idealbesetzung von Mumford & Sons (könnte er ein Instrument spielen), dann gibt es das fast krasse Gegenteil zu diesem Hipster: den beinahe schon nerdigen Hipster, der am liebsten T-Shirts mit Logo, dem Namen einer Schriftart oder einem vermeintlich cleveren Spruch trägt, im Gesicht eine Brille, deren Gestell so fett und breit ist, dass es aussieht, als wäre sein Gesicht eine Baustelle und die Brille ein Gerüst, auf dem gerade fleißig gearbeitet wird – aber abgesehen von seiner Gesichtsbaustelle, ist er ein sehr aufgeräumter Typ, der seinen Schreibtisch in der Social Media Agentur oder einer anderen Kommunikationsagentur penibel sauber hält und auf dem nichts weiter steht als sein frisch gewischtes MacBook, seine Grumpy-Cat-Kaffeetasse und seine obligatorische Club-Mate.

Es gibt den Hipster, der im Sommer am liebsten in so engen Jeans-Hotpants durch die Straßen wackelt, dass – geht man hinter ihm – schon beinahe seine blassen Arschbacken hin und her tanzen – nur leicht verdeckt von den Fransen, die sie zieren wie das Baströckchen einer Hawaiianerin. Dazu tragen sie am liebsten schmutzige Tennisschuhe und die obligatorischen weißen Tennissocken – schön stramm hochgezogen, als wäre ihr schon fast erreichtes Ziel die Kniescheibe. Es gibt den weiblichen Hipster, mit dem wie unabsichtlich falsch platzierten Dutt oder dem Pagenschnitt und der grässlich bunten Jacke aus den 80ern – bei der man sich fragt, ob man jemals ein hässlicheres Kleidungsstück gesehen hat. Nein, hat man nicht.

Im Folgenden sind Männer UND Frauen gemeint – und alles dazwischen: Es gibt den Kiffer-Hipster, den Punk-Hipster, den Gothic-Hipster, den Künstler-Hipster, den Indie-Hipster, den Rockabilly-Hipster, den Dandy-Hipster, den Sneaker-Hipster, den Social Media-Hipster (trägt meistens auch Sneaker), den Skater-Hipster, den Mode-Blogger-Hipster, den bärtigen urbanen Jäger-Hipster, ach – wisst ihr was? Es gibt keinen Hipster, den es nicht gibt.

DANDY-HIPSTER

SOCIAL
MEDIA-
HIPSTER

KÜNSTLER-
HIPSTER

WERBE-
HIPSTER

SKATER-
HIPSTER

INDIE-
HIPSTER

MODEL-
HIPSTER

MODE-BLOGGER-
HIPSTER

WEIL HIPSTER ALLE GLEICH AUSSEHEN

Ein Jutebeutel macht noch keinen Hipster. Klar, wir haben dazu beigetragen, dass die Öko-Handtasche, dieser grotesk hässliche Stoffbeutel, ein cooles, stylishes und überaus beliebtes Accessoire geworden ist und so verbreitet wie die Musik der Beatles. Das waren wir. Ist fast so, als könnten wir Scheiße in Gold verwandeln, oder?

Ja, während ihr auf die Umwelt scheißt und mit euren Plastiktüten durch die Gegend spaziert, retten wir nicht nur die Umwelt, wir setzen auch ein Zeichen, ein Statement, und kreieren einen neuen Style. Du kannst dich darüber lustig machen, aber dahinter steckt nur deine bittere Enttäuschung über dich selbst. Geh weiter zu Penny und kauf deinen billigen Dreck, stopf ihn in die Plastiktüte und scheiß auf deine Umwelt. Wir scheißen auf dich. Aber okay, ein Jutebeutel macht noch keinen Hipster. Was aber macht einen Hipster? Alles. Alles und nichts. Der Hipster hat unzählige Erkennungsmerkmale, und er hat kein einziges. Trotzdem erkennt man den Hipster auf den ersten Blick. Es ist eine echte Glanzleistung: Wie schafft der Hipster das nur? Obwohl es so viele Hipster-Splittergruppen gibt, die einen unterschiedlichen Fashion-Style verfolgen, sehen doch alle gleich aus. Sollte sich der Hipster nicht eigentlich ganz schnell vom Fashion-Acker machen? Wenn schon H&M und New Yorker den Hipster-Style anbieten, sollte er dann nicht schnell das Weite suchen und nach etwas Neuem Ausschau halten? Genau wie er es mit Bands macht, die er entdeckt, bevor sie cool werden, und ihnen den Rücken kehrt, sobald sie Mainstream werden? Tut er aber nicht und dabei hilft ihm, wie so oft, seine antrainierte Ironie, die er locker mit sich herumträgt wie den Jutebeutel.

Der Hipster kann einfach alles anziehen und tragen. Sein ganz individueller Look ist dann nicht nur auf immer mehr Modeblogs vertreten, durch die er sich heimlich nachts in seinem Bett klickt, das er selbst aus Euro-Paletten gebaut hat (und ich war einer der Ersten, bevor es mir alle nachgemacht haben, nachdem ich es auf Instagram und Facebook gepostet habe!), während das Licht seines MacBooks sein Hipster-Gesicht ausleuchtet und er mit freudigen Augen einen neuen, ganz individuellen Hipster-Fashion-Blog entdeckt, den morgen die ganze Welt entdeckt. Warum sehen wir dann so oft so gleich aus? Wir sind auch nur Menschen. Es gibt leider nur eine begrenzte Auswahl an Klamotten und Kostümen, wir können uns schließlich nicht völlig verwandeln – auch wenn wir wollen.

52. GRUND

WEIL DER HIPSTER SOGAR DEM PROLL PEINLICH IST

Früher gab es noch diese hartgesottenen Prolls, die jeden noch so guten Geschmack in die Knie zwingen konnten – ich kann mich noch gut erinnern: ein paar Badelatschen oder Schluppen an, darüber schöne weiße Tennissocken – schön straff gezogen bis zum Anschlag, ein T-Shirt mit dem schlecht gedruckten Bild seiner Katze oder dem dicken Hund, das er vor Jahren in einem Copyshop hat machen lassen, darüber ein Goldkettchen und dann ab in eine schön aufgeplusterte Picaldi-Bomberjacke – fertig ist der derbste Proll-Style, und damit ging der Proll dann auf die Straße, schlurfte um den Block, um sich ein Bier, 'ne Currywurst und die Bild zu holen. Mehr brauchte es nicht, um glücklich zu leben im Proll-Paradies. Okay, vielleicht noch der Muschi-Beutel.

Der Proll hat es knallhart durchgezogen. Scheiß auf Style, scheiß auf alles; was nicht passt, passt perfekt zusammen – der Proll hatte kein Markenzeichen, und genau das war sein Markenzeichen.

Wie kann es aber sein, dass eine solch starke Persönlichkeit von einem Hipster-Kasper wie mir abgelöst wird? Das schafft nur der

Hipster. Wer traut sich sonst so derbe zu kleiden wie der Hipster, wenn es den Proll nicht mehr gibt? Ihr habt nicht die Eier, einen derben Style so zu kombinieren, dass einem die Augen tränen und trotzdem noch hoch erhobenen Hauptes durch den Kiez zu ziehen. Wir schon. Wir tun es einfach. *Just do it, Alter*, sagen wir uns. Keine Grenzen, alles geht, alles ist erlaubt. Der Punk hat sich festgelegt, der HipHopper, der Popper, der Metaller, der Rock 'n' Roller hat sich festgelegt. Ein Style. Eine Schublade. Klar und deutlich zu erkennen. Wir aber wollen uns nicht festlegen. Wir switchen den Style, spielen leichthändig auf der Klaviatur der Fashionwelt.

Und der Proll? Der Proll, sollte es ihn noch irgendwo geben, lebt zurückgezogen in seiner Plattenbau-Siedlung, angewidert von diesen Hipstern, die ihm seine letzte Bomberjacke, seinen Porno-Schnäuzer und sein Goldkettchen genommen haben. Da steht er nun am Fenster und beobachtet diese tuntigen Hipster aus seinem 16. Stockwerk in seinem bierbefleckten Feinripp-Tanktop und rotzt auf all die frisch pomierten Hipster-Köpfe.

53. GRUND

WEIL HIPSTER AUSSEHEN WIE H&M-SCHAUFENSTERPUPPEN

Ich blättere den H&M-Herbstkatalog durch, während ich auf dem Klo sitze. Die Models sehen ja auch irgendwie ganz cool aus … Aber Moment mal, die sehen ja aus … wie … ja, die sehen aus wie ICH!« Ganz genau, der Hipster findet sich im H&M-Katalog wieder und steht ironisch grinsend im Schaufenster von H&M. Dort kannst du für 4,90 dein RAMONES-T-Shirt holen, deine Skinny Jeans, deine Hosenträger, dein Jeanshemd – sogar deine Budapester MADE by H&M in Indonesia – echte Handarbeit, ja von geschickter Kinderhand gezaubert, damit sich auch die Teenies mit ihrem Taschengeld so kleiden können wie wir. Findet ihr scheiße. Finden wir auch scheiße.

Ich sitze in der U-Bahn. Mein Ziel: H&M. Natürlich inkognito. Alter, was soll ich machen? Der 10er-Pack Socken für unter zehn Euro? Come on! Das ist ein Angebot, das man nicht ausschlagen kann. Beim Verlassen des H&M drehe ich mich noch mal um, sehe mir die Schaufensterpuppe noch mal genauer an. Sieht echt aus wie ich. Das muss ich posten. Aber ich mach natürlich klar, dass ich nur zufällig bei H&M VORBEIgekommen bin und nicht DRINNEN war.

Hm, das Hemd, das die Schaufensterpuppe, die aussieht wie ich, anhatte, war eigentlich gar nicht schlecht. Wenn's ihr steht, steht's mir auch. Sieht auch irgendwie gar nicht soo nach H&M aus.

Ich schaue mich vorsichtig um, schleiche zurück in den Laden, greife mir das Hemd in Größe M wie MEGA, klatsche es dem Verkäufer auf die Theke und zücke meine Kreditkarte.

»Jonas?«

Ich höre eine Stimme hinter mir, 30, vielleicht 40 Meter entfernt. »Ey Jonas, bist du das?«

Ich lasse das Hemd liegen, ziehe mir die Kapuze tief ins Gesicht und schleiche gebückt wie der Glöckner von Notre Dame aus dem Laden, stolpere über einen beschissenen Rucksack, den irgendein Teenie da abgelegt hat, um ein Cappy anzuprobieren, trenne ein verliebtes Pärchen, das Arm in Arm in den Laden kommt, und haste los in Richtung Ausgang. Die Blicke, die mir folgen, spüre ich ganz deutlich, sie bohren sich in meinen Hinterkopf. Draußen pisst es, und als ich in die U-Bahn springe, die wie immer gerade losfahren will, fällt mir ein, dass ich nicht nur das Hemd habe liegen lassen, sondern auch meine Kreditkarte.

Fuck.

WEIL DER HIPSTER KEINE BRILLE BRAUCHT, ABER TROTZDEM EINE TRÄGT

Und das tut er für sein Ego, das braucht nämlich eine Brille, nicht seine Augen. Mit seinen Augen ist alles in Ordnung, nur sein Ego, das so hinter der Fassade und der meterhohen Wand aus Ironie zusammengekauert in der Ecke liegt wie ein geprügelter Hund, das braucht ganz dringend eine Brille. Früher, als ich noch der pummelige Nerd war, war ich bei allen sonstigen Handicaps, wie Pickel, mit gigantischen Ausmaßen, einem unsportlichen Körper, der schon an seine Grenzen kam, wenn man ihn den ersten Stock hochjagte, und mit einer Frisur, die man eher als Unkraut bezeichnen konnte, ziemlich froh, dass ich wenigstens keine dicke Idioten-Brille tragen musste. Hattest du ein Brille, war das dein Tod. Oder kanntet ihr damals einen coolen Typen in der Schule, der eine Brille trug?

Brille = Loser. So war es mal. Heute ist es umgedreht.

Meine Stärke ist heute meine Schwäche. Ich brauche keine Brille. Ich habe Adleraugen. Das ist scheiße. Ich will eine Brille. Eine Brille und ich – das wäre die perfekte Symbiose. Warum auf ein so verdammt stylishes Accessoire wie eine coole Ray Ban, die man den ganzen Tag in seinem bärtigen Gesicht tragen kann, verzichten?

Wie viel cooler sieht es denn aus, wenn ich mit dem völlig zerfledderten und sicher tausendmal gelesenen (nicht von mir) *On the Road* von Kerouac in meinem Stammcafé sitze und darin blättere, (so tue, als würde ich es lesen), dabei durch die frisch geputzten Gläser meiner Ray Ban ORIGINAL WAYFARER mit schwarzem Gestell blinzele? Die Brille würde mein Gesicht rahmen wie ein verdammtes Kunstwerk. Du kannst Scheiße einrahmen und machst Kunst daraus. Du kannst ein Gesicht mit einer Brille rahmen und machst Kunst daraus. Alles, was man rahmt, wird plötzlich interessant.

Klar, geht es mir dabei nicht ums Lesen, es geht ums Gesehenwerden. Ich will, dass mich alle so sehen, mit diesem nachdenklichen Blick, hinter den Brillengläsern einer Ray Ban, gedankenversunken in ein Buch vertieft, ich will, dass man den Titel des Buches erkennt, ich will geteilt und gepostet werden. Ich will, dass andere Männer das Bild sehen und denken: Was für ein Mann. So will ich auch sein. Ich will, dass Frauen das Bild sehen und denken: Was für ein Mann. Den will ich haben.

Darum mache ich das Ganze hier.

Eine Brille macht dich zu einem besseren Menschen.

Mit einer Brille sieht man dich besser.

Darum bin ich hier, um gesehen zu werden.

Jeder Mensch hat etwas, was ihn antreibt?

Das ist mein Antrieb.

55. GRUND

WEIL DER HIPSTER ZU SEINER BRILLE KOMMT WIE DIE JUNGFRAU ZUM KIND

Ich sitze gerade beim Augenarzt, freudig erregt blättere ich in den vom Schweiß verklebten Magazinen: Die Bunte, Gala, Brigitte und wow – sogar 'ne GQ gibt es. Ich warte auf meinen Sehtest. Ein bisschen so, als würde gerade meine schwangere Frau entbinden und ich jeden Moment Vater werden – so schön und aufregend ist es, nein, eigentlich noch ein wenig schöner. Es wird eine Brille. Ich weiß es. Ich weiß, ich werde ihn NICHT bestehen. Den Test. Ich MUSS ihn NICHT bestehen. Das ist die Challenge. Bestehen bedeutet keine Brille, ich aber bin hier, damit man mir sagt: »Sie brauchen eine Brille.« Ich brauche keine Brille. Oh doch, ich brauch eine Brille! ICH BRAUCHE VERDAMMT NOCH MAL EINE BRILLE, UND ICH WERDE EINE BRILLE BEKOMMEN!

Hat jemand schon mal einen Test gemacht, in der Hoffnung, dass er durchfällt? Ich wette, ich bin nicht der Erste, der bei einem Sehtest durchfallen will, um sich ENDLICH eine Ray Ban ins Gesicht setzen zu können – und nicht nur eine Sonnenbrille. Ich will immer Brille. Der Mann mit dem Bart und der Brille. Nach knapp 15 Minuten das erschütternde Urteil des Augenarztes: »Mit Ihren Augen ist alles in Ordnung.« Es ist fast so, als hätte er gesagt: »Sie haben noch zwei, vielleicht drei Wochen zu leben.«

»Oh nein …, verdammt.«

»Sie brauchen keine Brille.«

»Scheiße!«

»Bitte?«

»… sind Sie sicher?«

»Ähm, ja …«

»Sind Sie sich da auch ganz sicher?«

»Ja, ich bin Arzt. Der Test ist … eindeutig …«

»Warum verschwimmen dann manchmal die Worte beim Lesen? Warum sehe ich manchmal die Schauspieler in einem Film nur als schemenhafte Umrisse? Warum brennen dann meine Augen so? Warum sehe ich überall nur Idioten?«

»Vielleicht eine Allergie? Wir können einen Allergietest machen, aber eine Brille brauchen Sie nicht.«

»Doch!«

56. GRUND

WEIL DER HIPSTER EINE BRILLE BRAUCHT WIE DER JUNKIE SEINEN STOFF

Ich spaziere zum nächsten Optiker. Ich tippe auf das Ray-Ban-Modell von dem ich schon seit Monaten träume, sage dem Optiker, ich wäre Schauspieler und bräuchte genau die mit Fensterglas für eine Rolle in einem Kinofilm. Zehn Minuten später verlasse ich den Laden. Ich packe die Ray Ban vorsichtig aus dem Etui, putze sie das allererste Mal. Das erste Mal ist immer etwas ganz Besonderes. Dann setze ich sie auf. Meine erste Brille. Endlich. Ich beruhige mich, mein Zittern lässt nach, der Puls galoppiert gemächlich dahin, und mein Herz klopft vor Freude. Ich habe kein bestimmtes Ziel, mein einziges Ziel ist, mit dieser Ray Ban in meinem Gesicht herumzuspazieren und gesehen zu werden, und genau das mach ich jetzt.

Fühlt sich noch ungewohnt an. Juckt etwas, so als ob etwas in meinem Gesicht gelandet wäre, was da nicht hingehört. Ein Fremdkörper. Wir gewöhnen uns schon aneinander. Bei jedem potenziellen Schaufenster mache ich kurz halt und sehe hinein, allerdings nicht, um zu sehen, was sich in dem Geschäft befindet, sondern vielmehr, um mein eigenes Spiegelbild zu betrachten. Mein gut frisiertes, bärtiges Gesicht, das von dieser megageilen Ray Ban unterstrichen wird. Ich wusste es, ich hab ein Brillengesicht. Ich betrachte mich im Schaufenster, schneide Grimassen, probiere verschiedene Gesichter und verschiedene Blicke: den Ryan-Gosling-Blick, den Vincent-Gallo-Blick, den Jared-Leto-Blick und das Duck-Face – sieht alles noch besser aus mit Brille. Plötzlich klopft etwas gegen die Scheibe. Mein Blick fokussiert eine ältere Frau hinter der Schaufensterscheibe. Sie gestikuliert wild. Ihr Mund bewegt sich, aber ich höre kein Wort von dem, was sie sagt. Ihr Gesicht verzieht sich zu einer bösartigen Fratze, dann wird mir klar, dass ich ihr Schaufenster ein wenig too much in Anspruch genommen habe. Ich ziehe weiter. Es gibt noch andere Schaufenster. Es gibt noch so viele andere Schaufenster. Die Stadt ist voller großer wundervoller Schaufenster.

WEIL DER HIPSTER SEINE BRILLE
AUF LEBEN UND TOD VERTEIDIGT

Am nächsten Tag in der Agentur bekomme ich besonders viel Aufmerksamkeit von meinen Kollegen. »Wow, du trägst ja eine Brille? Wusste ich gar nicht. Haste vorher Kontaktlinsen getragen oder was?«

»Yep! Ich dachte, es wird mal Zeit für 'ne Brille, immer dieses Kontaktlinsen-Rausnehmen und -Reinmachen … das nervt total.«

»Cool, steht dir!«

»Yep!«

Meeting im großen Konfi. Wir sitzen alle um den großen Konfi-Tisch. Alle Blicke sind auf mich gerichtet.

Tom, der Stratege, nickt mir zu.

»Coole Brille, steht dir. Nice.«

»Yep.«

»Zeig mal her!«

»Äh, what?«

»Gib mal, was haste denn für 'ne Stärke?«

»Ne, ich lass ungern jemanden an meine Brille, ist so 'ne Art Aberglaube.«

»Komm, zeig doch mal!«

»Alter, ich würde ja gern, kann aber nicht. Karma und so.«

»Hier, kannst auch mal meine aufsetzen, sieht so ähnlich aus.«

»Ne, echt jetzt, geht nicht … kann ich nicht, sorry, Alter.«

Das geht ungefähr zehn Minuten so weiter, bis der Creative Director kommt und uns mitteilt, dass die Präsentation beim Kunden beschissen gelaufen ist. Na schön, Überstunden, neue Ideen, kein Feierabendbierchen im Fuchsbau, um meine neue Brille auszuführen.

Am nächsten Tag kommt Freddy in die Agentur. Mit fetter, schwarzer Ray Ban in seinem grotesk dümmlichen Gesicht und grinst mich an. Es ist genau dasselbe Modell, das ich trage. Der Schweiß rinnt meinen Rücken hinunter, meine Lider beginnen zu flattern, ich keuche, meine Kehle trocknet blitzschnell aus.

Ich knurre ihn an: »Wieso trägst du jetzt 'ne Brille? Du hast doch vorher keine Brille getragen!«

Er grinst weiter, breiter und tippt sich einmal geübt gegen das Gestell seiner neuen Ray Ban.

»Du auch nicht«, sagt er.

»Du brauchst doch gar keine Brille!«

»Du auch nicht.«

Er grinst jetzt so breit, ich würde ihm verdammt gern einen scheiß Tennisball in sein blödes Maul rammen und darauf herumtrampeln. Wenn ich dafür nicht in den Knast müsste, ich schwöre, ich würde diesen Trottel an seinem speckigen Nacken packen, ihn im Waschbecken ersäufen und ihn anschließend aus dem Fenster im dritten Stock in die scheiß Mülltonne segeln lassen – scheiß Möchtegern-Hipster-Fotze.

»Du bist eine Beleidigung für jede Brille«, sage ich, ramme ihn gegen seine schlaffe Schulter und setze mich an meinen Platz. Mein Rücken ist schweißnass, meine Hände zittern, mein Fuß wippt nervös auf und ab, ohne dass ich ihn kontrollieren kann. Ich fahre mein MacBook hoch und besuche erst mal fancy.com, um mich abzuregen, dazu lasse ich die Titelmusik zu *Knight Rider* über meine Beats-Kopfhörer laufen. Ich schließe die Augen, atme tief ein und aus. So, genau so muss sich die Hölle anfühlen, sollte es eine geben.

WEIL DER HIPSTER SOGAR VOR DEM LAUFSTEG NICHT HALTMACHT

Ich sitze mit Mona in einem arabischen Café. Mir ist etwas mulmig zumute. Nicht wegen Mona. Mona, die nonstop von ihrem Indien-Trip erzählt, von den vierhändigen Tantra-Massagen, denen sie sich hingegeben hat, »um mal wieder so richtig aufzutanken!«

Nein, die Blicke der zwei Araber, die das Café führen, machen mir Sorgen. Sie beobachten uns die ganze Zeit, auch wenn sie andere Gäste bedienen. Ich weiß nicht warum. Ist es wegen unserer Tattoos?

Mona ist ähnlich wie ich von oben bis unten zugetackert. Sie hat noch ein paar Tattoos mehr freigelegt als ich im Moment, da ich nicht mit Hotpants und einem bauchfreien Shirt hier sitze. Oder sind es ihre Piercings, von denen sie ungefähr 25 im Gesicht trägt, vier an den Brüsten oder besser gesagt Nippeln und etwa sechs in ihrer Muschi – um genauer zu sein: zwei in ihrer Muschi, und vier bewachen die heilige Halle ihrer Vagina, wo sie ihre Schamlippen zieren. Ich weiß es. Ich hab sie gesehen. Und es hat mir Angst gemacht, was ich gesehen habe. Es hat mir so viel Angst gemacht, dass mir etwas passiert ist, was mir noch nie passiert ist: Ich habe keinen hoch gekriegt. Die Vorstellung, meinen Penis in die Nähe von all diesem Stahl zu bringen, hat zum völligen Versagen geführt. Unserer Freundschaft hat es nicht geschadet. Mona hat sowieso genug Sex, mehr als genug. Es gibt also viele Männer dort draußen, die sich nicht von all dem Stahl abschrecken lassen. Mona ist ständig unterwegs, nicht dass sie sich ständig in irgendwelchen Yogi-Tempeln zum Orgasmus kuscheln lässt, nein, sie ist auf allen Laufstegen der Welt unterwegs: Paris, Madrid, Mailand, London, Berlin, New York, Moskau, und am meisten lieben sie die Japaner. In Tokio sind sie ganz verrückt nach ihr. Sie ist dort ein kleiner großer Star. Da

läuft sie sogar manchmal als Mann über den Catwalk. Es gibt Fotos von ihr, da sieht sie aus wie Orlando Bloom, ohne Scheiß. Orlando Bloom.

Mona war es schließlich auch, die mich auf die Idee gebracht hat, mich bei der Berliner Modelagentur für tätowierte Models zu bewerben: Rockstar Models. Da bin ich jetzt unter Vertrag und war im Einsatz für Jägermeister, Jack Daniel's und Berliner Pilsener – ich bin also eher das Alk-Model. Reich hat es mich noch nicht gemacht. Aber ich hab die besten Facebook-Profilfotos, Alter. Und bei Dates kommt es auch gut an. Man darf damit natürlich nicht sofort herausplatzen. »Was machst du so?«

»Ach, ich bin Social Media Manager bei 'ner Werbeagentur und verdiene mir noch 'n bisschen was nebenher, so mit Fotos.«

»Mit Fotos? Als Fotograf?«

»Ne, ich stehe quasi auf der anderen Seite …«

Fragender Blick. Das Gehirn rattert.

»Du bist …?«

Ein verschämtes Grinsen meinerseits. Ein Blick ins leere Gin-Tonic-Glas, trotzdem einen imaginären Schluck nehmen, Schulterzucken, ein Nicken und …

»… Model?«

Erneutes Nicken und Schulterzucken. Dann ein peinlich berührtes Grinsen.

»Ach, so 'n bisschen. Manchmal. Ist ganz cool. Für Ray Ban, Jack Daniel's, Boss und so … «

»Wow, cool!«

»Willst du noch einen Drink?«

»JA, äh – ja klar!«

Mona ernährt sich von Club Mate, Tofu, Maissalat und viel, viel Kokain. Sie hat ein Loft in Berlin, eins in New York und eins in Tokyo. Für einen Moment hört sie auf zu reden, sieht aus dem Ladenfenster und fragt mich dann, als wäre ihr plötzlich etwas eingefallen: »Sag mal, wo sind wir hier eigentlich?«

»Berlin. Du bist in Berlin. Deutschland. Wir schreiben das Jahr 2016.«

»Oh wow, echt jetzt? Ich dachte, wir sind in … ach, is ja auch egal. Also Tom, erzähl doch mal, wie ist es dir so ergangen?«

Ich lächle sie an. Tom. Tom? WTF? Ich nicke. Lächle.

»Ganz gut. Bin letzte Woche mit Gigi Hadid für Strellson gelaufen, danach 'n bisschen Party gemacht. War ganz nett.«

»Cool, wir sind best friends, mit ihr gehe ich immer ins Soho House. Ich hab sie erst letzte Woche in New York getroffen, oder war das Bella Hadid?«

Sie zückt ihr iPhone.

»Warte, ich zeig dir 'n paar Fotos.«

Sie klickt auf die Instagram-App. Eine Odyssee durch ungefähr 20.384 Fotos plus dreizeilige Anmerkungen und den dazugehörigen Reaktionen ihrer Abonnenten beginnt …

Die zwei arabischen Jungs sehen so aus, als würden sie jetzt gerne auch einen Blick auf das iPhone werfen. Ich lächle ihnen zu. Der eine zückt ein Döner-Messer und schneidet das Schawarma-Fleisch in dicken Scheiben vom Spieß, dabei lässt er mich nicht aus den Augen. Hab ich irgendwas verpasst?

59. GRUND

WEIL DER HIPSTER MIT ZERRISSENER SKINNY JEANS RUMLÄUFT, ABER KEINEN FLECK AUF SEINEM SHIRT ERTRÄGT

Ich schlendere mit Stephen, unserem Junior-Designer, durch Mitte. Feierabend. Also noch mal kurz auf zwei, drei Feierabend-Craft-Bierchen in die Pony-Bar.

»Würde ich 'ne Bar aufmachen, ich würde sie Einhorn-Bar nennen«, sagt er und schlürft geräuschvoll den Rest aus seinem Green

Grashopper, einem völlig überteuerten Green Smoothie, den wir uns für knapp zehn Euro geholt haben. Man muss wissen, wie man sich auf einen Barabend vorbereitet. Wer saufen will, muss vorsorgen, ist mein Motto. Dann gibt's keinen Kater, du kriegst deine Portion Vitamine und lebst wahrscheinlich 15 Jahre länger und fitter, als die anderen Schluffis.

»Einhorn-Bar«, sage ich und werfe meinen leeren Green-Smoothie-Becher in den orangefarbenen Mülleimer der BSR, darauf steht:

Kot d'Azur

»Einhorn-Bar? Dude, das klingt 'n bisschen gay, oder?«

»Und Pony-Bar?«, fragt er und stülpt sich seinen fast schon leeren Plastikbecher über die Nase, legt den Kopf zurück, um sich auch noch die letzten Tropfen reinzuziehen.

»Klingt doch genauso gay!«

Recht hat er.

»Aber das ist keine Entschuldigung«, sage ich und drehe mir meine erste American Spirit des Tages, im Gehen und mit nur einer Hand. Das Ergebnis einer langen, sehr langen Nacht, in der ich mir ein YouTube-Tutorial mindestens 250-mal angeschaut und hart geübt habe. Aber die offizielle Geschichte dazu lautet so: Das einhändige Zigarettendrehen hab ich mir beigebracht, als mein Arm in 'nem Gips steckte nach 'nem Armbruch beim Klettern auf der Steilwand. Hat knapp fünf Minuten gedauert, bis ich's draufhatte, aber wenn man's mal kann, verlernt man es nicht mehr. Ist wie mit dem Schwimmen oder Radfahren; hat man es gelernt, verlernt man es nicht mehr. Bei Frauen kommt diese Drehkunst natürlich auch gut an. Die denken dann: Der Mann kann gut mit seinen Händen umgehen, das will ich mir mal näher anschauen.

Plötzlich merke ich, dass Stephen nicht mehr neben mir hergeht, und noch bevor ich mich umdrehen kann, höre ich den spitzen, schrillen Schrei: »Oh nein! Oh nein, verdammt, verfickt, fuck, fuck, fuck, FUCK!«

Ich drehe mich um. Stephen steht da, fassungslos, irgendwie eingefroren, so, als würde er gerade bei einem Flashmob mitmachen oder so. Aber dann sehe ich es und erkenne den Grund, der ihn zum plötzlichen Stillstand und in Schockstarre versetzte: Auf seinem blütenweißen, tief, sehr tief ausgeschnittenen T-Shirt (das T-Shirt ist so weit ausgeschnitten, dass man seine glänzende, frisch rasierte Brust und beinahe seine Nippel erkennen kann, und ich beschließe, ich werde mir auch eins holen) prangt ein hellgrüner 2-Euro-Münz großer Fleck. Er starrt mit Entsetzen auf den Fleck, dann sieht er mich an, und ich überlege, wann ich das letzte Mal solche Panik, solch ein Entsetzen und solch einen Ekel in den Augen eines Menschen gesehen habe. Ich glaube, es war vor drei Jahren, als ich mir mit meiner damaligen Affäre noch einmal *Der Exorzist* angeschaut habe.

Ich stehe da und starre Stephen an, während er da steht, mitten auf dem Gehweg in der Rosa-Luxemburg-Straße, Fußgänger und Scharen von Touristen sich umständlich an ihm vorbeischlängeln.

Stephen hebt beide Arme, dreht sich einmal im Kreis. Ich hab keine Ahnung, warum er das tut, aber ein Mann in einer solchen Ausnahmesituation ist zu allem fähig. Dann reckt er sein Gesicht in den Himmel, und ähnlich wie Al Pacino im *Paten* öffnet sich sein Mund zu einem erst stummen Schrei, der dann, vielleicht 20, 30 Sekunden später, laut, bebend und zitternd tief aus seinem Bauch emporkriecht und aus seiner Kehle kracht. Passanten springen vor Schreck auf die Straße. Autos hupen. Dann fällt er auf die Knie, hält sich die Hände vors Gesicht, sein Oberkörper zittert. Scheiße, muss ich jetzt zu ihm, ihm die Hand auf die Schulter legen und irgendwas Motivierendes, Aufbauendes zu ihm sagen? Erwartet er so etwas von mir? Ich überlege, ob ich so tun könnte, als hätte ich nicht bemerkt, dass er stehen blieb. Ich könnte dann einfach schon mal in die Pony Bar, und er könnte nachkommen, wenn er so weit wäre. Alles wäre gut.

Ich drehe mich langsam um, mache einen Schritt, mache einen zweiten, einen dritten, ziehe ein bisschen Tempo an, als plötzlich …

»JONAS!«

Fuck.

»JONAS! KOMM HER!«

Ich bleibe stehen, als hätte mir jemand in den Rücken geballert. Ein Wimmern. Ein lautes Wimmern. Wenn jemand laut wimmern kann, dann dieser Trottel:

»DU. MUSST. MIR. HELFEN!«

Dann ein kehliges Glucksen. Helfen? Alter! Wie jetzt, helfen? Echt jetzt? Ich drehe mich um, versuche, erstaunt auszusehen.

»Äh – was ist denn, was'n los?«

Ich mache ein paar Schritte auf ihn zu.

»Mein T-Shirt!« Er zerrt es mit beiden Händen nach vorne.

»DA!«

Er präsentiert mir mit einer hässlich verzerrten Fratze den Fleck.

»DER … FLECK!«

»Oh … ähm.«

»Ich brauche ein neues. SOFORT!«

»What?«

»NEUES SHIRT! JETZT! SO-FORT!«

Er rappelt sich auf, wankt kurz, stützt sich an dem Schaufenster eines Dessous-Ladens ab, als gerade zwei asiatische Backpackerinnen mit riesigen Rucksäcken an ihm vorbeilaufen wollen und sich dabei an seinem Arm beinahe stranguliert hätten. Erst erschrocken, dann mädchenhaft kichernd machen sie einen Bogen um Stephen und trippeln davon.

»DA VORNE!«

Er reißt seinen Arm hoch, deutet auf eine Stelle an mir vorbei.

»Kennste doch, oder? Da ist American Apparel. Du musst mir da ein neues WEISSES Shirt holen, Alter!«

»What?«

»Ich sende dir das Geld via PayPal, okay Alter?«

Er zückt sein iPhone und beginnt zu tippen. Mein iPhone vibriert in meiner Skinny Jeans, dicht an meinen Eiern. Schadet das eigentlich den Eiern? Ich ziehe es heraus. Auf dem Display die Nachricht von PayPal: *Stephen Stellmann hat Ihnen 30 Euro gesendet.* Ich drehe mich um und gehe los; als ich mich noch mal zu Stephen umdrehe, sehe ich, wie er sich in einer Toreinfahrt versteckt und mich beobachtet, mit der rechten Hand bedeckt er den Fleck und drückt sich wie ein Triebtäter in die Hofeinfahrt. Ich betrete American Apparel. Ein Model mit buschigen Augenbrauen, dicker Ray Ban, weißem Shirt, schwarzem Sakko, schwarzem Minirock und blütenweißem Jutebeutel auf einem Mega-Plakat empfängt mich – mit einem Was-geht-ab-Blick. Hello Baby, denke ich – wo ich schon mal hier bin, kann ich auch mal 'n bisschen shoppen …

60. GRUND

WEIL DER HIPSTER SICH FÜR EINEN SUPERHELDEN HÄLT

Der Körper ist nur eine Hülle, und der Hipster versteht es auf geniale Weise, sich das Kostüm eines anderen überzustreifen. Es ist ein bisschen so wie mit kleinen Kindern: Du ziehst dir das Spiderman-Kostüm an, und du BIST Spiderman. Der Hipster hält sich für einen Superhelden, der in die unterschiedlichsten Kostüme schlüpfen kann. Wie sonst hätte ich heute so weit kommen können?

Ich bin Clark Kent und Superman zugleich, ohne das Leben des Losers Clark Kent leben zu müssen. Das hab ich hinter mir gelassen. Nicht das Cape ist das Superhelden-Kostüm, nein, es ist die dicke Nerdbrille, die dir Power, Coolness und Überlegenheit verleiht. Es ist die Trucker-Kappe, die Beanie – die du auch in geschlossenen Räumen trägst, und es ist der Vollbart, der dir deine Superkräfte verleiht.

Es sollte einen neuen Comic-Superhelden geben: den Super-Hipster. Er wäre der coolste von allen Superhelden. Er hätte immer einen perfekt gepflegten Vollbart, eine verspiegelte Ray Ban, um seine wahre Identität zu schützen, glänzend pomiertes Haar, frisch gewichste Budapester, eine kugelsichere Super Skinny Jeans, in der sich sein Gemächt in voller Pracht abzeichnet, und ein übergroßes Flanellhemd, das ihm gleichzeitig als Cape dient. Der Super-Hipster.

61. GRUND

WEIL DER HIPSTER SEINE KOSTÜME ALS ZEITMASCHINE BENUTZT

Mein Kleiderschrank ist eine Art Zeitmaschine, der Morgen, der schönste Moment des Tages, wenn ich davorstehe und die große Schiebetür aufschiebe, die sich beinahe lautlos öffnet, wie eine Tür auf dem Raumschiff Enterprise, nein, wie bei Raumpatrouille Orion – mit nur einem leisen und lang gezogenen »SWOOOOSH« – das macht mich glücklich, das erregt mich. Der Blick auf meine Klamotten, meine Kostüme in diesem Schrank ist wie der Blick ins Paradies. Ich wünschte, ich hätte einen begehbaren Kleiderschrank. Aber der Tag wird kommen, dann werde ich ihn besitzen, und dort werden meine Kostüme hängen, wie das Kostüm eines Superhelden, hinter einer Vitrine angestrahlt von einem LED-Strahler mit lebenslanger Brenndauer und umweltfreundlichem Herstellungsverfahren. Steht ein Konzert einer isländischen Hardcore-Band an, schnappe ich mir meine Skinny Jeans, mein schwarz-grau meliertes Holzfällerhemd, meine Leder- und Perlenarmbänder, mein schwarzes, verblichenes Motörhead-Shirt mit extraweitem Ausschnitt, damit man mein Tattoo sehen kann, das zwischen meinem Brustbein hängt, wie die Brücke bei Indiana Jones und der Tempel des Todes. Steht ein Gin-Abend an, mit Style und Jazz, dann warten dort meine auf Hochglanz polierten Budapester auf mich, mein brauner Hugo-Boss-Anzug, breite Hosenträger, Hut und Manschettenknöpfe, und ich reise zurück in die 20er. Es gibt keine Zeitmaschine? Doch, ich sag euch, es gibt sie, und Leute wie ich haben sie erfunden und benutzen sie, wann immer sie wollen. Bleibt ihr doch stecken in eurer Zeit und lasst euch vorschreiben, wie ihr euch »zeitgemäß« zu kleiden habt, während wir in den 20ern die Beine zu Swing schwingen lassen oder mit Jimi Hendrix durch die 70er torkeln.

Ich betrete meinen Kleiderschrank und öffne die Tür in eine andere Welt. Ich reise durch die Zeit, während ihr nach vorne blickt und trotzdem stehen bleibt – gute Reise, ihr Trottel!

DRITTER TEIL

DIE (WAHREN) GEFÜHLE DES HIPSTERS

WEIL HIPSTER-MÄNNER MEMMEN SIND

Wir tragen Bärte – vom gezwirbelten Dandy-Bart über den Porno-Schnäuzer bis zum rustikalen Rauschebart – damit man uns mit echten Männern verwechselt. Maskulin und roh – so wollen wir rüberkommen. Wir Männer hinter der Hipster-Fassade. Das Problem ist nur, ich gebe es zu, wir sind keine harten Männer, wir sind Memmen.

Rasiere uns den Rauschebart ab, und zum Vorschein kommt eine Memme. Unser Bart ist so etwas wie ein Schutzschild und gleichzeitig eine Art Wundermittel: Je länger mein Bart wird, desto größer wird mein Selbstbewusstsein. Jeden Morgen stehe ich im Bad, blinzle in das noch verschlafene bärtige Gesicht und denke mir: Wow. Der Bart macht mich unantastbar. Rasiere ich ihn ab und zeige der Welt mein nacktes, schlaffes Gesicht, bin ich verwundbar, aber so – bin ich der tätowierte, bärtige, interessante Typ, den die ganze Welt gerade im Fernsehen, in der Musik, in Talkshows und in der Werbung sieht. Ich bin das, was alle hassen. Ich bin das, was alle sein wollen. Man kann es nicht jedem recht machen, aber man kann es versuchen.

Der Bart ist so was wie die Spitze des Eisbergs. Warum? Weil nur Tattoos und Piercings nicht mehr ausreichen. Das haben wir erkannt, und dementsprechend haben wir uns angepasst. Aber auch der Bart und das Holzfällerhemd müssen ausgefüllt werden, mit männlichen Hobbys wie: Jagen, Bogenschießen, Klettern, Wandern, Backen, Kochen, Gärtnern, Nähen, Kakteen sammeln – dabei geht es uns natürlich darum, reichlich Hornhaut auf unsere weichen, jungfräulichen Hände zu zaubern, Narben und Blasen wie Trophäen zu sammeln, damit ihr uns für echte Männer haltet und NICHT für Memmen.

Und es funktioniert. Schaut euch die angesagtesten männlichen Stars an: Ryan Gosling, Jared Leto, Mumford & Sons (und alle anderen Bands, die auf der Folk-Rock-Welle surfen), MC Fitti, so bärtig und trotzdem 'ne Memme, die ernsthaft für *Fritt* den Rauschebart hinhält? Alles Fritti oder was? – alles Hipster, und sie wissen es.

Nimm uns das Fixie, schneide uns die Tattoos aus der Haut, schere uns den Bart, und wir sind kleine, hilflose, ängstliche Memmen.

63. GRUND

WEIL DER HIPSTER DEN WHISKY-KENNER RAUSHÄNGEN LÄSST

Heute gibt es ein exklusives Whisky-Tasting. Mein Geburtstagsgeschenk von der Agentur. Eine Begleitung und ich dürfen insgesamt sechs verschiedene Single Malts verkosten plus Zigarre. Klingt vielversprechend. Da haben sie sich ja mal was einfallen lassen. Ich habe Frank eingeladen, weil er Whisky nicht mag. Oder besser gesagt, er kennt sich mit Whisky nicht so gut aus. So kann ich ihn also mit wertvollen Tipps und Anekdoten über Whisky und Stil zuballern, ohne dass er anderer Meinung ist oder er mir widersprechen kann.

Ich erzähle ihm oft Mist, mixe Anekdoten, Herkunft und Geschmack durcheinander – ich war schon damals in der Schule schlecht, Daten auswendig zu lernen – aber whatever, er lernt trotzdem dazu, und ich schule meine Sprecher-Fähigkeiten, für später, wenn ich mal wichtige Keynotes halte, vor 2.000 Menschen, wie Steve Jobs.

WEIL FÜR DEN HIPSTER DIE VERLORENE EBAY-AUKTION EIN DRAMA VON BIBLISCHEN AUSMASSEN BEDEUTET

Frank kommt. Wie immer in seiner Hunter-S.-Thompson-Uniform: Hellblauer Fischerhut, verspiegelte Sonnenbrille (Ray Ban), buntes Hawaii-Hemd, olivfarbene Chino-Shorts, weiße, akkurat bis zur Kniescheibe hochgezogene Tennissocken mit einem blauen und einem gelben Streifen kurz unter dem Saum, und seine großen Füße stecken in türkisfarbenen Nike-Sneakers (Sonder-Edition), die ihn etwa 380 Lappen gekostet haben. Aber was mir zuerst ins Auge sticht, als ich ihm die Tür öffne, ist sein nervöser Blick. Irgendwas ist heute anders an dem sonst immer so lockeren und eher behäbigen Frank.

Er wirkt nervös, zappelig, fickrig – als würde er gerade einen kalten Entzug machen. Und wie sich gleich herausstellt, liege ich damit gar nicht mal so falsch …

Frank ist, das kann man so sagen, eBay-süchtig. Er ist ein Crack, was Auktionen angeht. Er war einer der ersten eBayer – sowohl im Einkauf als auch im Verkauf. Er ist ganz groß eingestiegen, als er das Glück hatte, den Dachboden seiner Eltern auszuräumen, nachdem sie bei einem Autounfall im Urlaub ums Leben kamen. Seine Trauerzeit verlief ähnlich schnell wie im Film. Todes-Szene. Schnitt. Trauer. Schnitt. Das Leben geht weiter. Dachboden ausräumen. Alles einzeln auf eBay verkaufen. Ein kleines Vermögen damit machen und eine schicke Eigentumswohnung kaufen.

Das Problem ist: Frank ist heute nicht er selbst. Er hat nicht gut geschlafen. Er hatte einen Albtraum. Er hat von einer verlorenen eBay-Auktion geträumt. Er verliert nie. Wenn er etwas will, dann kriegt er es auf eBay. Aber weil er heute so durch den Wind war, hat er vergessen, sein iPhone aufzuladen, und unterwegs zu mir hat ihm sein iPhone plötzlich sein hässlich verzweifeltes Gesicht gezeigt – in seinem schwarzen, toten Display, das sich nicht mehr gerührt hat. Akku leer. Seitdem steht Frank unter Strom.

»Alter, lass mich an dein MacBook! Da läuft 'ne Auktion, die ist gleich durch!«

Ich deute auf meinen Designer-Schreibtisch, wo, wie immer, in absoluter Schönheit mein MacBook steht. Der Gedanke, dass er jetzt gleich mit seinen U-Bahn- und Türklinken-verseuchten Fingern mein MacBook penetriert, stört mich zwar, aber er ist zu nervös, darum verbiete ich es ihm nicht, sondern frage nur: »Kannst du vorher deine Hände waschen?«

Er sieht mich an.

»Was?«

»Kannst du … bitte …«

»Alter, ich hab jetzt ECHT KEINE ZEIT MEHR! DAS IST 'NE ZEITBOMBE, O-KAY?!«

Er reißt mein MacBook auf und hackt mit aller Gewalt in die Tasten. Ich zucke zusammen. Unterdrücke einen Schrei. Wende mich ab. Als ich wieder hinsehen kann, starrt er auf den Screen. Sein Nacken, sein ganzer Rücken versteift sich. Es ist so leise, dass ich mein MacBook surren hören kann.

Dann beginnen seine Schultern leicht zu zucken, springen auf und ab, immer schneller, immer höher, ein Ruck geht durch seinen ganzen Körper, und dann taucht er sein Gesicht in die offenen Hände. Ein glucksendes Schluchzen. Ein Knurren und dann ein langgezogener Schrei. Echte Emotionen. Das macht mich nervös. Wie lange wird das so gehen? Werden wir zu spät zur Whisky-Verkostung kommen?

Sein verheultes, verzerrtes Gesicht dreht sich zu mir um, starrt mich an. Sein kleiner Mund schnappt auf und zu und legt immer wieder kurz seine zitternde und zuckende Zunge frei – ein scheußlicher Anblick – ein hohes Glucksen und Fiepen und dann: »ICH … HAB … DIE … EBAY…AUKTION … VER… VER… VER… LOOOOOREN!!!«

WEIL DER HIPSTER KEINE EIGENE MEINUNG HAT

Glaubt ihr, ich hab eine eigene Meinung? Niemand hat eine eigene Meinung. Das sind alles bloß Kopien von anderen Meinungen, die man aufgeschnappt hat und weitergibt. Wer macht sich schon die Mühe, sich eine eigene Meinung zu bilden? Das haben genug vor uns gemacht, und wir zehren noch heute davon. Die besten Ideen, Zitate, Songs, Bücher, Filme, Witze, Slogans, Sprüche – wurde alles schon gemacht. Wir können sie nur noch variieren. Und genau das können wir am besten.

Du liest etwas, hörst etwas, siehst etwas, was dich anspricht, du nimmst es auf, gibst etwas dazu und tust so, als wäre es deine Meinung. Ist es vielleicht auch, aber es ist nicht deine eigene Meinung. Du hast es zu deiner gemacht. Jeder, der behauptet, er hätte eine eigene Meinung, hat gar nichts, weder eine eigene Meinung noch einen eigenen Geschmack – er kopiert nur das, was ihm gefällt, und das, von dem andere sagen, dass es dir zu gefallen hat. Also gefällt es dir, und du behauptest, es wäre deine Meinung, dein Geschmack, dein Stil – was auch immer.

WEIL DER HIPSTER SEINE UNSICHERHEIT HINTER EINEM RAUSCHEBART VERSTECKT

Ich stehe im Badezimmer und streiche mir mit meinem Bartkamm durch meinen perfekt gezüchteten Bart. Es gibt noch keine grauen Stellen, die Barthaare sind kastanienbraun und voller Vitalität. Der Bart macht es mir verdammt einfach. Egal wie ich mich fühle, er ist meine Maske, mein Gebüsch, hinter dem ich mich verstecken kann, ohne so auszusehen, als würde ich mich verstecken. Ganz im Gegenteil, die meisten Leute denken doch: Typen, die so einen krassen Vollbart haben, haben auch ein verdammt großes Selbstbewusstsein. Das ist das Paradoxe daran. Die meisten von euch denken auch, cool, einfach einen Bart wuchern lassen, nicht mehr rasieren müssen, alles easy. Ne, Alter – so ein Bart will und muss gepflegt werden. Dafür stehe ich jeden Morgen eine Stunde früher auf. Bereite mir meinen Mate-Tee zu, lasse ihn kurz ziehen und nehme ihn mit ins Bad, wo ich meine Spotify-Bartpflege-Playlist starte: Von The Shins über Foxes, Hozier und der Abschluss bildet jedes Mal der Song *Bitches Ain't Shit* von Ben Folds.

So kann der Tag starten – ihr Bitches!

67. GRUND

WEIL DER HIPSTER AUS DER BARTPFLEGE EIN SPEKTAKEL MACHT

Ich beginne damit, meinen Bart mit lauwarmem Wasser weich zu machen, dann kommt das Bart-Shampoo, ich benutze BROOKLYN SOAP COMPANY BEARDWASH – BARTSHAMPOO. Nach kurzem Einwirken spüle ich mit lauwarmem Wasser aus und greife zum Bart-Conditioner, ich benutze hierfür NŌBERU BEARD CONDITIONER-SANDALWOOD, BARTCONDITIONER, den ich sanft ins Barthaar einmassiere. Den Conditioner lasse ich genau eine Song-Länge einwirken, während ich meine Augenbrauen checke und widerspenstige, Regime-untreue Haare mit einer Pinzette entferne. Danach werden die Ohrenhaare getrimmt, und diese grässlichen, blonden Haare, die im Abseits auf der Ohrmuschel wachsen, werden ebenfalls mit Wurzel herausgerissen. Ich habe sie oft gewarnt, wenn sie wiederkommen würden, was mit ihnen dann passieren wird, aber leider lassen sie sich nicht einschüchtern, sie kommen immer wieder. Ich spiele bereits mit dem Gedanken, zum Waxing zu gehen und mir meine Ohrenhaare behandeln zu lassen. Oder vielleicht lasern und das Problem wirklich ein für alle Mal lösen? Das werde ich tun.

Ich wasche den Conditioner aus, und jetzt kommt der beste Teil der Bartpflege: das Bartöl. Love it. Ich massiere mit vorsichtigen Bewegungen das Bartöl in meinen Rauschebart und gönne den Haaren eine ausgiebige entspannende Massage – Wellness fürs Barthaar. Mein Bart sieht nicht nur gesund aus, er sieht auch glücklich aus. Er ist glücklich. Er wächst und gedeiht prachtvoll. Den Abschluss bildet die Bart-Pomade. Dazu skippe ich, wie schon erwähnt zu Ben Fold's *Bitches Ain't Shit* und beginne, die Pomade zwischen Zeigefinger und Daumen (nur eine linsengroße Menge!) zu verreiben, bis sie schön warm und weich ist, dann verteile ich sie mit leichten, schwungvollen Bewegungen in meinem Bart zum Takt von *Bitches Ain't Shit* und bringe ihn ein wenig in Form.

Wäre ich eine Frau und würde mir selbst begegnen, ich würde mich in mich verlieben. Ich zwinkere mir zu. Dabei fällt mir der Spruch von Kanye West ein (*I wish I had a friend like me),* und ich weiß, ich habe meinen ersten Tweet des Tages parat:

I wish I was a girl, then I could fall in love with myself.
#selfish #selflove #ego

Viele denken ja, es wäre unhygienisch, so einen Bakterienfänger in seinem Gesicht zu tragen. Vielleicht bei Pennern, die ihn nicht pflegen und in deren Bärten sich alles verfängt. Aber mein Bart ist gepflegter als jeder haarige Arsch. Gut, es gab schon mal den ein oder anderen Moment, wo mir erst einige Stunden später aufgefallen ist, dass sich beim Lunch ein Sonnenblumenkern in meinem Bart verfangen hatte oder ein paar Salatkräuter, und einmal hab ich auch eine tote Fliege aus meinem Bart gepflügt, aber diese Vorfälle sind selten. So selten wie ein Flugzeugabsturz. Und genauso wie Flug-zeugabstürze sind es Unfälle – tragische Unfälle. Männer wie ich tragen ihren Bart mit Stolz, Würde und Fürsorge. Männer wie ich, sind schuld daran, dass die Nass- und Trockenrasiererbranche er-hebliche Umsatzeinbußen verzeichnet. So what? Aber ist ja nicht so, dass wir uns gar nicht mehr rasieren. Der Busch am Sack ist immer noch ein No-Go, lässt den Vogel im Nest nur kleiner er-scheinen und hat sonst auch keine Vorteile – weder optische noch funktionelle, da wir nicht mehr nackt mit Speeren hinter Mammuts herjagen müssen und ein struppiger Busch in solchen Fällen unse-re Genitalien schützen würde, können wir aus ästhetischen Grün-den darauf verzichten. Vintage ist cool, im Wohnbereich, nicht im Schambereich.

Es ist ganz einfach: Haare dort, wo es offensichtlich ist, alle ande-ren Stellen werden rasiert. Seitdem rasiere ich mir auch die Brust. Kommt schließlich besser, so ein tätowiertes Männer-Dekolleté, wenn man eines dieser T-Shirts mit extra großem Ausschnitt trägt.

Und nichts geht schließlich über einen coolen Anzug, auf dem ein bärtiger Kopf mit Man Bun steckt. Der gepflegte Vollbart kann alles tragen. Der gepflegte Vollbart ist für uns das, was das Cape für Batman ist. Er birgt unser ganzes Geheimnis.

68. GRUND

WEIL HIPSTER TRASH-TV GUCKEN UND ES FÜR IRONIE VERKAUFEN

Der Vintage-Teekessel pfeift auf dem Herd. Ich kämpfe mich aus dem Bett, gebeutelt von einer hammerharten Erkältung. Glieder-schmerzen, ständiges Niesen und Fieber machen es mir nicht ge-rade leicht, mein Bett zu verlassen. Ich bin das Opfer einer hinter-hältigen Erkältung, die klammheimlich letzte Nacht über mich hergefallen ist. Das nervige Halskratzen einen Tag davor hatte ich auf meinen trockenen American-Spirit-Tabak geschoben. Jetzt ist mir klar, das Kratzen und die leichten Schmerzen beim Schlucken waren die Vorboten dieser heimtückischen Erkältung.

Ich schlüpfe in meine Schluppen mit Plüsch-Hirschgeweih und schlurfe in die Küche. Fette Regentropfen perlen von der Fensterscheibe des Küchenfensters. Draußen ist es grau und hässlich. Der Sommer ist vorbei, der Winter zieht ein und verwandelt die beste Stadt der Welt – Berlin – bald schon in eine grotesk graue und grauenvoll hässliche Stadt. Ich nehme den Vintage-Teekessel von der Herdplatte, gieße etwas Wasser in die Teekanne, in der bereits frisch geriebener Ingwer wartet, und gieße den Rest des heißen Wassers in meine Wärmflasche, die in einem kleinen, dickbäuchigen Mops steckt, der mich mit großen Augen treudoof anglotzt.

Ich verkrieche mich mit MacBook, Ingwer-Tee und Wärmflasche ins Bett. Schreibe dem Creative Director meiner Agentur eine kurze Mail, setze noch die Personaltante ins CC und melde mich krank. Ein kurzes Schuldgefühl, weil gerade so viel los ist, weicht schon bald einem Gefühl von Freiheit. Und außerdem ist in der Agentur immer viel los, also ist es völlig egal, wann ich krank bin.

Doch dann überfällt mich kurz Angst, nein, Panik, es ist Panik, die mich am frisch ausrasierten Nacken packt, meinen Undercut entlangkriecht und sich in meinem Kopf festsetzt, wie ein Octopus mit acht Armen und 1.000 Saugnäpfen: Jemand wird ihn vertreten, jemand wird seine Arbeit übernehmen, er wird die Arbeit besser machen, er wird witzigere, lockerere, kreativere, bessere, coolere Posts schreiben – man wird ihn ersetzen. Aber dann beruhige ich mich wieder und sage mir: Jonas, du bist unique. Du bist nicht ersetzbar. Zu viele Kontakte zu Bloggern, zu viele Follower auf Twitter, zu viele Abonnenten auf Instagram – sie alle stehen hinter dir. Du bist nur so stark wie deine Community. In der Agentur bin ich bekannt für meine Reichweite, meinen Einfluss und meine treue Community. So leicht wird man mich nicht ersetzen können. Ich klappe mein MacBook auf, bedanke mich bei meinen Fans und Followern und schaue mir dann erst einige Folgen diverser Kochshows an und dann fast zehn Folgen Dschungelcamp-Wiederholungen. Reine Recherche. Lästerstoff für Twitter und das beste Heilmittel bei Erkältung: eine gute Dosis Trash-TV.

69. GRUND

WEIL DER HIPSTER EIN HOCHSTAPLER IST

Von wegen *Unendlicher Spaß*, eher unendliche Langeweile, oder warum liest dieses 1.800 Seiten dicke Buch so gut wie niemand und hat es aber trotzdem auf seinem Nachttisch liegen?

Ich krieche nach einem langen, Hirn-erweichenden Tag (Kreativ-Workshop mit dem Kunden, der eine neue Strategie für seine »Brause« gemeinsam mit der Agentur, also uns, entwickeln wollte) erschöpft ins Bett. Neben mir liegt dieses Ziegelsteindicke Buch *Unendlicher Spaß* von David Foster Wallace und macht mir ein schlechtes Gewissen. Viel Spaß hatte ich bei der Lektüre dieses Wälzers bisher nicht, aber das erzähl ich natürlich niemandem.

Was ich anderen über das Buch erzähle ist Folgendes:

»Natürlich habe ich es gelesen. Nicht nur einmal. Ganze drei Mal, und ich nehme es immer wieder zur Hand, blättere darin, lese die besten Stellen wieder und wieder und würde es jederzeit auf eine einsame Insel mitnehmen. Das ist DAS Buch, das man auf eine einsame Insel mitnimmt, müsste man sich für eins entscheiden.«

Und das ist noch nicht mal gelogen: Ich würde es mitnehmen und würde es dazu benutzen, den Grill anzuheizen, über dem ich meinen selbst gefangenen Fisch grille. Aber lesen? Hell no! Ihr wollt die

Wahrheit? Ihr könnt die Wahrheit doch gar nicht ertragen! Okay, hier kommt sie: Ich hasse dieses Buch. Es ist dröge, es ist konfus, es ist … dick und unendlich spaßbefreit. Aber die Wahrheit, die ich mir selbst aufgebaut habe, ist: Ich liebe dieses Buch. Ein Meisterwerk. Ein Jahrhundertwerk. Ich empfehle es, so oft ich kann. Jeder wird es sich kaufen, niemand lesen. Niemand ist bis jetzt auf mich zugekommen und wollte darüber reden oder sogar diskutieren. Wer es sich besorgt hat, schweigt. Sonst müsste er zugeben, dass er es nicht GANZ gelesen hat.

Aber egal wem, wann und wo ich dieses Mach… äh Meisterwerk empfehle, sage ich folgende Worte, voller Leidenschaft, mit Feuer in den Augen, Wut im Bauch und einer kleinen Erektion in meinen Lenden: »Unendlicher Spaß ist ein unendlicher Lesegenuss von epischem Ausmaß. DAS Buch der Bücher. Das Über-Buch. Wenn es nur ein Buch gibt, das man lesen sollte, dann ist es *Unendlicher Spaß* von David Foster Wallace. Alle Bücher sind in diesem EINEN Buch enthalten. Es ist prall gefüllt mit den Fragen, die uns beschäftigen. Mehr kann ein Buch nicht enthalten.«

Diese Zeilen habe ich eines Abends im Rausch in meine alte Olympia-Schreibmaschine getippt – die Worte habe ich mir zusammengeklaubt aus Kritiken zu verschiedenen Büchern. Ich habe sie nach eigenen Vorstellungen in die für mich richtige Reihenfolge gebracht, als Rezension auf Facebook gepostet, inklusive Selfie von mir und Buch, und habe die Zeilen Wort für Wort auswendig gelernt. Das war der Beginn meiner großen Hochstapler-Karriere als Literaturkritiker, die noch erstaunliche Ausmaße annehmen sollte.

WEIL DER HIPSTER SICH VON ALLEM UND JEDEM BEDIENT

»Es gibt viele Bücher, und es gibt so viele schlechte und nichtige Bücher. Das Buch hier ist eines der wenigen, die dich wirklich herausfordern, die etwas mit dir machen, die dich verändern und … die dich bereichern. Wenn es ein Buch gibt, das man mit auf eine einsame Insel nehmen sollte, dann das hier. Es ist die einzig wahre Bibel. Die Bibel unserer Generation. Alter, du solltest das Buch lesen, es ist das Buch der Bücher. Alle anderen Bücher sind nichts dagegen. ALLES steckt in diesem Buch.«

Das sind die Worte, die ich wahlweise zu *Unendlicher Spaß*, *On the Road* (*Unterwegs*) oder *A Moveable Feast* (*Paris – Ein Fest fürs Leben*) benutze. Kerouac und Hemingway gebe ich vor, im Original auf Englisch zu lesen. Foster – da bin ich bescheiden – lese ich in der durchaus gelungenen, nein – kongenialen, Übersetzung von Ulrich Blumenbach. Zu diesem Zeitpunkt ist mein Gegenüber meistens geplättet und total angefixt von dem Buch – aber das Wichtigste: Er oder sie ist beeindruckt von *mir*. Was passiert dann? Ich lege eine dramatische Kunstpause ein, lasse mein Gegenüber kurz verschnaufen, nehme einen Schluck von meinem erfrischenden Craft Beer, um meine Stimmbänder zu schmieren, und weiter geht's: Was dann folgt, sind abschließende Lobeshymnen und Kritiken, wie sie nur wahre Kenner und Könner ausspucken – wie sie so schön auf den Rücken der Bücher stehen. Fakt ist, es sind nicht meine Worte. Na ja, es sind schon meine Worte, ich spreche sie aus, nur hat sie vor mir schon einmal jemand ausgesprochen – aber ist das wirklich wichtig? Nein – also:

»Mit diesem Buch beginnt eine neue Zeitrechnung in der Literaturgeschichte«, sage ich und nicke verschwörerisch und mit weit auf-

gerissenen Augen, als hätte ich gesagt: »Der Bio-Tofu werde schon in Kürze für den Untergang unseres Planeten verantwortlich sein, oder Chia-Samen ersetzen Viagra.«

Pause. Lasse die Worte wirken. Die Worte hat eigentlich Thomas von Steinaecker gesagt, und zwar in einer Kritik in der *WELT*. Dann füge ich meistens noch hinzu: »*Unendlicher Spaß* ist für den Beginn des 21. Jahrhunderts das, was Musils *Mann ohne Eigenschaften* für das vergangene Jahrhundert war.«

Danach mache ich eine längere Pause. Die brauchen sie meistens auch. Ich kann ihnen dann förmlich beim Denken zuschauen, während ich Schluck für Schluck von meinem köstlichen Craft Beer nehme und mich in Geduld übe, warte, bis sie den Satz verdaut und verstanden haben. Dann wiederhole ich den Satz zur Sicherheit. Langsam, klar – ich meißele ihn in die Tischplatte zwischen uns, wo er dann so lange zu sehen ist, bis ich hinzufüge: »Ein wahres Opus Magnum.« BOOM. Und damit beende ich das Zitat, das eigentlich von Richard Kämmerlings ist – von der *FAZ*.

BTW: Genau so mach ich es auch mit guten Sätzen von Steve Jobs (hier muss man aber schon mehr aufpassen, weil die meisten Sprüche von ihm mittlerweile so bekannt und ausgelutscht sind und es sie bei IKEA als gerahmte Wand-Deko zu kaufen gibt) oder Nietzsche, Hunter S. Thompson und Oscar Wilde. Das sind unerschöpfliche Schätze, große Persönlichkeiten, mit großen Gedanken und cleveren Sätzen – warum sollte ich krampfhaft versuchen, selbst einen guten Satz zustande zu bringen, wenn es schon welche gibt?

Es ist wie mit den Ideen: Es gibt keine neuen Ideen. Alles war schon da. Es sind nur Abwandlungen von bereits existierenden Ideen. Nimm dir, was du willst, und mach was draus. Jeder Künstler klaut: *Good artists copy; great artists steal.* Das wusste auch der gute alte Pablo Picasso, und wenn es jemand weiß, dann er, oder?

WEIL DER HIPSTER EIN WANDELNDES ZITAT IST

Das Zitat des Tages vom guten Mr. Pound:

> *»Wenn ein Mann nicht bereit ist, für seine Überzeugungen Risiken einzugehen, dann taugen entweder seine Überzeugungen oder er selbst nichts.«*
> EZRA POUND

Und ich kann es kaum erwarten, dieses Hammer-Zitat heute zwei-, dreimal rauszuhauen. Am besten wenn Frauen dabei sind. Das bringt einfach mehr. Die wissen so was zu schätzen. Ein Blumenstrauß in Worte verpackt. Bei Typen geht so was schnell mal unter. Entweder sind sie beeindruckt, aber auch neidisch, und tun dann so, als hätten sie es nicht gehört, oder sie lenken ab, oder sie checken es nicht, und dann hat man sein Pulver völlig umsonst verschossen. Klar, kann man das Zitat an dem Tag noch bei jemand anderem anbringen, aber man muss halt aufpassen, dass es sich nicht ganz so schnell abnutzt. Und dass dich deine Kollegen nicht dabei erwischen, wie du ein und dasselbe Zitat mehrmals raushaust. Dann checken die, dass du einfach nur Secondhand-Ware raushaust.

Die Gelegenheit ergibt sich dann zum Glück ganz schnell und auch noch vor 13 Leuten aus der Agentur. Team-Meeting. Kick-off. Neues Konzept für einen unserer Kunden muss her. Erst vor Kurzem hat unsere Kreativagentur den Etat bei einem Pitch gewonnen. Ein Pitch, in dem wir *Jung von Matt*, *Heimat* und *Service Plan* gezeigt haben, was wirklich »geile Kreation« ist. Unsere Agentur hat das Rennen gemacht – *the winner takes it all*. (Scheiße – jetzt laufe ich für den Rest des Tages mit diesem grässlichen Ohrwurm rum.)

Bla, bla, bla – das Meeting zieht sich hin. Jeder gibt irgendeinen Mist von sich, weil jeder glaubt, er müsse irgendwas von sich geben.

Lieber Schwachsinn von sich geben als gar nichts, ist oft die Devise in den Werbeagenturen, und so verbringt man dann schnell mal viele Stunden in Meetings, die nichts, überhaupt nichts bringen – außer einen zu hohen Koffein-Pegel durch die unzähligen Liter Club-Mate, die man sich aus Verzweiflung in den Hals kippt. Heute geht es aber um Entscheidungen. Die werden sehr gerne und sehr ausführlich getroffen. Es geht um die neue Strategie für das Konzept unseres Kunden. Es stehen drei zur Auswahl, und weil Werbeagenturen gerne so tun, als wären sie demokratisch, wird diskutiert, abgenickt und abgestimmt – oder sagen wir besser: alles zerredet, bis am Ende nichts mehr übrig bleibt.

Eine Strategie ist mein Favorit. Warum? Weil ich an dieser Strategie beteiligt bin – meine Idee. Ist frech, mutig und yeah ... weil Kunde und Agentur es so sehr lieben: *innovativ*. Hat 'n bisschen was von Wieden+Kennedy, geiler Shit eben, kreativ, locker, lustig, provokant. Der Creative Director meint dazu: »Schon geil, oder? Könnte man was richtig Gutes machen. WAS FETTES!«

Alle nicken. Nur die Projektmanagerin nicht, die stochert mit ihrem schlabbrigen, blassen Arm in der Luft herum, als säßen wir in einem Klassenzimmer, und dann fängt sie tatsächlich auch noch an zu schnippen und mit ihrem Schwabbelhintern, ganz aufgeregt auf ihrem Stuhl herumzurutschen. Der Creative Director nickt ihr schließlich zu. Sie steht tatsächlich auf und sagt mit verkniffen ernster Miene: »Aber, ist das vielleicht nicht 'n bisschen zu ... gewagt? Passt das wirklich zum Kunden? Ich meine ... Blubber ... Blubber ... Blubber ... Oink ... Oink ...«

Jesus. Halt einfach die Klappe.

»Wenn's gut ist, passt's zum Kunden«, meint der CD. Grübelt dann aber doch und krault sich sein spärliches Bärtchen. Ich sehe förmlich seine Eier schrumpfen, und da sagt er auch schon: »Ja, vielleicht ist es 'n bisschen zuuuu provokant ... vielleicht könnte man da noch ein bisschen drehen, bisschen runterschrauben, bisschen weniger ... äh ... provozieren ...« Er nickt.

Ich exe die Club Mate und klinke mich ein: »Ja, das können wir machen. Alles ein bisschen weniger. Dann haben wir am Ende des Tages auch eine Kreation, die von allem ein bisschen weniger ist: weniger kreativ, weniger innovativ und weniger lukrativ.« Ich blicke dem CD in die Augen, ganz easy, straight, sicher. Bemerke, wie er neidisch meinen vollen, dichten Bart mustert, wie seine Blicke durch das Dickicht meines Barts wandern, bevor sie meine Augen treffen. Er denkt. Er nickt. Er ist bereit, also füge ich hinzu: »Wenn ein Mann nicht bereit ist, für seine Überzeugungen Risiken einzugehen, dann taugen entweder seine Überzeugungen oder er selbst nichts.«

Ich mache eine dramatische Pause, lass die Worte wirken. Der Creative Director sieht mich an. Alle sehen mich an. Die knisternde Stille, die entsteht, wenn 13 Menschen in einem Raum über die gleiche Sache nachdenken. In diesem Fall wäre es ein Zitat vom guten Ezra Pound. Perfekt platziert. Genial ausgeführt. Meine Synapsen applaudieren. Feuerwerk in meinem Kopf, und schließlich nickt der CD, dann die anderen. Lachen. Der Creative Director nickt, reißt die Faust nach oben, wie Rocky nach seinem großen Kampf und ruft: »Okay Leute, let's do it! Rock 'n' Roll!«

Wildes Getrommel auf der Tischplatte (lächerlich, aber in diesem Fall genieße ich das Trommeln und verbuche es als einen großen Auftritt meinerseits und begeisterte Anerkennung ihrerseits – Ruhm und Ehre –, also geht das schon in Ordnung. Ich nicke. Lächle. Klatsche. Könnte Ezra jetzt hier mit mir am Tisch sitzen, er wäre stolz auf mich. Ich würde ihn zu einem Feierabend-Craft-Beer einladen, um unseren gemeinsamen Erfolg zu feiern.

WEIL DER HIPSTER »EIN UNENDLICHER SPASS« AUF DEM NACHTTISCH LIEGEN HAT, ABER NICHT LIEST.

Ich liege im Bett, neben mir liegt dieses gigantisch fette und monströse Buch auf meinem skandinavischen Vintage-Designer Nachttisch. Unendlicher Spaß. Es starrt mich an. Es knurrt. Lies mich endlich. Nimm mich und lies mich. Los!

Es macht mir Angst. Es macht mich müde, wenn ich mir nur die Seitenanzahl und die unendlich vielen Worte anschaue.

Ich versuche es trotzdem noch mal. Der Mann, der mit dem Monsterbuch kämpft. Fühle mich wie der alte Mann in der Story von Hemingway *Der alte Mann und das Meer*, der alte Mann, der gegen den fetten Fisch kämpft und verliert. Aber ich werde nicht aufgeben, und ich werde den Kampf nicht verlieren. Also schnappe ich mir das Teil und blättere darin. So viele Wörter, so viele Seiten! Sieht nach unendlich viel Arbeit aus … Ich lese zum x-ten Mal den ersten Satz, und der macht mich schon fertig, Alter. Aber ich schaffe ihn, den ersten Satz, vom Anfang bis zum Punkt. Der erste Satz – geschafft. Ich mach eine Pause, hole mir eine Belohnung: Ich lege das Buch kurz zur Seite und greife mir mein iPhone. Noch mal kurz Twitter und Instagram checken, danach wird gelesen! Echt jetzt.

Ich checke alle wichtigen Social Networks und kontrolliere im 15-Sekunden-Takt die Reaktionen auf meine letzten zwei Tweets.

So vergehen zwei Stunden – ups … Wie die Zeit vergeht!

Dann ist es zu spät zum Lesen, kann man nix machen. Was jetzt noch geht ist 'ne Folge *Drei ???*, aber lesen? No Way! Die Titelmusik der *Drei ???* erklingt, und ich schlafe ein, noch bevor die letzten Takte der Titelmelodie verklingen.

Ich träume wie ein Wiesel. Nur einmal wache ich auf, mitten in der Nacht, als es plötzlich »KNALL!« macht – ich schrecke auf, mache Licht, sitze mit rasendem Herzen im Bett. Ein Einbrecher?

Aber dann sehe ich es: Das aufgeschlagene Buch *Unendlicher Spaß* ist vom Bett gerutscht und mit seinen fetten fünf Kilo auf die frisch gewichsten Dielen geklatscht. Da liegt nun *Unendlicher Spaß* auf den nackten Dielen, und ich grinse es boshaft an. Da, genau da gehörst du hin, denke ich. Ich knipse das Licht aus, atme erleichtert aus. »Gute Nacht, John-Boy!«

Ich werde dieses verdammte Buch niemals lesen. Das ist mir klar. Ihr habt es doch auch nicht gelesen, oder? Jeder hat es auf seinem Nachttisch liegen, niemand hat es gelesen. Es wird zu einem Klassiker werden, über die der gute Hemingway schon gesagt hat: *Klassiker sind Bücher, über die jeder spricht, die aber niemand liest* – so oder so ähnlich hat er es gesagt, glaube ich.

Whatever – Twitter, Facebook, Instagram, Blogs, Vlogs, Snapchat, Kochshows, WhatsApp – wie soll man da zum Lesen kommen?

WEIL DAS FIXIE FÜR DEN HIPSTER SO WERTVOLL IST WIE EIN EINHORN

Auf einem neuen Fahrrad durch die Stadt zu cruisen ist ein ähnlich cooles Gefühl, als wenn du mit neuen Nike-Sneakern durch deinen Kiez schlenderst – du gehst auf Wolken, bist unantastbar, schwebst über allem und jedem. Nur ist ein Fixie eigentlich kein Fahrrad oder besser gesagt nicht einfach nur ein Fahrrad, ein Fixie ist Schlichtheit in Perfektion mit zwei Rädern dran, und alles andere ist überflüssig. Konzentrierte Schönheit, die dich durch die Stadt bringt, als würdest du auf einem fliegenden Einhorn über deine Stadt schweben – nichts und niemand kann dir etwas anhaben, aber alle sehen dich, auf diesem extrem geilen Teil.

Und gerade als mir diese Gedanken durch meinen vom Fahrtwind durchgepusteten Kopf gehen, zieht von rechts plötzlich ein Land Rover über die Kreuzung, sieht mich nicht oder will mich nicht sehen oder denkt, er wäre schneller als ich, ist er aber nicht, sodass seine Fahrertür in Sekundenschnelle immer näher kommt und ich plötzlich so nah bin, dass der Fahrer mich endlich bemerkt, mir sein bartloses, graues Gesicht hinter der Fensterscheibe zuwendet und mich mit von Panik weit aufgerissenen Augen anstarrt. Sein Schrei ist stumm hinter der Fensterscheibe, und statt irgendetwas zu tun, tut er nichts, bleibt einfach stehen, mitten auf der Kreuzung. Was tue ich? Ich reiße den Lenker rum, in voller Fahrt, bremse ab, schlittere seitlich zum Land Rover, und KLONG – stoße mit meiner rechten Schulter gegen die Fahrertür. Der Fahrer und ich blicken uns – nur getrennt von der knapp zwei Zentimeter dicken Autoscheibe – in die Augen, das heißt, ich blicke ihm in die Augen, und er blickt in die verspiegelten Gläser meiner Ray-Ban-Sonnenbrille. Dann zeige ich ihm meinen Mittelfinger, forme ein tonloses »ARSCHLOCH!« mit den Lippen und rase weiter durch den Morgenverkehr. Jetzt richtig angefixt, gehe ich auf Jagd nach weiteren Stahlrössern und versuche, möglichst viele Autos abzupassen, die mir die Vorfahrt nehmen könnten, um mich dann brüllend und gestikulierend über sie aufzuregen. Gerade jetzt, in diesem Moment, gibt es nichts, kein Auto, kein Motorrad oder sonst ein Fortbewegungsmittel, das schneller unterwegs durch die Stadt ist als ich. Das ist wahres Glück. Ein Hochgefühl. Eine Zeitreise, nicht zurück, nein, immer nach vorne. Ich bin schneller als die Zeit.

Don't look back. You're not going that way.
BoJack Horseman

WEIL DER HIPSTER AUS EINEM KATER EINE KATASTROPHE MACHT

Ich erwache verkatert in meinem Bett. Morgenlatte. Oder eher Säuferlatte. Ich fühle mich beschissen. Mein Kopf hämmert, meine Lunge brennt, als hätte ich gestern Nacht mit Buttersäure gegurgelt, und mein Magen fährt Karussell. Ich sehe Einhörner, Pink Ponys und Delfine. Ich reite sie alle. Was ich nicht verstehe: Warum zur Hölle habe ich immer eine gigantische Latte, wenn ich total verkatert bin und rein gar nichts damit anfangen kann? Egal, ich fühle mich trotzdem männlich, maskulin, mondän. Mondän? Warum zur Hölle »mondän«? Whatever. Gutes Wort. Ich notiere es in meine Evernote App, damit ich es später mal verwenden und jemanden beeindrucken kann.

Ich brauche fünf Minuten, um mich im Bett aufzusetzen, weitere fünf Minuten, um meine Füße parallel zueinander auf den Boden zu setzen, damit sie mich ins Bad tragen. Sie haben aber anderes vor und darum wanke ich ein paar Schritte hin und her, drehe mich einmal um mich selbst, während 1.000 Nadeln gerade meinen Kopf wie eine Voodoo-Puppe löchern und ich schließlich mit einem hässlichen Klatschen auf die Bretter gehe. Ich versuche erst gar nicht, wieder aufrecht zu gehen, ich krieche auf allen vieren in Richtung Bad, mache einen Abstecher in die Küche, wo ich nach meinem Medizin-Weidenkörbchen auf dem Regal krame, es herunterreiße und sich sein Inhalt über den ganzen Boden verteilt.

So finde ich wenigstens schnell das, was ich suche: die Aspirin-Packung, die jetzt natürlich bis auf die Gebrauchsanweisung leer ist. Ich wühle mich weiter durch meine am Boden verteilte Hausapotheke und finde ein paar Gummis, Nasentropfen und ein paar Globulis, die laut Packungsbeilage, die ich unter großen

Schmerzen versuche zu entziffern, bei einer Blasen- und Nieren-entzündung helfen sollen. Aber keine Spur von Kopfschmerz-tabletten. Keine Aspirin oder Paracetamol. Nichts. Also schlucke ich das ganze Fläschchen Globuli – besser als nichts. Zur Apo-theke schaffe ich es in diesem Zustand nicht. Ich reiße den Hahn auf und schlucke Wasser. Erst tut es gut, dann überwiegt der Kotz-reiz, und ich drehe den Hahn wieder zu, schleppe mich zurück ins Bett und leide – mehr schaffe ich gerade nicht. Nicht einmal ein Selfie schaffe ich jetzt, um meine Instagram-Abonnenten an meinem Kater teilhaben zu lassen, nein, nicht einmal die Kraft zu 'nem Tweet habe ich. Das ist das Ende der Welt. Schlimmer könnte es nicht kommen. Wann wird es vorbei sein?

Ich werde nie wieder trinken und rauchen. Nie wieder. Ich werde mich nur noch gesund ernähren, gut leben und glücklich sein. Durch und durch rein, sauber und giftfrei – ich werde perfekt sein und meinen Körper wie einen heiligen Tempel behandeln. Ich werde noch mehr Yoga machen, öfter lange Spaziergänge unter-nehmen und statt Nikotin nur noch frische Luft inhalieren.

Warum habe ich gerade keine Freundin, die mich umsorgt, mir eine Suppe macht, mich in ihrem Arm wiegt, eine fürsorgende Freundin, an deren Brust ich mich jetzt schmiegen könnte.

Ich überlege kurz, ein paar Frauen anzuschreiben, mit denen ich in den letzten Jahren was hatte. Aber was soll ich sagen? Komm vorbei, heile mich, rette mich, ich habe einen höllischen Kater und brauche Hilfe? Ich öffne die Tinder-App, aber schon nach dreimal Wischen wird mir kotzübel, und das iPhone gleitet mir aus der Hand, fällt mit einem lauten BUMM zu Boden. Im Normalzustand würde ich jetzt verzweifelt aufschreien, es retten und besorgt strei-cheln, aber so bleibe ich einfach liegen, in stummer Verzweiflung, apathisch, und versuche, den Kater zu überlisten, indem ich an schöne Dinge denke. An Einhörner, einen Regenbogen, einen Wasserfall und den Klang, den meine Bartbürste macht bei meiner allabendlichen Bartpflege. Dann kotze ich. Wenn es etwas schlimmeres gibt, als Twitter-Follower zu verlieren, dann ist es Kotzen. Worst day of my life. Niemand hatte jemals einen solch krassen Kater wie ich. Bevor ich das zweite Mal zitternd kotze, flüstert mir eine grässliche Stimme (ist das meine eigene Stimme?) zu: #krasserkater

Stunden später. Ich lebe noch. Gerade so. Ein Selfie von mir auf Instagram und ein Tweet – endlich: beides mit dem Hashtag des Tages: #krasserkater – und das feiern die ganz gut ab bei Instagram und Twitter.

Hohn und Spott gibt es dafür, aber noch viel mehr Mitgefühl, Glückwünsche, Lob und ehrfürchtige Anteilnahme von meinen Fans. Lohnt sich also doch, so ein #krasserkater.

75. GRUND

WEIL DER HIPSTER SICH SEINEN KICK BEI EINEM GREEN-SMOOTHIE HOLT

Ich hab es mir angewöhnt, in den Tag mit einem Green Smoothie zu starten. Man sagt, er habe magische Kräfte. Und ich kann sie schon spüren: Ich bin fitter, wacher, denke noch schneller, mein Geruchs- und Tastsinn sind in Hochform: Bei der letzten Weinverkostung konnte ich problemlos einen Cabernet Savignon von einem Syrah unterscheiden, und was den verbesserten Tastsinn betrifft: Meine Hände landeten am Ende der Verkostung auf dem Hintern eines Models. Seitdem starte ich den Tag mit einem ordentlichen Kick – mit einem Green-Smoothie-Kick, und ich werde euch alle überleben. Ich werde 125 Jahre alt und dann noch so fit sein, dass ich der Letzte sein werde, der mit dem Internet aufgewachsen ist. Wollt ihr mein liebstes Green-Smoothie-Rezept?

Here we go:

JONAS' ALL-TIME FAVORIT GREEN SMOOTHIE

Dafür braucht ihr gar nicht viel – aber was ihr braucht ist Folgendes:

2 Tassen frischen Babyspinat
1 Banane
1/2 Tasse kaltes klares Wasser
2 Teelöffel Erdnussbutter (crunchy)
1 Teelöffel Honig
1 Tasse Eis

Alles mixen. Alles trinken. Alles fit!

76. GRUND

WEIL DER HIPSTER EIN UND DENSELBEN MORGEN WIE IN »UND TÄGLICH GRÜSST DAS MURMELTIER« IMMER WIEDER ERLEBT

7:30 Wecker auf meinem iPhone klingelt. Ich grapsche danach und bekomme noch ein paar Minuten Schlaf – dank der Schlummer-Funktion. Das wiederholt sich noch dreimal. Dann öffne ich die Augen (Twitter und Instagram-Check) und freue mich auf die bevorstehende Bartpflege.

8:00 Ausgiebige und leidenschaftliche Bartpflege. Dazu läuft meine Bartpflege-Spotify-Playlist. (Twitter und Instagram-Check)

8:25 Coffee time: Mein Kaffee-Vollautomat macht mir eine ausgezeichnete Soja-Latte. Die erste von vielen weiteren des Tages. Ein Koffein-Kick, der mich in meine bereits am Vortag zurechtgelegten Klamotten schlüpfen lässt. (Twitter und Instagram-Check)

8:45 Ich schnappe mir mein Fixie und verlasse meine Wohnung, tätschele den Kopf meines ausgestopften Wildschweins und verabschiede mich von ihm.

9:00 Boxenstopp bei meinem Stamm-Coffee-Shop. Die zweite Soja-Latte des Tages. (Twitter und Instagram-Check)

9:15 Boxenstopp bei meiner Stamm-Bio-Bäckerei. Wie jeden Tag hole ich mir dort meinen Chia-Power-Riegel und einen Power-Green-Smoothie.

9:30 Ich komme in der Agentur an. Gang zur Kaffeemaschine, ärgere mich über das viele schmutzige Geschirr und die Faulheit und Ignoranz meiner Kollegen und mache mir meine dritte Soja-Latte des Tages. Versuche, so wenig Kollegen wie möglich zu grüßen, um unnahbar und/ oder verschlafen zu wirken.

9:34 Ich schlendere perfekt gestylt durch den Flur der Agentur, als wäre es der Laufsteg in Mailand. Die Blicke am Morgen sind der Balsam, in dem ich mein Ego bade.

9:35 Arbeitsbeginn: Ich checke meine Instagram Gallery, meine Mails, haue den obligatorischen Guten-Morgen-Tweet raus, checke Facebook, lästere über dumme Posts meiner Kollegen und Noch-Freunde. Checke Mashable und DigitalBuzz. Schaue mir die neuesten YouTube-Hits an.

12:30 Studiere die Speisekarten der Restaurants in der Nähe, die einen Business Lunch anbieten. Schreibe eine Rundmail an die üblichen Opfer und frage, wer Bock hat auf Lunch bei … was auch immer.

12:45 Lunch time.

14:00 Back to Business. Checke Twitter, Instagram und Mails. Wann war noch mal das erste Meeting? Checke den Kalender. Oh shit, in zehn Minuten. Haue noch ein paar Ideen für ein paar Konzepte raus, die ich mir aus dem World Wide Web zusammenklaube, und variiere. Stress!

14:10 Stress! Ab zum Meeting. Voll nervig, Alter.

77. GRUND

WEIL DER HIPSTER DEN »TATORT« AUF DEM HANDY VERFOLGT UND NICHT IM TV

Es ist Sonntag. Der schönste Tag der Woche, weil es wieder heißt: Brunchen, Flohmarkt, zwei, drei Craft-Bierchen kippen zum *Tatort*-Public-Viewing in meiner Lieblings-*Tatort*-Kneipe, und dann glücklich und zufrieden ins Bett. Der perfekte Abschluss einer perfekten Woche.

Ich sitze also mit Stephen im *Prachtsaal* und gönne mir mein erstes Craft-Bierchen des Tages. Es ist kurz vor acht, und Stephen meint, es wäre eine gute Idee, sich noch einmal kurz zu unterhalten, bevor der *Tatort* beginnt. Ich nicke und gebe ein gelegentliches »Hm« und »Cool« von mir, während ich die Vorab-Analysen des heutigen *Tatort* auf Tweeter checke. Wie immer sind die meisten der Meinung, es wird der schlechteste *Tatort* aller Zeiten. Ich bin natürlich derselben Meinung und tue diese mit einem schnellen Tweet kund:

Yeah – #Tatort mit #TilSchweiger: Wenn man Diarrhö, Nippel-Waxing, Double-Fisting und Hodenbondage mag, dann geht auch das!

Schon während die Titelmusik beginnt, überfällt mich eine unglaubliche Müdigkeit, oder Langeweile? Oder ist es eine Art allergische Reaktion auf den *Tatort*? Ich beginne, unruhig zu werden. Kratze mich an verschiedenen Stellen, rutsche auf meinem Stuhl hin und her, bewege meinen Kopf in Tourette-Geschwindigkeit nach allen Himmelsrichtungen, nur um nicht auf den Flatscreen schauen zu müssen. Plötzlich ist um mich herum alles interessanter als der *Tatort*. Das Shirt der Kleinen da drüben, wie der Typ ganz hinten an seinem Weizen nippt und sich danach mit dem Handrücken über die Wurstlippen fährt, und das Pärchen, das sich einen White Russian und eine Wiener teilt – was für eine ekelerregende Kombi ist das denn bitte? Da würde sogar der große Lebowski kotzen. Genug gesehen, ich checke die ersten Hater-Kommentare auf Twitter, like und retweete eifrig, kichere in mich hinein und bestelle mit stummer Geste bei dem Kellner ein frisches Craft Beer. 20 Minuten später verstehe ich gar nichts mehr – weder, was da genau im *Tatort* passiert, noch verstehe ich die sinn- und seelenlosen, hölzernen Dialoge oder warum solche Leute wie ich immer noch an diesem Dreck von *Tatort* klammern? Warum lassen wir ihn nicht endlich krepieren? Warum halten wir diese Leiche so lange unnötig am Leben? Wovor haben wir Angst? Wir lästern und haten ab über den *Tatort*, können es aber nicht lassen, ihn zu gucken. Na ja, »gucken« ist übertrieben, wir glotzen mehr auf das Display unseres Smartphones. Beim *Tatort* geht es schon lange nicht mehr ums Schauen, es geht darum, die coolsten Tweets, die witzigsten Sprüche und den derbsten Hass abzufeuern.

Aber wer so einen grotesk-analischen Schund produziert und aus einem früheren Kult so einen Mist macht, hat nichts anderes verdient. Der *Tatort* ist für Leute wie mich nichts anderes als eine Art Stammtisch, an dem sich jeden Sonntag ein paar Großmäuler zusammenfinden und ablästern – nur eben digital statt verbal auf Twitter und Co. So kann uns wenigstens niemand auf die Fresse hauen.

WEIL HIPSTER BESSERWISSER SIND

Ich sitze also wieder einmal in meinem Stammcafé und habe die *SZ*-App auf meinem iPad geöffnet, die Print-Ausgabe der *ZEIT* über den halben Tisch verteilt und dazwischen meine Soja-Latte und mein Bio-Hörnchen, das ich zärtlich mit Bio-Aprikosenmarmelade bestreiche und erst einmal zur Seite lege, um mich meinem frischen Bio-Ei zu widmen, das erst vor wenigen Stunden einer glücklichen Bio-Henne aus dem Arsch geholt wurde.

Wenn ich nach drei oder vier Stunden die Zeitung zusammenfalte, die App schließe, habe ich das sättigende Gefühl, alles eingesaugt zu haben, was draußen in der Welt passiert. Das stimmt natürlich nicht. Um die Wahrheit zu sagen, ich hab keinen blassen Schimmer von Politik, und es interessiert mich auch nicht – nicht wirklich und schon gar nicht im Detail. Das, was ich weiß, weiß ich von Twitter und Facebook, und das, was mir passt, mich anspricht und teilenswert ist, teile ich mit anderen, retweete oder poste es.

Es ist weniger als Halbwissen, es ist eine Art Schlagzeilen-Wissen, und das reicht völlig aus. Oberflächlichkeit würden manche sagen, aber ist Politik nicht sowieso oberflächlich? Schlagzeilen reichen völlig aus, garniert mit ein wenig Satire und Häme – das kannst du den Leuten gut um die Ohren hauen, posten oder eben tweeten. Will jemand tiefer einsteigen, dich in eine politische Diskussion verwickeln, wird es ernst – dann solltest du schnellstens das Weite suchen.

Aber die meisten glauben, du weißt Bescheid, weil sie dir nicht das Gegenteil beweisen können. Damit kann ich leben, verdammt gut sogar. Es ist viel leichter, etwas nur oberflächlich zu wissen oder zu kennen, als sich tatsächlich damit auseinanderzusetzen, das tun andere, und ich fische mir meine Wissensbrocken. Meine eigene Meinung zu diesem Thema setzt sich aus verschiedenen Meinungen zusammen – ich bringe das Beste zusammen und gebe es weiter. Meine eigene Meinung kann schnell wechseln und variieren.

Ich bin flexibel wie ein Präservativ und ähnlich dünn ausgestattet, was meine politische Meinung betrifft. Aber dabei genauso undurchlässig und unangreifbar. Ich bin mittendrin und halte trotzdem Abstand, betrachte die Welt um mich herum mit Hohn und Spott. Warum? Weil ich es immer besser weiß. Wäre die Welt voller Hipster wie mir, wäre sie eine viel bessere Welt. Auch das stimmt natürlich nicht, aber solange niemand das Gegenteil beweist, sieht es genau so aus. Und noch was: Dank mir wisst ihr vielleicht nicht, was gerade in Ruanda passiert, aber du weißt, welche geilen Designer-Socken morgen durch die Decke gehen und welche skandinavische Band bald als »the next big thing« gehandelt wird.

79. GRUND

WEIL DAS HEIM DES HIPSTER AUSSIEHT WIE DIE WOHNUNG SEINER GROSSMUTTER

My home is my castle. Mein Schloss. Mein Paradies. Mein Reich. Feinstes selbst verlegtes Ahornparkett, über das jeden Tag meine Füße gleiten, als würde ich schweben. Das Wohnzimmer habe ich zur Küche umfunktioniert, weil die Küche viel zu klein war. Für einen Künstler, der die Kochkunst zelebriert, kann die Küche nicht groß genug sein. Jetzt gibt es genug Platz, um für Freunde zu kochen. Stabile, fünf Zentimeter dicke Arbeitsplatten ziehen sich an den vier Wänden des Raums entlang, in der Mitte eine große Arbeitsfläche mit einem stylishen Vintage-Gasherd, darüber hängen Töpfe und Pfannen in allen Größen und Formen. Ein Fenster, das sich vom Fußboden bis zur drei Meter hohen Decke zieht, und eine Lüftung, die dir die Eichel vom Pimmel saugen kann.

Mein Porzellan-Geschirr sieht aus, als hätte ich es aus der Küche in *Downton Abbey* geklaut, im Flur hängen Fotos von Prominenten mit gefakten Autogrammen (ich war schon immer gut im Unterschriftenfälschen – who the fuck is Frank Abagnale?).

Meine Wohnung ist noch lange nicht perfekt, und ich habe noch viel mit ihr vor – aber sie ist auf einem guten Weg. Bei einer Kellerräumung des Opas meines Creative Directors konnte ich mir 15 Geweihe und einige ausgestopfte Tiere sichern: Marder, Wiesel, Biber, Fuchs und ein riesiges Wildschwein – dazu große und kleine Geweihe von Rehen, Hirschen und eines, das ich nicht zuordnen kann. Sehen aus wie das Horn eines Einhorns. Ich will es glauben, vielleicht war es ein Einhorn, und vielleicht wird seine Kraft auf mich übergehen. Das hat Stil.

Ach, kommt schon, ich hab sie ja nicht gekillt. Aber ich würde, wenn ich mich davon ernähren müsste. Und jetzt sind sie nun mal tot, und bei mir haben sie es gut. Meine Freunde haben sich daran gewöhnt, neuer Besuch stutzt erst mal, wenn sie von einem fetten Wildschwein im düsteren Flur begrüßt werden. Die meisten denken dann, es wäre mein Hund, dann folgt ein genauerer Blick, dann Verblüffung, ein offener Mund, ein ungläubiges Staunen und dann … Erleichterung, meistens folgt ein: »Wow!«

Ja Alter, nicht jeder hat ein echtes Wildschwein in seiner Wohnung stehen, oder? Auf Instagram hat das Foto von mir und dem Wildschein über 15.000 Likes und 12.374 Kommentare. Ein Hit.

So falsch kann ich also damit nicht liegen. Mein neues Projekt ist ein Salon in meiner Wohnung, im Stil englischer Clubs für echte Gentlemen: Ledersessel, Billardtisch, Bar, Bibliothek und ein Schreibtisch aus massiver Eiche, der so groß ist wie ein Kleinwagen. Problem: Mir fehlt der Platz. Und das Geld. Steht aber ganz oben auf meiner »To-wish-List«. Auf meiner Fensterbank in der Küche steht ein Gartenzwerg, der meinen Nachbarn täglich zuzwinkert – ironisch gemeint natürlich.

WEIL DER HIPSTER SEINEN ELTERN ZU WEIHNACHTEN WAS »PERSÖNLICHES« BASTELT

Ich sitze im Schneidersitz auf meinem Flokati, während Bright Eyes mir bescheinigt, dass das heute der *First Day Of My Life* ist, auch wenn er sich (noch) nicht so anfühlt. Draußen ist es kalt, grau, schauderhaft. Aber ich habe Maßnahmen getroffen und mich gegen einen gruseligen Tag voller Nässe und Kälte gerüstet: Ich bin gut eingepackt in meinem kuscheligen Lammwoll-Pulli. Meine Füße stecken in gefütterten Hausschuhen mit Mops-Gesicht, und um meinen Hals habe ich ungefähr zehnmal meinen neuen Plush Necklush Infinity Scarf gewickelt – handgemacht aus bester Jersey-Baumwolle. Ein Vor-Weihnachtsgeschenk an mich selbst. Gab es auf Etsy für knappe 80 Euro und ist jeden einzelnen Euro wert. Ein Meisterstück. Schwarz-braun. Ich werde diesen Schal in alle Ewigkeit tragen – heißt ja nicht umsonst Infinity Scarf.

Nie hat es ein Schal besser geschafft, sich zu einem so coolen Accessoire zu vervollkommnen. Musste natürlich davon gleich mal ein paar Fotos in meine Instagram Gallery hauen. Jetzt fragen sie natürlich alle, wo ich den Schal herhabe. Ich antworte: Aus einem coolen Secondhandshop in New York. Gibt's nicht übers Netz, aber ich spüre die Bluthunde schon schnüffeln und hecheln, sie werden das ganze World Wide Web danach absuchen, bis der erste fündig wird und es sofort allen unter die tropfende Nase hält – diese Aasgeier.

So winterfest eingepackt, sitze ich also im Schneidersitz und bastle ein supercooles, innovatives Look-Book für meine Eltern. Das ultimative Weihnachtsgeschenk. Was ist da drin? Was bekommen meine Eltern zu sehen: eine exklusive Auswahl meiner Selfies, wir bei unserem wöchentlichen Dinner, mein Vater und ich beim Golfen, ich beim Kochen, ich beim Bogenschießen, ich beim

Schach, ich bei einer Craft-Beer-Verkostung, ich bei einer Wein-Verkostung, ich bei einer Whisky-Verkostung, meine neue Tätowierung (Ezra-Pound-Zitat) und ich, ich beim Jäten im Garten, ich bei einem Kochhaus-Kurs in Koch-Montur (seh aber auch aus wie ein verdammter Sterne-Starkoch) und ein Foto von meinem Vater und meiner Mutter in jungen Jahren – vor meiner Zeit.

Warum sahen sie da so glücklich aus? Ich hab sie noch nie so glücklich und albern gesehen – so ausgelassen. Aber das Beste an dem Weihnachtsgeschenk für meine Eltern ist der Mix aus Vergangenheit und moderner Technologie, der es so innovativ macht: Auf manchen Seiten habe ich nur einen QR-Code aufgeklebt, den sie scannen müssen, dann kommen sie auf eine Website, eine Microsite, einen Blog – wo ein Video, ein Quiz oder ein von mir selbst performtes Poem auf sie wartet.

Meine Eltern sind wie die meisten Eltern: Sie haben alles und wünschen sich nichts. Was wäre also besser als etwas, was wirklich von mir ist? Von mir für sie. Mit Liebe und einer ordentlichen Portion Kreativität und Genialität gemacht. Persönlich, kreativ, unique.

Ich hätte das Projekt über den ganzen Zeitraum dokumentieren und auf meinem Blog präsentieren müssen. Wäre mal 'ne Motivation für die einfallslosen Weihnachtsopfer da draußen, selbst was Kreatives zu machen und nicht in das verkackte Nanu-Nana zu rennen oder einen fertigen Geschenkkorb bei real zu holen. Aber der Gedanke, dass andere meine Ideen reproduzieren, verschenken und behaupten, sie wären auf diese geniale Idee gekommen, kneift mir in die Eier. Also lass ich es. Jetzt müsste ich nur noch zeichnen können – so ein Selbstporträt wäre noch ganz geil.

WEIL DER HIPSTER SEINEN COOLEN AUFTRITT
VOR DEM SPIEGEL PERFORMT

Quote of the Day: *A man of genius has a right to any mode of expression.* (Ezra Pound) Dieses von mir gewählte Zitat des Tages ist auch gleichzeitig das Zitat, das ich mir frisch hab stechen lassen – auf der Innenseite meines linken Unterarms. Jetzt wache ich jeden Morgen auf und lese diese wunderbare Zeile, die für immer auf meiner Haut steht.

Die Ramones spielen die ersten Klänge von *Merry Christmas*, während ich mir das Ezra Pound-Zitat ins Hirn hämmere und immer wiederhole: »A man of genius has a right to any mode of expression. A man of genius has a right to any mode of expression. A man of genius has a right to any mode of expression. A man of genius has a right to any mode of expression.«

Ich koche Wasser für die Wärmflasche und setze meinen orangefarbenen Vintage-Teekessel für einen Yogi-Tee auf. Ich spaziere durch mein Reich, gehe auf und ab, warte auf das Wasser und zupfe dabei an meinem Bart.

»A man of genius has a right to any mode of expression.«

Auch ein Projekt von mir: Ich lerne ALLE Gedichte von Ezra Pound auswendig und platziere sie da, wo ich sie brauche. Dazu kommt die Performance, die muss stimmen. Ich will schließlich nicht aussehen wie ein Idiot, wenn ich die Worte von Ezra Pound in einer Bar ausspreche. Also stelle ich mich vor den Spiegel, feile an der Aussprache, der Melodie und an der Stimmfärbung, dann arbeite ich an der Modulation der Worte, kaue jedes einzelne langsam durch, als hätte ich eine große Pflaume im Mund. Danach kommt die Mimik – denn auch die muss stimmen. Welchen Blick setze ich auf, wenn ich ganz locker das Zitat von Ezra Pound fallen lasse? Welche Gestik benutze ich? Stehe oder sitze ich dabei? Einfach alles muss zusammenpassen, muss stimmen, muss cool, aber auch völlig leicht und fließend rüberkommen – so als hätte ich es nicht tagelang vor dem Spiegel trainiert.

82. GRUND

WEIL DER HIPSTER EINEN KURS IN »TISCHMANIEREN« BELEGT

Wäre heute Abend nicht der Kurs für »Tischmanieren«, würde ich die Wohnung nicht mehr verlassen. Verdammt hässlich da draußen. Berlin im Winter ist so deprimierend, da helfen nicht mal meine bunten Ringelsöckchen. Aber ein Glas Wein und die Kunst der gepflegten Konversation sowie die 12 Schritte der Tischmanieren für ein perfektes Dinner werden mich heute Abend wieder ein bisschen pushen und in festliche Stimmung bringen. Das macht Laune. Das graue Wetter und die Sorgen bleiben draußen, während du am Tisch sitzt und in die Knigge-Kunst eingeführt wirst.

Telefon klingelt. Wo zur Hölle ist mein iPhone? Ich höre es, aber ich sehe es nicht. Ich hasse es, wenn ich die Kontrolle über mein iPhone verliere. Es klingt dumpf, so als hätte jemand mein iPhone verschluckt, Aha … ist unter den Flokati gerutscht. Ich starre aufs Display. Es ist Frank. Ich gehe ran.

»Hola!«

»Ey Alter, ich bin's, Frank.«

Ich weiß, aber das muss er ja nicht wissen.

»Yo, Frank, Alter, was geht ab?«

»Ey Alter, Mann, ich …« Ich höre es in seinem Hals krachen, ich höre ein Röcheln und dann einen abartig hässlich keuchenden

Husten, gefolgt von einem fetten Schnäuzen, das mit einem weinerlichen Seufzer abschließt.

»Ey Alter, das ist ekelhaft, was machst du da?« Ich halte das iPhone von mir weg, als könnte es mich anstecken. Ich höre die verschnupften Worte von Frank auch aus einem Meter Entfernung klar und deutlich:

»Ey sorry, Alter, bin voll erkältet. Liege im Bett, hab glaube ich auch Fieber …«

Mein erster Gedanke: Du Pussy.

»Oh Mann, Alter, das tut mir leid … für dich …«

»Ja, danke, Mann, darum glaub ich …«

Mein zweiter Gedanke: Versau mir ja nicht meinen perfekt geplanten Abend, du alter Schweineficker! Aber was ich sage, ist Folgendes: »Ooookay … sag jetzt aber nicht – du kommst heute Abend nicht mit …«

»Tut mir echt leid. Ich kann so nicht, ne, geht nicht, ich bin echt voll im Arsch, Alter …«

»Alter, tu mir das nicht an, tu mir das verdammt noch mal nicht an, hörst du? Weißt du eigentlich, wie verdammt kompliziert und anstrengend es war, die letzten Karten zu kriegen?«

»Nimm jemand anderen mit oder …«

»Nein Mann, das geht nicht – so kurzfristig!«

»Lass uns das nächste Mal zusammen dahin, okay?«

Er schnäuzt sich und heult ins Telefon. Es ist erbärmlich. Er macht mich aggressiv.

»Hör mal zu, okay?« Meine Stimme zittert. Ich mache eine Pause, schlucke, fasse mich ein wenig, nur ein wenig, reiße mich zusammen und flüstere mit gepresster Stimme: »Es gibt kein nächstes Mal. Die sind für Monate ausgebucht. Der Kurs ist super-exklusiv. Das ist kein Yogakurs, verstehst du?« Pause. Röcheln. Ein Fiepen. Ein Schlucken, Räuspern, Husten, Seufzen.

»Alter, ich flehe dich an. Eine beschissene Erkältung bringt dich nicht um. Jeder ist mal erkältet. Das Leben geht weiter. Wenn wir da nicht hingehen, verpassen wir etwas, was wir so schnell nicht wieder nachholen können.«

Pause. Es dauert zwar noch gute 20 Minuten, in denen ich bettle und flehe und Frank schließlich drohe. Er zwingt mich dazu, bringt mich dazu, meine Geheimwaffe einzusetzen: »Alter, ich hab das Video immer noch, weißt du noch, die Agentur-Weihnachtsfeier …?«

Stille. In die feierliche Stille sage ich mit entspannter Stimme: »Je älter man wird, desto mehr schätzt man die Kunst des konstruktiven Schweigens.« (Ezra Pound)

»Ich … ich dachte, du hast es gelöscht?«, fragt er.

»Quatsch, ich wusste, wir brauchen es noch mal – irgendwann.«

»Aber wir brauchen es nicht!«

»Doch, sieht ganz so aus. Jetzt gerade brauchen wir es.«

Stille.

Es arbeitet in seinem verrotzten und vernebelten Kopf. Es dauert, aber er schafft es tatsächlich, alle Teile zu einem schlüssigen Ergebnis zusammenzusetzen, wie ein Puzzle, und ich sehe ihn förmlich vor mir, wie er jetzt das Gesamtbild betrachtet. Er stöhnt. Er seufzt und heult. Er knickt ein. Ich habe ihn so weit. Er verspricht mir, mich pünktlich heute Abend mit seinem MINI abzuholen.

»Supergeil von dir. Bist 'n Super-Typ. Wusste, dass ich mich auf dich verlassen kann. Das wird geil, Alter!«

Er röchelt.

»Und zieh dir 'nen Anzug an. Kein Schlabber-Look Alter, verstanden?«

Er röchelt und heult irgendwas Unverständliches. Will noch irgendwas sagen. Dieses gruselige, weibische Gejammer. Verdammtes Weichei.

»Oh sorry, Alter, da klopft jemand an!«

Ich lege auf und suche mir das passende Outfit für den Abend aus. Ich entscheide mich für einen ungetragenen Anzug von Pionier – handgefertigt in der Sowjetunion (mit hochwertiger Schurwolle aus

Italien) in den 20ern und mit neuem Digital-Druck im Innenfutter: Eine Collage aus verschiedenen sowjetischen Propaganda-Plakaten. Perfekt. Dazu passend meine erst einmal getragenen Budapester von Ben Sherman.

Das Leben ist zu kurz für schlechten Wein. Und der Weg ins Grab ist zu weit für schlechte Schuhe. Zeit zum Wichsen – der Schuhe.

83. GRUND

WEIL DER WAHRE HIPSTER NIEMALS RENNT

Verschlafen. Verdammter Mist. Das ist mir das letzte Mal in der Schule passiert. Fünfte Klasse, als ich mir alle drei Teile Zurück in die Zukunft und 'ne Tonne Popcorn reingezogen habe.

Mein Wecker auf meinem iPhone hat mich im Stich gelassen, und ich verstehe nicht warum. Wie soll ich mich jemals wieder auf mein iPhone verlassen können? Ich habe noch genau zwölf Minuten, um von meiner Wohnung in die Agentur zu kommen. Aber allein für die morgendliche Bartpflege brauche ich knapp – nein, gute – 25 Minuten. Nicht zu schaffen. Selbst wenn ich jetzt losgehe, im Pyjama, mit unfrisiertem Bart und ungeputzten Zähnen, würde ich zehn Minuten zu spät kommen. Und das Schlimmste: Ein Meeting ist gleich am Morgen angesetzt. Ich wandere ins Bad, öffne die Spotify-App und suche mir die passende Playlist aus, die mir jetzt den richtigen Kick verpasst, um mich anzutreiben. Mit treibender Musik läuft alles schneller. Und besser. Ich drehe voll auf. Die Strokes und ich putzen uns die Zähne. Die Strokes und ich nehmen eine gemeinsame Dusche. Die Strokes und ich frisieren sich den Bart.

Zu den brachialen Klängen der isländischen Hardcore-Band Great Grief und ihrem emotional aufpäppelnden und aufwühlenden Song *Feed Me a Stray Cat* humpele ich einbeinig (das zweite steckt in meiner Chino) durch meine Wohnung, und während der Sänger mir die Worte »Pages, scattered all over the floor, I've seen this happen before« hinterherbrüllt, suche ich nach meinen Button-Down Hemd von Farah und finde es unter einem Stapel Büchern von Ezra Pound. Wie ist es dahin gekommen? Egal, Fakt ist, dort liegt es. Eine Pfütze aus zerknitterter weißer Baumwolle, meine Kehle schnürt sich zu, meine Hände werden taub, dann – der Stich, nein, tausend Stiche ins Herz. Ein grauenhafter Anblick. Ich weine kurz, dann fasse ich mich – auch wenn es tragisch und furchtbar und grausam ist – und streiche es zärtlich glatt, das Hemd, das wunderschöne blütenweiße Button-Down-Hemd, das genau das richtige Hemd für den heutigen Tag ist, und ziehe es – JETZT ERST RECHT! – an. Es schmiegt sich sanft an wie eine zweite, schönere, glattere, weichere Haut, und mir geht's wieder ein wenig besser. Knitter ist Glitter, und ich werde behaupten, das ist so gewollt.

Ich verlasse die Wohnung, ohne wärmende, frisch aufgebrühte Soja-Latte im Magen. Im U-Bahnhof fährt mir – verdammt noch mal – natürlich die U-Bahn vor der Nase weg. Nächste kommt in zehn Minuten. Also laufe ich zur Tram, sie fährt gerade ein, sie kommt zum Stehen, uns trennen vielleicht noch 250 Meter, sie öffnet ihre Türen, eine Menschenhorde steigt aus, andere drängen sich hinein, in den großen, gelben Bauch der Schlange. Ich lege etwas Tempo zu, während mir The Hives – wie passend – die musikalische Zeitbombe *Tick Tick Boom* ins Ohr plärren. Die Anzeige blinkt bereits, die Tram wird jede Sekunde ihre Türen schließen und ohne mich davonzuckeln. Ich muss mich beeilen. Ich erhöhe das Tempo – es ist schon fast ein Walken, weil Rennen nicht geht, nicht cool ist, erbärmlich aussieht, aber auch Walken geht normalweise nicht, verdammt noch mal, ich habe mir geschworen, niemals zu walken! Die letzten Fahrgäste schieben sich in die überfüllte Tram. Noch knapp 100 Meter vielleicht. Meine frisch gewichsten Budapester trampeln wie Hufe auf feuchten Berliner Asphalt und schleppen mich Meter für Meter in Richtung Tram, und da ertönt das hässliche Tuten, da blinkt das grässliche rote Warnsignal, und da schieben sich auch schon die Türen langsam, ganz langsam zu … Noch ist nichts zu spät, noch ist nichts entschieden …

Und ausgerechnet jetzt höre ich Ezra Pounds Worte in meinem Kopf hallen:

Seht, sie kehren zurück; ah, seht den tappenden Schritt,
die schleppenden Füße, das Wanken im Gang
und das unsichere Taumeln!

Aber gerade da passiert etwas mit mir, in mir – irgendeine fremde Macht überfällt mich, nimmt von mir Besitz und verpasst mir einen heftigen Schubs, ich taumle, ich stolpere, meine Füße marschieren schneller, werden leichter und leichter und heben ab – ich glaube es nicht, aber: Ich renne. Also meine Füße, ich folge ihnen nur. Oh Gott – ich renne! Ich renne niemals! Wie sieht das denn aus? Warum sollte ein Mann jemals rennen? Das ist würdelos. Ganz uncool! Total uncool, lächerlich – stopp! STOPP! SOFORT ANHALTEN!

Aber meine Füße rennen weiter …

Götter des Flügelschuhs! Mit ihnen die silberne Meute
schnuppert die Fährte der Luft!

Haie! Haie!
Sie hatten es eilig zur Hatz;
Sie hatten scharfe Wittrung;
Hatten Seelen von Blut.

Mein Atem geht schneller, meine Lunge pumpt empört – ein Keuchen, ein Pfeifen, ein Rasseln – mein Herz trommelt … aber, ich erreiche die Tür, strecke meine Hand aus, berühre die gelbe, kühle Tür, die sich vor meiner Nase mit einem dumpfen, aber bestimmten »WUMM!« schließt. Noch einen hämischen Moment steht die Tram ganz dicht vor meinem Gesicht, regungslos, damit die Gesichter im Innern, die es geschafft haben, noch Zeit bekommen, mich anzustarren und auszulachen, während ich mit trommelndem Herzen und keuchender Kehle Atemwölkchen gegen die Türscheiben der Tram puste. Hoffentlich ist da niemand drin, der mich kennt, niemand, der diese unwürdige Szene beobachtet hat.

Ich drehe mich um und tue so, als hätte ich nicht vorgehabt, diese verdammte Tram unbedingt noch zu bekommen. Ich zücke mein iPhone, diese Aktion verleiht mir Sicherheit und gibt mir etwas Würde zurück. Ich blicke in die Ferne wie ein Mann, der genug Zeit hat, wie ein Mann, der sich von nichts und niemandem stressen lässt, drohe meinem Herzen damit, es zu brechen, wenn es nicht gleich mal ein bisschen runterfährt. Ich bin cool. Calm down, Jonas. Calm the fuck down.

Und meinem Herzen ist die Drohung herzlich egal – es hämmert weiter wie ein Schlagbolzen gegen meinen Brustkorb. Aber das sieht zum Glück niemand. Tränen schießen mir plötzlich in die Augen, aber da ruckelt die Tram zum Glück gerade los, und die Gesichter, die mich hämisch beäugen, entfernen sich endlich, während ich wütend die MyTaxi-App öffne und eine Träne auf dem fingerverschmierten Screen meines iPhones zerplatzt.

Warum ist das Leben so hässlich?

84. GRUND

WEIL DER HIPSTER SICH SELBST GEISSELT

Fehler. Ich hasse es, Fehler zu machen. Auch wenn es heißt, Fehler machen gehört zum Lernen dazu. Aus Fehlern lernt man. Ich liebe Fehler, wenn sie von anderen gemacht werden. Aber ich hasse Fehler, wenn ich sie selbst mache.

In der Agentur schleiche ich schwitzend aufs Klo. Hoffe, es sieht mich niemand. Ich muss mir schnell die Hände waschen. Ich fühle mich schmutzig, so schmutzig. Ich wasche mir die Hände, so heiß, dass es fast nicht auszuhalten ist, es dampft, meine Hände sehen nach wenigen Sekunden aus wie zwei tote, aufgedunsene Krebse, aber ich halte es weiter aus, den Schmerz, das brennend heiße Wasser, und genieße den Schmerz – die Strafe für mein abartig unwürdiges Rennen am Morgen.

Ich betrachte mein Gesicht im Spiegel – jede so gut gezüchtete Ironie und Überheblichkeit ist verschwunden, und als der Wasserdampf verschwunden ist, erkenne ich nur noch ein lächerliches Loser-Gesicht im Spiegel und sage: »Du bist lächerlich, so lächerlich! Würde Hemingway rennen? Ezra Pound? Steve Jobs? No fucking way, und du rennst wie ein Mädchen hinter einer Tram her und heulst auch noch!«

Ich schrubbe mir die Hände wund. Dann spreche ich noch dreimal den *Taxi Driver*-Monolog, um mich runterzubringen, zu entspannen, wieder auf ein cooles Level zu heben. Und als ich mit dem dritten Durchlauf fast zu Ende bin, fliegt die Tür auf, und Robert, unser IT-Mann, kommt hereingeschlurft.

»Ey, was geht?«, fragt er.

Ich zucke zusammen, überspiele die Situation, tue so, als würde ich mir gerade ausgiebig die Hände waschen, und nicke ihm im Spiegel zu. »Alter, was geht!«, sage ich und bin schon draußen, mit nassen Händen, verschwitztem Rücken und heißem Kopf, während das Arschloch im Klo noch irgendetwas Uninteressantes vor sich hin murmelt.

WEIL DER HIPSTER FÜR JEDE GELEGENHEIT EINE SPOTIFY-PLAYLIST HAT

Feierabend. Ich verlasse die Agentur und habe mir für den Feierabend, eine Nachhauseweg-Playlist auf Spotify zusammengestellt. Sobald ich aus der Tür der Agentur trete, drücke ich auf Play. Zufallswiedergabe. Ich weiß zwar, was ich auf die Playlist gepackt habe, will aber trotzdem noch ein wenig überrascht werden. Und als ich in den Aufzug trete, erklingen die ersten Töne von Vitamin C von Can. Es gibt nichts schöneres, als zu diesen Klängen in den Feierabend zu starten.

Versucht's mal.

THE ULTIMATIVE FEIERABEND PLAYLIST
#1 Can – *Vitamin C*
#2 The Kinks – *I'm Not Like Everybody Else*
#3 Slade – *Far Far Away*
#4 Cheap Trick – *Surrender*
#5 Joy Division – *Disorder*
#6 Lee Majors – *The Unknown Stuntman*
#7 Sonic Youth – *Kissability*
#8 The Pogues – *London Girl*
#9 PJ Harvey – *Down by the Water*
#10 Pavement – *Summer Babe* (Winter Version)
#11 Tom Waits – *Union Square*
#12 Stereolab – *French Disko*
#13 Fugazi – *Turnover*
#14 The Notwist – *Consequence*
#15 The Pornographers – *Champions of Red Wine*

WEIL DER HIPSTER FÜR JEDE GELEGENHEIT EINE SPOTIFY PLAYLIST HAT – PART II

Zu Hause angekommen, gönne ich mir erst mal ein schönes Feierabend-Craft-Bierchen, ein schnelles Selfie von mir und Craft-Bierchen für die Fans – #feierabendbierchen – und stelle eine Spotify-Putz-Playlist zusammen. Am Wochenende kommt Besuch. Ich werde kochen. Ein Event. Ich nenne ihn »Cooking for fucking friends«. Es wird gegessen, getrunken, gesungen, gelacht, gequatscht und gefeiert. Aber das Wichtigste: Ich koche vor den Freunden, die mich dabei interviewen, filmen und unterstützen. Das posten wir dann großzügig und haben wieder eine neue Folge für unseren Koch-Podcast, der gerade ganz gut abgefeiert wird. Jamie Oliver kann einpacken, oder who the fuck is Jamie Oliver?

BTW: Für den »Cooking for fucking friends«-Abend habe ich folgende Playlist am Start:
#1 Arctic Monkeys – *Do I Wanna Know?*
#2 Modest Mouse – *Parting of the Sensory*
#3 The Hives – *Hate to Say I Told You So*
#4 The Breeders – *Cannonball*
#5 Pixies – *Hey*
#6 Veruca Salt – *Volcano Girls*
#7 Bright Eyes – *Method Acting*
#8 The Shins – *Caring is Creepy*
#9 Lightning Bold – *The Metal East*
#10 Black Eyes – *Deformative*
#11 My Bloody Valentine – *Soon*
#12 Gang of Four – *Damaged Goods*
#13 Motörhead – *Aces of Spades*
#14 Arcade Fire – *Ready to Start*

#15 Wolf Parade – *Fine Young Cannibals*
16 Handsome Furs – *Legal Tender*
#17 Nirvana – *Negative Creep*
#18 The Black Keys – *Tighten Up*
#19 Russian Circles – *Carpe*
#20 The Last Shadow Puppets – *The Age of the Understatement*
#21 The Mars Volta – *Tarantism*
#23 Justin Bieber – *Love Yourself* (ironisch gemeint, Alter)
#24 Great Grief – *Feed Me a Stray Cat*

Während die Playlist abläuft, wird den ganzen Abend über ein Sammelsurium aus den besten Justin-Bieber-Takes aus Musikvideos, Filmen, Interviews und sonstigen World-Wide-Web-Funden gegen meine weiße Küchenwand gebeamt und den Gästen als unterhaltsames (ironisches!) Extra serviert. Die Playlist schließt ab mit meiner Lieblings-Hardcore-Band aus Island, Great Grief. Wenn dieser Song zu Ende ist, bin ich mit Putzen fertig. Egal was ich gerade tue, ich höre auf damit. Das Timing muss also stimmen. Nietzsche hat mal gesagt: »Ohne Musik wäre das Leben ein Irrtum.« Ich sage: Ohne Musik wäre das Leben wie ein Film ohne Soundtrack. Oft ist das Beste am Film der Soundtrack. Und ein Film ohne Soundtrack? Vergiss es. Apropos Musik, hab ich schon erzählt, dass ich fast Rockstar geworden wäre?

WEIL DER HIPSTER IN WAHRHEIT EIN ROCKSTAR IST

Ich wollte eine Zeit lang nichts mehr als Rockstar sein, in einer Zeit, in der ich nicht eine Voraussetzung erfüllte, die man braucht, um Rockstar zu sein: Ich spielte kein Instrument, ich konnte nicht singen, ich war, wie schon Anfangs erzählt, pummelig und pickelig, und das Schlimmste: Ich hatte eine höllische Angst vor Drogen.

Als damals ein Kumpel das erste Mal mit 15 oder 16 mit einem Joint ankam, bin ich schreiend vor Panik davongerannt (damals bin ich noch gerannt). Ich war also alles andere als ein Rockstar. Und trotzdem fühlte ich mich dazu berufen. Ich wollte Rockstar werden. Ich wusste, ich hatte es in mir, irgendwo unter den Pickeln und den gut genährten Speckröllchen war der Rockstar begraben und musste raus.

Bei jedem Song, den ich hörte, auf dem Weg zur Schule oder nach Hause, konnte ich es spüren: Die Musik, die da aus meinem Discman kam und über die klobigen Kopfhörer in meine Ohren kroch, die machte in Wahrheit ich. Ich war derjenige, der den Song performte. Ich war der Sänger aller meiner Lieblingstracks. Ich stand da auf der Bühne, unter mir das Meer von kreischenden Fans. Ich brüllte und sang und spielte das Killer-Riff auf meiner Fender Jazzmaster, und ICH sprang beim Höhepunkt des geilsten Songs ever in die Menge, die mich begeistert auffing – so trieb ich in einem Meer aus Händen und zupfte blind das Killer-Riff weiter, während meine Band oben auf der Bühne stand und mich mit Drums, Bass und Leadgitarre unterstützte. Ihre Gesichter habe ich in meinen Tagträumen, in meinen Visionen, nie richtig gesehen, es waren Gesichtslose, Marionetten, Staffage, wie diese großbrüstigen Nutten, die man in den HipHop-Videos auf diesen Gangster-Karren platziert – der Mittelpunkt war ich. Ich, der Rockstar.

Dieses Gefühl habe ich heute manchmal immer noch, wenn mich ein Song, ein leidenschaftliches Gitarren-Riff, eine tolle Bridge in einem Song packt. Dann blitzt es vor mir auf, und ich stehe auf der Bühne und performe diesen Song. Ich frage mich dann oft: Was ist aus mir geworden? Und was hätte aus mir werden können? Was, wenn ich eine Band gegründet hätte und heute Rockstar wäre? Ich könnte es immer noch sein. Das ist klar. Nur ohne den ganzen

Mist mit Drogen und so. Der Club der 27-jährigen Rockstar-Götter ist voll genug. Ich will zwar nicht alt werden, aber vorher sterben will ich auch nicht. Und schon gar nicht irgendwo in einem Hotelzimmer an meiner eigenen Kotze ersticken, in einer Pariser Badewanne einen Herzinfarkt bekommen oder mir in einem Heroinrausch die Birne mit einer Schrotflinte wegballern. Ich will leben. Forever young? Yes, please – einmal to go bitte, mit Extra-Schaum! Ich will ja den Rock 'n' Roll, nur ohne den ganzen Dreck und die Skandale. Ich will den Rock 'n' Roll, wohltuendes Yoga, einen großen Green Smoothie und den gemütlichen Netflix-Abend auf meinem skandinavischen Vintage-Sofa. So what? So fucking what? It's better to burn out than to fade away?

———·———

HEY HEY, MY MY: *It's better to burn out than to fade away? Die Zeile stammt aus dem Song Hey Hey, My My von Neil Young. Kurt Cobain hatte sie in seinem Abschiedsbrief zitiert. In dem Song geht es darum, ob man alt werden sollte in der Musik und verrosten oder schnell leben, ausbrennen und jung sterben. So, wie es einige Rockgötter bereits vorgemacht hatten: Jimi Hendrix, Jim Morrison, Janis Joplin, Brian Jones, und 1977 trat schließlich noch Elvis Presley von der Bühne ab.*

———·———

Also, besser ausbrennen statt verrosten? Nein, ich sage: Besser so lange genießen, bis das letzte Sandkorn in der Sanduhr des Lebens durch ist. Carpe diem, Alter, bis ins Grab – das ist die wahre Kunst. Von diesen Straight Edgern will ich mich aber hiermit distanzieren: Diese Deppen verzichten vielleicht auf Drogen, aber sie verzichten auch auf Alkohol, Koffein, Tabak, Fleisch UND Gelegenheitssex – also verzichten sie eigentlich auf allen Spaß. Kann man das noch Leben nennen? Ihr Leben ist für mich absolut NICHT lebenswert. Bevor ich so lebe, wähle ich dann doch das »Ausbrennen«.

Würde morgen ein Wissenschaftler auf mich zukommen und mir eine Pille anbieten, mit der man unsterblich und für immer jung bleiben könnte – ich würde sie sofort mit einem großen Schluck Craft Beer runterspülen.

88. GRUND

WEIL DER HIPSTER SELBST HEMINGWAY ZUM HIPSTER MACHT

Ich sitze zu Hause an meinem Designer-Schreibtisch, den ich für 280 – also spottbillig – auf Etsy erstanden habe. Na ja, ich habe ihn mir ausgesucht und von meinen Eltern zum Geburtstag gewünscht. Ist für jeden einfacher. Sie müssen sich nicht allzu viele Gedanken machen, und ich bekomme das, was ich wirklich brauche.

Ich sitze also an meinem Designer-Schreibtisch – der eigentlich aus nicht mehr als Luft besteht: Eine dünne Tischplatte aus Eiche, die Oberfläche ist taubengrau lackiert, der Rest ist naturbelassen, und er hat vier symmetrische, wunderschön schlanke Beine – mehr nicht. Skandinavisches Design in Vollendung. Hier sitze ich und tippe die Short Storys von Hemingway auf meiner alten Olympia-Schreibmaschine ab. Das tue ich regelmäßig, um den Rhythmus, die Sprache, den Stil von Hemingway zu erfassen und in mich aufzunehmen. Das habe ich irgendwo bei einem Schriftsteller gelesen, der es genauso gemacht hat, Henry Miller, Kerouac oder Hunter S. Thompson, es hätte aber auch meine Idee sein können. Bald werde ich so schreiben wie Hemingway – nur geht es dann in meinen Storys nicht um Krieg und alte Männer und das Meer, sondern um das junge, urbane, wilde Leben. Leute, die meine Texte lesen, werden sagen: »Dein Artikel, dein Facebook-Post, dein Blogeintrag, dein Poem oder deine Short Story hat was von Hemingway, Alter!« Und ich werde sagen: »Echt? Oh,

eigentlich mag ich Hemingway gar nicht mal so. Ist 'n bisschen überbewertet, oder?«

Mit *Ein Fest fürs Leben* von Hemingway setze ich mich jeden Sommer auf die Terrasse eines Cafés, bestelle gut gekühlten Chablis, platziere gut sichtbar mein jungfräuliches Notizbuch, meinen Mont Blanc und halte Ausschau nach Frauen, die auch Hemingway angesprochen hätte. Am Ende des Tages ist mein Notizbuch immer noch jungfräulich.

Würde Hemingway heute leben, wäre er ein Hipster. Er wäre DER Hipster. Der größte von allen.

89. GRUND

WEIL DER HIPSTER DIE GROSSEN LITERATEN FÜR SEIN EIGENES EGO BENUTZT

Wer kümmert sich heute schon noch um Hemingway oder Jack Kerouac? Auch wenn wir sie nicht lesen, wir zeigen uns mit ihnen auf Instagram-Fotos, mit alten, zerfledderten Büchern von ihnen, wir rahmen sie golden und hängen sie an unsere Wände, wir tätowieren uns ihre Zitate und machen sie so alle nicht nur unsterblich – sondern auch zu Hipstern:

Jack Kerouac ist DER Über-Hipster. Gehe ich auf Reisen, nehme ich *On the Road* mit, nicht um es zu lesen, es heißt *On the Road*, also nehme ich es mit – on the road. Es ist eine Art Golden Ticket, und man weiß nie, wen man unterwegs trifft. Außerdem hat das Buch magische Kräfte: Die Coolness und der Jazz des Buches färben auf dich ab. Also, niemals ohne *On the Road* verreisen – und natürlich nur in der englischen Original-Ausgabe. Du musst es sowieso nicht lesen, nur dabeihaben und ein bisschen drin herumblättern.

Salinger? Holden Caulfield war ein verdammter Nerd, heute wäre er ein Hipster. Nick Hornby ist ein Hipster. David Foster Wallace war kein Hipster, aber er wird von Hipstern gelesen, auch wenn er das niemals wollte – jetzt gehört er uns, den Hipstern. Thomas Pynchon wird niemals ein Hipster lesen und verstehen können, trotzdem stelle ich jedes Mal *Die Enden der Parabel* gut sichtbar ins Regal, wenn jemand zu Besuch kommt, der sich für Literatur »interessiert«. (Inhalt, Kritik und Amazon-Rezensionen habe ich davor einstudiert.) Raymond Carver finde ich so verdammt langweilig und einschläfernd, viel zu REAL, ABER ... es ist Raymond Carver! »Klar, Carver – ist einer der Besten, Alter!«

Gehe ich zu einem Date, was nehme ich da mit? *Im Wendekreis des Krebses* von Henry Miller natürlich. Das bricht das Eis, und man kommt ganz locker auf das zu sprechen, um was es schließlich geht: SEX.

Außerdem verleiht mir das Buch eine gewisse künstlerische Note – das Bild vom sprachhungrigen, von Worten trunkenen Schriftsteller ist immer noch interessant. Camus? Mit dem *Fremden* besuche ich Vernissagen, Museen und Kunstausstellungen. Der steckt dann ganz locker in meiner Hosentasche, der Titel gut sichtbar für alle. Dreimal bin ich deswegen schon angesprochen worden – leider zweimal davon von Männern.

90. GRUND

WEIL DER HIPSTER SEINE KOLLEGEN MIT SUPERCOOLEN MOTIVATIONS-SPRÜCHEN NERVT

Was für ein großartiger Morgen, und ich weiß nicht warum. Aber ich suche einen coolen Spruch auf ffffound und schicke ihn durch die Agentur, damit auch die anderen an meinem kreativen Hoch teilhaben können. Gleichzeitig twittere ich den Spruch noch – auch meine Follower sollen nicht leer ausgehen.

If you want something you've never had,
you've got to do something you've never done.

Vielleicht sollte ich jetzt jeden Morgen so starten? Immer einen coolen Spruch raushauen, bevor es losgeht? Ein guter Spruch am Morgen vertreibt Kummer und den Kater am Morgen.

91. GRUND

WEIL DER HIPSTER SICH NICHT FÜR POLITIK INTERESSIERT

Knüppelharter Arbeitstag. Hatte kaum Zeit, mir die neusten Grumpy-Cat-Video-Hits auf YouTube reinzuziehen. No! Ich musste tatsächlich arbeiten oder besser gesagt so tun, als würde ich jemandem zuhören. Der Arbeitstag war gepflastert mit selbstmörderischen Meetings, Calls und einer zweistündigen Abstimmung über ein Logo, das wir gerade für einen unsere Kunden entwerfen. Die Frage, die so heftig diskutiert wurde, war folgende: Soll der Rahmen um das Logo rechteckig oder quadratisch werden? Ich habe festgestellt, dass die Diskussion über ein Logo zu einem Streit und zu einer Kündigung führen kann. Der Geschäftsführer hat gebrüllt, geflucht und getobt. Der Designer hat genörgelt. Der Berater hat nur lethargisch den Kopf geschüttelt, und ich habe mir dabei immer und immer wieder die Zeilen eines Ezra-Pound-Gedichts durch meinen Kopf gehen lassen. Jetzt kann ich es auswendig. Der Designer wurde gefeuert. Er meint, er habe gekündigt. Die Wahrheit liegt irgendwo dazwischen, und alles nur wegen eines beschissenen Logos.

Kurz vor acht. Ich schalte den Fernseher ein. Warum? Weil ich ein schlechtes Gewissen habe. Ich sollte mal wieder Nachrichten schauen. Was geht ab in der Welt? Nach zehn Minuten schalte ich den Fernseher aus. Unerträglich. Deprimierend. Terror, Bomben, IS, Entführungen, noch mehr Bombenanschläge, Vergewaltigungen, Krieg in der Ukraine, Nordkorea übt Zerstörung von Südkorea, Erdoğan versucht sich als Diktator, der Putinator baut russische Kampfmaschinen nach dem Vorbild des Terminators, Aleppo wird auseinandergenommen, eine rassistische und sexistische Witzfigur wird amerikanischer Präsident – überall Chaos, Angst und Wahnsinn. Und in dieser Welt leben wir also. Ho-ho-holy shit.

Jede Zeit hat ihren Krieg und Terror, aber sollte das nicht irgendwann mal alles besser werden und die Menschen aus ihren Fehlern lernen? Ich habe das Gefühl, je klüger und fortschrittlicher wir werden, desto mehr Schritte machen wir geistig, moralisch und vor allem stilistisch zurück. Eine kranke Welt. Aber das Schlimmste ist, dass uns das Schlimmste noch bevorsteht.

Davon bin ich überzeugt.

Und weil das hier Geständnisse sind, kommt jetzt noch ein Geständnis: Ich hab Schiss. Richtig Schiss. Hab verdammte Angst, Mann. Also, wenn ihr jetzt mit eurem rechtschaffenen und ach so politisch engagierten Finger auf mich zeigt und sagt: »Der scheiß Hipster interessiert sich nicht für Politik. Interessiert sich nur für seinen Bart und seine Sneakers und sein Instagram, seine Selfies und Partymachen. Ihm ist die Welt doch scheißegal.«

Dann kann ich nur sagen: Das stimmt. Und es ist meine Unsicherheit, die mich lenkt. Lieber mit Bärten auseinandersetzen, als mit Bombenlegern, lieber Selfies statt Selbstmordattentäter, lieber Instagram statt IS, Tattoos statt Terror und lieber Party statt Panik. Ich sehne mich nach ein wenig Geborgenheit und Sicherheit in dieser unsicheren Zeit. Ich sehne mich nach der Schönheit des Moments in einem perfekten Selfie, nach einem glücklichen digitalen Leben – alles, was ich will, ist ein wenig Sicherheit, die es nie wieder geben wird – bevor die ganz große Bombe hochgeht und die ganze Welt in Schutt und Asche liegt, und darum interessiere ich mich nicht für den Terror, das Chaos, die Politik – warum Bescheid wissen, was in der Welt passiert, wenn nur noch kranke Scheiße passiert? Das ist nicht besonders motivierend. Nachrichten sind die täglichen Horror-Storys. Man sollte eine neue Nachrichten TV-Show machen, die nur gute Nachrichten bringt: Good News!

Darum habe ich abgeschlossen mit den Nachrichten – ich will's nicht wissen, ich kann's nicht mehr hören. Es ist immer das Gleiche, und es kotzt mich an. Lasst mich damit in Ruhe. Ich bin Alice im digitalen Wunderland – Twitter, Instagram und Blogs. Meine Zuflucht, mein Schutzbunker, in dem ich nur das ferne Dröhnen, das drohende Vibrieren und das dumpfe BOOM der Bomben höre.

Ich bin raus.

92. GRUND

WEIL DER HIPSTER HEIMLICH ZU JUSTIN BIEBER SINGT

Ich ziehe mir zum dritten Mal das neue Musik-Video von Justin Bieber rein und habe vor, ein paar witzige Tweets dazu abzufeuern. Das Musik-Video beginnt stimmungsvoll wie ein Film. Regen prasselt auf Asphalt, grelle, bunte Lichter spiegeln sich auf dem Asphalt. Zwei Typen stehen am Straßenrand, vor der grellen Leuchtreklame eines Motels. Der eine ist Babyface Justin Bieber und der andere, ein zwielichtiger Typ, mit Spinnen-Tattoo auf dem Handrücken, der lässig mit einem Zippo spielt – ich erkenne ihn, es ist John Leguizamo. Eigentlich ein cooler Typ, guter Schauspieler.

Das erste Gruselige, was mir an dem Video auffällt, ist, dass es ein paar mehr Views als gewöhnlich hat oder zumindest mehr als die Musik-Videos, die ich mir sonst anschaue. Ich hab ja schon viele YouTube-Hits gesehen, aber das hier ist total irrsinnig:

1.393.712.940 Aufrufe

👍 5.035.858 👎 679.405

Wer zur Hölle sieht sich das alles an? Die ganze Welt? Mehrmals? Immer und immer wieder? Also muss ich wohl kaum den Inhalt des Videos weitererzählen – ihr kennt es wahrscheinlich schon, ob ihr wollt oder nicht. Darum erzähle ich euch, was dann passiert ist ...

Oh, Jesus – das klingt ja schon fast so wie diese grässlichen Teaser mit den überdrehten Cliffhangern von heftig.co: » ... und was als Nächstes geschah, ist unglaublich!« (Die Headline schreit: »Klick mich jetzt – was auch an »Fick mich jetzt!« erinnert. Und ja, das ist pure Absicht)

Also: » ... und was als Nächstes geschah, ist unglaublich!«

Nach dem ersten Refrain konnte ich den Text auswendig. Nach zwei Minuten hatte ich den Groove, die Melodie und den Rhythmus drauf. Es widerte mich an. Machte mich wütend, aggressiv und seltsam nervös. Alles war schlecht: Das Video, die nervige auf cool gemachte Baby-Fresse von Justin Bieber, der Song – brutaler süßlicher, klebriger Pop-Shit. Einfach grässlich. Ich wehrte mich dagegen, aber es packte mich, riss mich von meinem skandinavischen Designer-Stuhl hoch und ließ mich zappeln – aber es geht noch weiter: Meine Hand griff nach meiner Bartbürste, meine Lippen formten sich zu einem breiten Lächeln und – ich fing an zu singen. Mein Spiegelbild in meinem körpergroßen Spiegel sagte mir, dass ich alles richtig machte: Ich bewegte mich genauso lächerlich wie Justin Bieber. Eine exakte Kopie. Mein Blick war derselbe wie der von Bieber. Meine Hüfte, meine Grooves waren dieselben. Tätowiert sind meine Arme ja sowieso – nur besser als die von Bieber. Aber das Schrecklichste war: Meine Stimme klang genauso wie die von Justin Bieber – sülzig, klebrig, schnulzig. Meine Performance war die reinste Perfektion in Justin-Bieber-Gestalt.

Immer wieder sang ich als Justin Bieber: »*What do you mean?*«

Es machte mir Angst. Zuerst. Dann habe ich den Song noch mal performt. Und noch mal. Und noch mal. Es war unglaublich. Ohne es zu wollen, hab ich mich als perfektes Justin-Double entpuppt – wenn auch bärtig. Bei der nächsten Karaoke-Nacht an unserer Agentur-Weihnachtsfeier werde ich Justin Bieber so richtig derbe abfeiern – total ironisch natürlich. Das wird ein verdammter You-Tube-Hit, Alter. Das geht viral!

»*What do you mean?*«

Alex, dem ich das alles bei einem Craft Beer in der Ankerklause erzählt habe, starrt mich wortlos an. Nach ungefähr 30 Sekunden fährt er mit den Fingern durch seinen nicht ganz so üppig gewachsenen Bart (meiner ist voller, üppiger und glänzender), dann nickt er, sieht mich mit diesem seltsam emotionalen Blick an und beginnt, fast flüsternd, zu singen:

> »*First you wanna go to the left, then you wanna turn right*
> *Wanna argue all day, make love all night*«

Dann wird er lauter, bewegt Kopf und Arme dazu:

> »*First you're up, then you're down and then between*
> *Oh, I really want to know … *«

Dann steige ich mit ein, und wir singen laut im Duett, mit schaukelnden Köpfen und rudernden Armen:

> »*What do you mean? Oh, oh*
> *When you nod your head yes*
> *But you wanna say no*
> *What do you mean? Hey-ey*«

WEIL DER HIPSTER MIT
EINER POLAROID FOTOGRAFIERT

Ich mag die Schnelligkeit der modernen Technologie und verehre den Stil der Vergangenheit. Beides zusammen ist wie Liebe machen. Das schafft meine Digital-Polaroid perfekt. Sie sieht aus wie eine echte – voll Vintage, hat aber im Innern modernste Technologie. Das was vorne rauskommt, sieht fast genauso geil aus wie damals in den 70ern. Wer es einfacher und günstiger haben will, kann sich die App »Swing« holen – geht auch, ist dann halt aber nicht wirklich cool.

Aber für die Sonntage und die ganz besonderen Momente habe ich eine ECHTE Polaroid. Echt, alt und mit echten, alten Filmen. Dann geht es los, raus in die Stadt, auf der Jagd nach dem perfekten Moment. Es ist wie mit dem Schreiben auf der Schreibmaschine: Du überlegst dir jedes Wort genau. Du arbeitest konzentriert. Jedes einzelne Wort ist wertvoll. Genau so ist es mit der Polaroid-Kamera.

Ich habe ein Stück wertvolle Vergangenheit zurückgeholt und fange damit in unserer modernen, schnellen und digitalen Welt wertvolle und einzigartige Bilder ein.

Jeden Sonntag gehe ich auf den Flohmarkt, esse, trinke meine Soja Latte mit ein paar Freunden und mache Fotos: Fotos vom Flohmarkt, Fotos von mir und den Freunden auf dem Flohmarkt, Fotos von mir und meinen Fundstücken, die ich erworben habe, und Fotos von mir vor den spielenden Musikern oder Puppenspielern, die dort die Leute unterhalten. Ich möchte als der Polaroid-Künstler in die Geschichte eingehen. Ich möchte Chloë Sevigny fotografieren. Ich möchte Vincent Gallo fotografieren. Natalie Portman. Zooey Deschanel. Spike Jonze. Jared Leto. PJ Harvey. Lindsey Kevitch. Wes Anderson. Meine Eltern – alles Selfies natürlich,

ich muss schließlich auch mit drauf sein. Ich schreibe Foto-Kunst-Geschichte. Irgendwann wird es eine Ausstellung dazu geben. Und dann wird es nichts Vergleichbares geben. Ja, ich will der TERRY RICHARDSON der Polaroid-Fotografie werden.

VIERTER TEIL

DIE SCHILLERNDE SCHEINWELT
DES HIPSTERS

WEIL DER HIPSTER EINEN AUF NATURBURSCHE MACHT, ABER KEINEN TAG IN DER WILDNIS ÜBERLEBEN WÜRDE

»Was war das? Hast du das gehört? Klingt wie ein Knurren oder so!« Frank und ich liegen in einem 2-Mann-Zelt, das eindeutig zu klein ist für zwei erwachsene, bärtige Männer. Ist mir sowieso ein bisschen zu intim, das Ganze, und besser wird's nicht dadurch, dass Frank jetzt immer weiter zu mir rüberrutscht, sich an mich drückt. Als wären wir ein schwules Liebespaar beim Campen. Atmet. Hält die Luft an. Atmet. Hält die Luft an. Lauscht – so geht das die ganze Zeit. Ständig knipst er seine Taschenlampe an, deren Licht von der Zeltplane zurückgeworfen wird und mich blendet. Ich bin müde, habe einige Craft-Biere und Whiskys zu viel intus und die in Jim Beam eingelegten Spare-Ribs liegen mir schwer im Magen. Aber Frank schiebt Panik, weil er glaubt, er hört irgendwas da draußen.

Wir befinden uns mitten im Wald, und das sage ich ihm auch noch mal: »Wie befinden uns mitten im Wald. Mitten im Nirgendwo. Wer soll hier sein?«

Das macht es nicht besser. Die ängstliche Variante von Frank antwortet mit zitternder Stimme: »Ja, genau das ist es doch! Wir befinden uns mitten im Wald. Ganz allein. Hier kann alles passieren, Mann! Denk an *Blair Witch Project*. Denk an die Bärenangriffe, Wölfe, psychotische Rednecks mit Kettensägen und Schrotflinten!«

Ich drücke ihn weg von mir, gegen die Zeltplane und knurre ihn an: »Hör verflucht noch mal auf, mir mit der Taschenlampe ins Gesicht zu leuchten!« Ich schlage ihm die Taschenlampe aus der Hand. Er kramt danach, flucht und bibbert.

»Hier gibt es keine Bären und keine Wölfe, und Rednecks mit Motorsägen und Schrotflinten gibt es in der Uckermark auch nicht. Wir sind hier nicht in Texas, okay?«

Plötzlich klatscht irgendetwas gegen das Zelt. Ein riesiger Schatten legt sich für einen Moment über unsere Gesichter. Jetzt halte auch ich die Luft an. Frank zuckt zusammen, verkrampft und kneift mir in den Arm. Ich unterdrücke den Schmerz, beiße mir auf die Lippen, lasse es zu, dass er mich begrapscht.

»Was ... was ist das ... ?«, flüstert Frank. Wir blicken beide nach oben auf den riesigen Schatten, der sich über unser Zelt gelegt hat.

»Scheiße, woher soll ich das wissen!«

Dann – noch ein Klatschen gegen die Zeltplane, das Zelt bebt, und der Schatten verschwindet. Ich atme aus. Frank liegt jetzt fast auf mir.

»Mann, geh runter von mir!«

Ich rolle ihn von mir herunter und schlüpfe in meine gefütterten Schaffell-Mokassins.

»Was hast du vor?«

»Ich geh raus, schau nach!«

»Was? Nein! Bleib hier, Alter. Draußen sind wir nicht sicher!«

»Wir sind in einem Zelt, wir sind weder hier noch draußen sicher! Alles, was uns von da draußen trennt, ist eine 0,5 Zentimeter dicke Zeltplane – mehr nicht. Wir sind so oder so nicht sicher!«

Frank hat sich komplett in seinem Schlafsack vergraben, nur sein bärtiges Gesicht lugt heraus. Ein zotteliger Biber, mit vor Angst geweiteten Augen. Er glotzt mich ungläubig an.

»Gib mir die Taschenlampe«, sage ich und strecke ihm meine Hand entgegen.

»Nein.«

»Gib jetzt her!«

Als ich danach greifen will, klatscht wieder etwas gegen die Zeltwand und lässt das kleine Zelt noch mehr erzittern.

Stille.

Dann hört man ein Rascheln und ein Schaben, und plötzlich macht es einen dumpfen Schlag, gefolgt von einem Geräusch, als würde jemand Papier zerreißen, und dann wird mir klar, es ist kein

Papier, es ist unsere Zeltwand, die zerrissen wird. Ich schnappe mir mein iPhone, zerre am Reißverschluss des Zeltes und renne los. Hinter mir höre ich die Schritte von Frank. Immer wieder ruft er: »Oh Gott, oh Gott – wir sterben! Wir sterben, Alter!«

»Halt die Fresse!«, rufe ich nach hinten und renne um mein Leben. Okay – Geständnis: Ich habe keine Ahnung, was das war, aber ich weiß, ich habe in meinem ganzen Leben noch nie so viel Schiss gehabt. Darum bin ich gerannt – schon wieder, aber dieses Mal noch schneller. Vielleicht so schnell wie noch nie in meinem ganzen Leben. Ich werde nie wieder campen. Aber das Schlimmste ist, ich hatte nicht mal Zeit für einen Tweet oder ein Selfie. Ein Moment, der unwiederbringlich verloren ist. Eine verdammte Tragödie. Das darf nicht sein! Was ist, wenn … geht es mir plötzlich durch den Kopf, als ich durch den finsteren Wald renne, Bäumen ausweiche, mir Äste ins Gesicht klatschen und 1.000 Nadeln mich am ganzen Körper traktieren. Was ist, wenn … wir die Nacht wirklich nicht überleben? Was, wenn man unsere sterblichen Überreste findet, ohne einen letzten Tweet oder ein Foto? So kann und will ich nicht abtreten. Ich laufe um mein Leben, und ich laufe weiter, als ich höre, wie Frank stolpert und mit einem lauten Stöhnen auf den feuchten Waldboden klatscht. Äste brechen knackend unter seinem Gewicht. Der Wald fordert ein Opfer, und ich werde es nicht sein. Ich werde leben und überleben. Ich renne und ruiniere mir meine guten Mokassins. Aber die Hauptsache ist, ich habe mein iPhone bei mir.

Ich werde überleben.

Wochen später: Frank hat überlebt. Wir haben zwar nie rausgefunden, was da im Wald genau passiert ist, und wir sind auch nie wieder zurück, um unserer Zelt und unser Hab und Gut zu holen – und das werden wir auch nicht – niemals, never ever –, aber wir haben es beide überlebt. Fast ein bisschen schade, dass Frank überlebt hat. Wäre er einer wilden Kreatur oder einem Psychopathen zum Opfer gefallen, dann wäre der Fall publik geworden, und ich wäre als der Held aus der Geschichte hervorgegangen. Aber so ist es nur eine Geschichte, die wir nie jemandem erzählen werden. Zu peinlich. Aber jetzt erzähle ich sie euch, es geht hier ja immer noch um Geständnisse.

95. GRUND

WEIL SICH DER HIPSTER ALS DER PABLO ESCOBAR UNTER DEN BIO-GRAS-HÄNDLERN SIEHT

Letztes Jahr haben mein guter Kumpel Paul und ich uns 'ne kleine Auszeit genommen und alle Kraft, Zeit und Energie in den Anbau von feinstem Marihuana investiert. Unser Ziel war es, das beste Gras der ganzen Stadt anzubauen. Für uns und gute Freunde. Von Freunden für Freunde sozusagen. Nicht im großen Stil, aber mit Stil. Wir sind alle keine großen Kiffer mehr. Die Zeiten sind vorbei, aber im Sommer bei einigen schönen Craft-Bierchen im Garten zu sitzen und dem Feuer beim Lodern, Knacken und Flackern zuzuschauen und dabei gutes, selbst angebautes Gras zu rauchen? Ja Mann, das war ein guter Plan. Umso besser, dass Paul eine eigene Datsche hat, mit großem Grundstück, durch das sogar ein kleiner Bach fließt. Die Datsche steht zwar im tiefsten Osten mitten in einer Nazihochburg, aber bis jetzt kamen sie uns noch nicht in die Quere.

Unser Plan war also, unsere Arbeit für einige Monate niederzulegen und uns ganz dem Anbau und der Pflege des Grases zu widmen. Manche machen eine Weltreise, wir wollten bestes Gras anbauen. Urban Gardening Weed Style. Gesät hatten wir schon. Jetzt ging es also um die letzten Monate bis zur Ernte. Es musste ordentlich gewässert werden, wir mussten Wache halten, damit keine Insekten oder Nagetiere unsere Ernte zerstörten, und wir mussten natürlich aufpassen, dass keiner der Nachbarn unsere ungewöhnliche Pflanze entdeckte und uns bei den Bullen verpfiff.

Das lief so weit auch alles gut, das Gras wuchs immer höher, wurde immer größer und immer schöner, und wir konnten die Ernte kaum erwarten. Als wir dann ernten konnten, das Gras behandelten und trockneten, waren wir sicher, wir hätten einen Vorrat, mit dem wir uns locker durch die Rente kiffen konnten und guten Freunden trotzdem immer mal kleine »berauschende« Geschenke zum Geburtstag, zu Weihnachten oder zur Hochzeit machen konnten. Das Gras sah supergeil aus, und es roch wie bestes Weed. Ich bekam sofort Lust einen anzuzünden. Ich konnte es kaum erwarten.

Dann war es so weit: In feierlicher Stimmung wurde der erste Joint entfacht – aus unserem selbst angebautem Gras. Bio-Gras sozusagen, aus eigener Herstellung, ohne Chemikalien, ohne Tricks, geiler Shit, ohne Shit. Alles war perfekt: Die Sonne ging langsam unter, wir knackten unser drittes Craft Beer des Tages, machten es uns auf den Liegestühlen bequem, drehten die erste Tüte und feuerten uns und den Joint feierlich an. Mir als Gast stand der erste Zug an unserem allerersten Joint zu, und ich zog, hielt den Rauch lange in der Lunge, rollte die Augen wie ein Sommelier, presste den Qualm kräftig in jeden Lungenflügel und ließ den Rauch schließlich wieder frei und … kotzte hinterher. Ich dachte, das Gras, oder was immer das sein sollte, würde mir die Luftröhre und die Lunge wegätzen. Mein Hals kratzte, und ich hustete wie ein Büffel. Ich brach vor Paul zusammen und wand mich auf dem Boden. Er lachte, dachte, ich wäre einfach ein wenig unerfahren und überfordert, aber als er dann an der Tüte zog, bekam auch er einen Hustenanfall, warf den Joint, als wäre es eine tickende Zeitbombe, von sich und griff nach seinem Craft Beer. Als wir mit husten fertig waren – unsere Augen schwammen in Tränen, und wir pfiffen wie alte Dudelsäcke –, sahen wir uns an und waren uns einig:

»Fuck!«

»FUCK!«

»Jesus, was ist das denn?«

»Scheiße, Alter, ich weiß auch nicht …«

»Warum schmeckt das so beschissen?«

»Keine Ahnung, haben wir irgendwas falsch gemacht?«

»Eigentlich nicht, aber muss ja …«

»Ich hab noch nie so beschissenes Gras geraucht, Mann. Und ich hatte schon echt schlechtes.«

»Das können wir nicht mal verschenken.«

Nein, niemand würde diesen Scheiß freiwillig rauchen. Stoned machte es übrigens auch nicht. Uns war einfach nur schlecht davon.

So viel also zu unserer grandiosen Karriere als Bio-Marihuana-Bauern im Pablo-Escobar-Stil. Zumindest wurden wir nicht erwischt.

96. GRUND

WEIL DER HIPSTER URBAN GARDENING SO LIEBEVOLL BETREIBT, ALS WÜRDE ER MARIHUANA ANBAUEN

Aber dieses Jahr wollten wir unser eigenes Gemüse anbauen, Kräuter züchten und uns einen ganzen Sommer lang nur davon ernähren. Wir bereiteten uns darauf vor, wie man sich als moderner Mann darauf vorbereiten kann, der mit seinen eigenen Händen, für seine Ernährung sorgt: Wir studierten alle einschlägigen Blogs zum Thema Urban Gardening, lasen die Interviews einiger Start-ups, holten uns Tipps bei einigen Großmüttern von Freunden und fragten auf Facebook Leute, die bereits Erfahrung mit Schrebergärten oder Urban Gardening hatten. Wir fütterten unsere Gehirne mit allen wichtigen Insights zu Garten, Kräutern, Anbau, Saat und Ernte. Jetzt mussten wir schleunigst den Boden bestellen, besamen und so liebevoll betreuen, dass er uns zum Sommer mit seinen wertvollen Früchten, Gemüse und Kräutern beschenkt.

Wir besorgten uns also all die Samen. Dann machten wir Liebe mit dem Boden. Wir stapften in Gummistiefeln durch den Garten, gruben um, hackten und säten und rechten und gossen. Danach schauten wir uns in unserem Garten Eden um, als wären wir Gott, der gerade die Welt erschaffen hatte. Wir betrachteten unser Werk – zufrieden und stolz, und stießen mit einem Craft Beer darauf an.

Jetzt hieß es gießen und warten. Gießen und warten. Und das taten wir, und nach und nach verfolgten wir den Fortschritt unserer Bemühung. Die feuchte Erde öffnete sich, und erste Pflänzchen stießen hervor, kamen ans Licht und wuchsen. Dann kamen Blüten, die sich öffneten, Äste wuchsen, wurden länger, schlängelten sich empor. Erste Beeren wuchsen, wurden größer, Knollen und Kräuter vermehrten sich, Büsche wuchsen, wurden dichter und voller.

Wir waren sicher, mit diesem Werk würden wir uns selbst übertreffen – danach waren wir echte Männer, die ihre Nahrung selbst anbauen konnten. Männer, die einen kompletten Garten anlegen und zur vollen Blüte bringen konnten. Echte Männer, die den Boden befruchteten.

Das Ergebnis im Sommer sah dann so aus: Unsere Erdbeeren waren so groß wie Johannisbeeren, unsere Salate fielen einer Armee von langsamen, aber schrecklich gewissenlosen Schnecken zum Opfer – vielleicht hatte auch noch ein Waschbär seine Hände im Spiel, das wissen wir nicht genau. Paul meinte auch was von einem plündernden Opossum, aber soweit ich weiß, gibt es die bei uns nicht, noch nicht. Jedenfalls blieb von dem Salat gerade mal so viel übrig, dass wir uns zu unserem Bio-Steak einen kleinen Beilagensalat zubereiten konnten. Unsere Zucchini war so hässlich und missgestaltet, dass nicht mal ein Biomarkt auf die Idee gekommen wäre, sie ihren Kunden zum Verkauf anzubieten. Das wäre nicht weiter schlimm, wenn sie wie eine Offenbarung geschmeckt hätten, das haben sie leider nicht. Sie haben eher nach Kartoffel als nach Zucchini geschmeckt. Apropos Kartoffeln: Die waren spurlos verschwunden. Als sie eigentlich so weit hätten sein sollen und wir sie ernten wollten, gruben wir danach und fanden … nichts. Wahrscheinlich wurden auch sie Opfer des plündernden Opossums oder eines Waschbären, der sie, Kartoffel für Kartoffel, auf zwei Beinen bei Nacht und Nebel fortgetragen hat, meinte Paul.

»Essen Maulwürfe denn rohe Kartoffeln?«, fragte ich.

»Warum? Willst du sie für diese Erdratten auch noch kochen, oder was?«

»Ich mein nur, die essen die vielleicht gar nicht … roh.«

»Scheiße, wir sollten diese Wichser in die Luft jagen. Als Vergeltung. Kleine Bomben bauen und in ihren Bunker werfen.«

Paul grinste kurz, ein Lächeln, das sagen sollte: Quatsch, war nur Spaß, Alter. Aber da bin ich mir nicht so sicher. Jedenfalls fiel auch hier unsere Ernte eher mager und misslungen aus. Aber wovon wir mehr als genug hatten, waren Kräuter. Die wuchsen wie Unkraut. Der Basilikum erreichte beinahe eine Rekordhöhe von über einem Meter, der Rosmarinstrauch war so buschig wie der Afro von Jim Ward von At the Drive-In. Aber von Kräutern allein kann man sich keinen Sommer lang ernähren. Whatever – wir lassen uns davon nicht unterkriegen: Mit unserem selbst erworbenen Wissen und der fundierten Kenntnis in Sachen Botanik und Pflanzenkunde werden wir bei einem Start-up einsteigen, das gerade Schlagzeilen macht mit seinem neuen Urban-Gardening-Projekt in Mitte. Sollen die die Scheißarbeit machen, wir kommen dann zur Ernte und stehen ihnen beratend zur Seite.

WEIL SICH DER HIPSTER FÜR EINEN JÄGER HÄLT

Paul und ich waren hochmotiviert und beinahe euphorisch. Wir schmiedeten schon Pläne, uns in Zukunft nur noch so zu ernähren. Mit unseren eigenen Händen. Damit wir sagen konnten: Wir wissen, wo unser Essen herkommt und wo es hingeht.

»Du meinst ins Klo?«, fragte Paul.

»Nein, Mann, in unseren Magen. Vom eigenen Boden in den Mund sozusagen, verstehste? Das ist die Zukunft, ernähren wie früher, wie es mal war. Schluss mit den großen Supermarktketten, mit all dem Gift, dem Plastik, dem Müll. Wir sorgen selbst für uns. Alles mit den eigenen Händen.

Vielleicht würden wir uns sogar ganz und gar vegetarisch ernähren? Dann dachten wir an den Sommer, an den fetten Smoker im Garten von Paul, der in der Sonne glänzte, und an all das Pulled-Pork und Beef, das uns entgehen würde, und wir konnten es beide riechen, schmecken und spülten es mit einem großen Schluck Glenmorangie runter – nein, das ging dann doch zu weit. Aber wir könnten parallel zu unserem eigenen Anbau von Früchten, Gemüse, Salaten, und Kräutern vielleicht unser eigenes Fleisch jagen?

»Könntest du Wild erlegen?«, fragte ich Paul.

»Lebendes?«, fragte er.

What? Was sonst? Kann man totes Wild erlegen?

Ich nickte. Er dachte darüber nach. Sehr lange und, so wie es aussah, sehr intensiv. Schließlich sagte er: »Glaub schon, dass ich so 'n Wildschwein schießen könnte. Ich mein, ist ja zum Überleben. Ich esse es. Vielleicht würde ich mir aus der Haut auch was Nützliches machen. Einen kleinen Teppich oder eine Decke für den Winter oder so.«

Ich versuchte, mir Paul beim Jagen und Erlegen eines fetten Wildschweins vorzustellen. Wie er sich über die dicke Sau beugt und sie ausnimmt, die Innereien, die aus dem Bauch quellen, seine blutigen Hände, die stolz die Leber hochhalten, und wie er mit einem breiten Grinsen sagt: »Das ist die Leber! Die ist verdammt gesund! Hält dich fit und deinen kleinen Freund da unten immer schön stramm!« Wie er dann dem Wildschwein die Haut abzieht und sich daraus einen Mantel für den Winter macht, in dem er mit einer Flinte durch den meterhohen Schnee im Wald stapft, auf der Jagd nach seinem Abendessen.

Weil das mit dem Bestellen von echten Waffen bei uns in Deutschland nicht ganz so einfach ist (Paul meinte: »Lass uns 'n paar Gewehre so ganz krass und verdeckt im Darknet bestellen!«) kamen wir auf die Idee, so zu jagen, wie man früher jagte: mit Pfeil und Bogen. Wir checkten das Internet und waren überrascht, wie beliebt und verbreitet das Bogenschießen war. Wir entschieden uns für einen Bogen, der aus einem *Mad Max*-Film hätte sein können. Er hatte was Urzeitliches und gleichzeitig etwas Futuristisches.

Als wir damit in den Garten gingen, um zu üben, kamen wir uns vor wie Figuren aus *Die Tribute von Panem*. Es fühlte sich ziemlich gut an. Plötzlich wurde mir klar, wo wir herkommen, wie wir wurden, was wir sind, und wie unsere Vorfahren sich ernährt, gelebt und geliebt haben müssen. Weit, weit zurück, als sie noch jeden Tag zur Jagd gehen mussten, als es noch keine Supermärkte gab, noch keine Küchen, keinen marinierten Tofu, keinen Sushi-Lieferservice und kein Internet.

WEIL DER HIPSTER ALS JÄGER NICHT MAL EINE FLIEGE ERLEGEN KÖNNTE

Wir übten zwei Wochen lang, und ich kann mit Stolz sagen, dass ich von uns beiden der bessere Schütze war. Wir hatten beide gleich viel trainiert, aber ich hatte wohl das größere Pfeil-und-Bogen-Talent. Aber würde ich auch auf einen lebenden Hasen, ein Reh, einen Hirsch, auf ein fettes Wildschwein schießen können? Was, wenn ich einen Keiler treffe, ihn nur verletze und ihn wütend mache? Was, wenn er auf mich zugestürmt kommt, statt wegzurennen? (Ich zückte mein iPhone und googelte das Kampfgewicht eines Keilers.) Was, wenn mich dieser Keiler mit seinen 200 Kilo platt macht? Oder mit seinen verlängerten Eckzähnen (hab ich auch gegoogelt) aufspießt, zerfetzt, von unten bis oben aufreißt und mich verblutend zurücklässt? Es muss ein »Blattschuss« sein. (Hab ich auf einer Jäger-Website aufgeschnappt.) Ein Schuss, der lebenswichtige Organe des Tieres trifft und meistens durch die Schulterblätter geht und zwischen 10 und 20 Sekunden zum Tod führt. Bin ich dazu fähig, ein Lebewesen zu töten? Wirklich zu töten? Auch wenn es »Jagen« ist, um zu essen, zu überleben? Bis jetzt stehen auf meiner Todesliste: Unzählige Mücken, ein Regenwurm, den ich töten musste, um ihn von seinen Qualen zu befreien, und eine Wespe, bei ihrem Amoklauf. Sie hat mich verfolgt und attackiert. Erst bin ich ausgewichen, hab mich versucht zu schützen, dann musste ich zurückschlagen: Ich habe mir mein *VICE*-Magazin gegriffen und sie platt gemacht. Es ging nicht anders. Sie war tollwütig. Danach fühlte ich mich schuldig, schlecht und wirklich scheiße, aber ich konnte nicht anders. Das war's. Mehr hab ich noch nicht getötet.

Aber ein echtes Tier töten?

WEIL DER HIPSTER ALS JÄGER VERHUNGERN WÜRDE

Mit Pfeil und Bogen bewaffnet, schlichen wir also durch den Wald und wollten das Erste schießen, was uns vor die Füße kam. Zum Glück gibt es in unseren Wäldern keine Bären oder Wölfe, dachte ich und sah mich vorsichtig nach allen Seiten um.

»Was, wenn wir einen Fuchs sehen?«, fragte Paul.

»Den lassen wir laufen. Oder willst du einen Fuchs essen?«

»Ne, bestimmt nicht.«

»Am liebsten wäre mir eine Wildente. Aber die ist am schwersten zu schießen. Klein, schnell, und sie kann fliegen.«

»Ach, so ein Wildschwein wär schon nicht schlecht«, sagte Paul und glotzte durch seinen auf eBay erworbenen riesigen Feldstecher.

»Da hätten wir gutes Fleisch, viel Fleisch, das wir einfrieren könnten. Hätten wir den ganzen Winter was zu kauen!«

Das klang, als wären wir zwei Männer, die in einer einsamen Hütte im Wald lebten. Ich musste an meine Wohnung in Neukölln denken, an meinen gemütlichen Flokati-Teppich, an mein gemütliches Kingsize-Bett mit der Biber-Bettdecke und dem *Zurück in die Zukunft*-Aufdruck und an meine schön warm gefütterten Schafwoll-Mokassins.

Wir spazierten fast zwei Stunden durch den Wald, drehten unsere Köpfe nach links und rechts, blieben stehen, lauschten und spazierten weiter. Dann endlich sahen wir Rehe. Sie standen etwa 50 oder 60 Meter von uns entfernt und hatten uns bemerkt. Es waren fünf oder sechs. Sie standen da und glotzten uns an. Keine Spur von Angst. Ganz im Gegenteil, eines der Rehe sah uns aus trüben Augen an und kaute gelangweilt auf einem Büschel Gras.

»Was jetzt?«, flüsterte ich.

Aber Paul legte seinen Zeigefinger an seine Lippen, und ich sagte nichts mehr. Dann zog er ganz langsam – eine Slow Motion, die ganze zwei Minuten dauerte – einen Pfeil aus seinem Köcher, legte ihn in den Bogen und spannte, ganz langsam, fast lautlos, den Bogen. Er zielte auf die vier Rehe, die uns weiter anglotzten, ohne zu verstehen, was vor sich ging. Ich war mindestens so gespannt wie der Bogen in Pauls Hand, hoffte aber auch, dass der Pfeil nicht traf, dass er danebenging und die Rehe davonrannten. Ich wollte ihr Fleisch, aber ich wollte sie nicht töten. Aber bei Paul war ich mir da nicht so sicher.

Er hatte ein Auge geschlossen, das andere war konzentriert auf eines der Rehe gerichtet. Worauf zielte er? Auf den Kopf des Rehes, die Schulter? Brustkorb oder Flanke? Dann ein kurzes Zischen und der Pfeil war verschwunden. Ich blickte zu den Rehen, die immer noch dastanden und uns hipstermäßig beobachten: Aus einer Mischung aus Neugier und Langeweile. Unbeeindruckt. Das waren die wahren Hipster. Wir fragten uns, wo der Pfeil wohl eingeschlagen war. Sicher war, nicht in einem der Rehe. Sie standen weiter da, gelangweilt, lethargisch, teilnahmslos. Aber plötzlich zuckte eines der Rehe, und dann ging alles ganz schnell: Es sprang davon, und sofort sprangen die anderen hinterher. Das alles dauerte keine zwei Sekunden. Aber wo war der Pfeil?

»Hab ich getroffen?«, fragte Paul.

»Komm, hinterher! Wir schauen, ob es eine Blutspur gibt.«

Ich kam mir vor wie ein echter Jäger. Wenn wir eine Blutspur fanden, mussten wir ihr folgen, und wenn wir Glück hatten, fanden wir das tote Tier schließlich irgendwo. Oder wir mussten dem verletzten Tier den Gnadenstoß verpassen. Wir liefen los, und nach ein paar Metern hörten wir ein Rauschen, ein Summen oder Brummen. Es kam näher, aber wir hatten keine Ahnung, was das sein könnte, und liefen weiter. Dann sahen wir es: Es war ein riesiger Schwarm fetter, aggressiver Hornissen, die direkt auf uns zuflogen. Wir hatten ein Hornissennest getroffen, und wir hatten sie verdammt wütend gemacht. Die Jäger wurden zu Gejagten.

»Hornissen!«, schrie ich und riss an Pauls Schulter.

»WEG HIER!«

Wir drehten um und rannten los. Hinter uns, immer näher kommend, das aggressive Summen und Brummen der Hornissen, das sich immer höher schraubte, je näher sie kamen. Paul schrie kurz auf, er musste so zwei oder drei Meter hinter mir sein. Hatten sie ihn erwischt? »RENN!«, schrie ich. Dann spürte ich das kurze Stechen im Hinterkopf. Eine Hornisse hatte mich angegriffen, aber weil ich rannte, hatte sie wahrscheinlich nicht richtig zustechen können. Ich rannte noch schneller. Paul schrie wie ein Mädchen und war dicht hinter mir. Ich glaube, er hat sogar geweint. Nach einigen Hundert Metern brach das Summen und Brummen abrupt ab.

Die Hornissen waren umgedreht und hatten die Verfolgung aufgegeben.

Wir kamen zurück in Pauls Garten und kippten erst mal einen doppelten Scotch. Unsere Hände, die das Whiskyglas hielten, zitterten. Paul brachte unsere Bögen in die Scheune und deckte sie mit einer Decke ab. Wir holten sie nie wieder raus, um auf die Jagd zu gehen. Als ich mein Glas abstellte, schreckte eine Fliege auf und flog summend davon. Wir zuckten zusammen.

100. GRUND

WEIL DER HIPSTER SICH FÜR DIE REINKARNATION VON ANDY WARHOL HÄLT

Es ist kalt, verdammt kalt. Ich stehe am Späti bei mir um die Ecke und warte auf Tine. Die selbst gedrehte American Spirit in meinem Mundwinkel raucht sich von selbst, da meine Hände die ganze Zeit über tief in den Taschen meines Vintage-Armeemantels stecken und trotzdem schon ganz steif gefroren sind. Mein Man Bun ist gut eingepackt und versteckt unter einer schwarzen Beanie. An meinem dichten, frisch frisierten Bart sammeln sich bereits erste Eiskristalle und versauen mir den liebevoll eingeölten und gestylten Bart. Später, wenn meine Barthaare wieder trocken sind, werden sie eskalieren und in alle Richtungen abstehen. Ich werde verzottelt und ungepflegt aussehen – ich werde bei der Party ankommen und aussehen wie ein Penner. Meine Stimmung sinkt ungefähr auf das Kälte-Niveau, das mir gerade den Sack einfrieren lässt. Es sind wahrscheinlich gerade minus drei oder vier Grad. Ich warte auf Tine. Tine, die immer zu spät kommt. Tine, die alles und jeden warten lässt. Tine, die so zuverlässig ist, wie … niemand ist so unzuverlässig wie Tine. Warum habe ich mich darauf eingelassen, dass sie mich abholt? Wenn man Freitag um 20 Uhr mit ihr verabredet ist, kommt sie um 21 Uhr, am Sonntag. Sie würde sogar zu ihrer eigenen Hochzeit zu spät kommen. Aber weil sie »bi« ist und sich einfach nicht entscheiden kann oder will, glaube ich kaum, dass sie jemals heiraten wird.

Aber dann endlich sehe ich die typischen kreisrunden fetten Scheinwerfer ihres MINIs. Ein Clubman. In dem sie schon so einige Clubpartys gefeiert und so einige »Bitches und Stecher flachgelegt hat«. Krachend und stöhnend kommt ihr MINI zum Stehen – fast auf meinem neuen University Red Nike Marxman Premium. (Bin heute sportlich unterwegs.)

Ich steige ein, und Tine fängt sofort an zu erzählen: Ich kriege nur Bruchstücke mit, weil sie so schnell redet, wie sie fährt, und das zusammen ist zu viel, viel zu viel für mich. Ich kralle mich mit beiden Händen am Griff fest und bete, dass wir sehr bald und sehr heil ankommen werden. Rote Ampeln sind für sie nur rotes Licht, nichts, was einen wirklich aufhalten sollte – also brettern wir über die Kreuzung. »Jesus!«

Dann kommen wir auf eine große Straße, die sehr lang geradeaus führt, und ich entspanne ein wenig. Kurz irritiert mich ihr Oberteil, weil es leuchtet, nein, es blinkt wie eine Lichterkette. Bunte kleine Lichter blinken wild durcheinander. Sie sieht aus wie ein Weihnachtsbaum. Ich schaue mir ihren Sweater genauer an, fasziniert und leicht schockiert – ich weiß noch nicht, welches Gefühl das Rennen machen wird.

»Was 'n das Cooles? Ist das 'ne Lichterkette in deinem Sweater?«

»Jepp – is mein Party-Pulli.«

»Aha – wow!«

»Ja, Andy steht auf so was.«

»Andy?«, frage ich.

»Ja, Andy Warhol …«

Ich sehe sie an. Sie blickt weiter geradeaus, knallt den dritten Gang rein und heizt rechts in eine dunkle Seitenstraße, die am Ufer der Spree entlangführt. Ich klammere mich wieder am Griff fest.

»Der Gastgeber hält sich für die Reinkarnation von Andy Warhol«, sagt Tine und zieht ihren Mascara nach, während sie gleichzeitig einhändig eine scharfe Linkskurve nimmt. Mein Gesicht klebt an der Scheibe und hinterlässt dort einen öligen Film, den ich versuche, mit der Hand wegzuwischen, wodurch alles nur noch schlimmer wird, also zünde ich mir eine American Spirit an, die ich an Tine weitergeben muss, also drehe ich mir noch eine, und dann sind wir da.

Als wir vor der schweren Eisentür stehen, können wir den Lärm schon hören. Die Tür geht auf, und zuerst sehe ich einen Ausschnitt des riesigen Fabrik-Lofts mit den großartigen Backsteinwänden, dann sehe ich Andy Warhol oder, besser gesagt, die Reinkarnation von ihm – da steht sie vor uns, lächelt ein Andy-Warhol-Lächeln, breitet beide Arme aus, als wären es Flügel, und gibt Tine drei Wangenküsschen. Sogar das blonde Toupet hat er auf? Und eine schwarze Sonnenbrille (Ray Ban), dazu die langsamen Bewegungen und die Stimme, die immer flüstert, und darum verstehe ich kein Wort von dem, was er uns sagt. Wir schieben uns rein in das Loft, als gerade ein riesiger Ballon in Form eines Penis explodiert und 1.000 Glückskekse und Konfetti durch die Luft fliegen. Tine und Andy unterhalten sich weiter ganz aufgeregt. Ich wurde noch nicht vorgestellt. Ein Glückskeks fliegt mir in meinen Bart, bleibt kurz hängen und segelt dann zu Boden. Ich bücke mich nach ihm und reiße ihn auf:

Art, fart ... you will always have to eat first.
ANDY WARHOL

Dann steht der Gastgeber, die Reinkarnation von Andy Warhol, plötzlich neben mir, reicht mir seine kalte Hand, und wäre sie nicht so schlaff, könnte man sie wirklich für tot halten: »Hiiiiiii, iiii-sch bin Äääändy, Äääändy Wahr-hoool, gefällt dir meine Factöööry?«, haucht er und sieht sich um. Ich folge seinem Blick den hohen Backsteinwänden des Lofts entlang, und jetzt erkenne ich: Auf den ungefähr 50 verschieden großen Bildern in alten Goldrahmen hat jemand bunte Einhörner gemalt, die ein bisschen so aussehen wie diese Pink Ponys, mit denen kleine Mädchen spielen. Auf jedem der Bilder steht: *Life is a Ponyhof.*

101. GRUND

WEIL DER HIPSTER SICH FÜR DYLAN THOMAS HÄLT

Frühling. Die ersten Soja-Latte-Trinker sitzen dick eingewickelt in Decken auf den Stühlen vor den Cafés. Ich schlendere an ihnen vorbei. Zeit, den Dichter raushängen zu lassen. Ich hab vor ein paar Tagen eine echte uralte wunderschöne Olympia-Schreibmaschine auf eBay ersteigert. Sie befindet sich jetzt gerade in dem dazu passenden Reisekoffer aus Holz, den ich bei mir trage, in meinem Jutebeutel, auf dem (in Helvetica Typo) steht:

THIS BAG CONTAINS A BOMB, A GUN,
A VERY LARGE KNIFE AND LOADS OF DRUGS.

In meinem Jutebeutel befinden sich außerdem 25 Blätter extra-dickes Schreibmaschinenpapier, und darauf werden gleich ein paar neue Gedichte stehen. Ich platziere mich gut sichtbar für alle Flanierer, Spazierer und Café-Sitzer im Park, auf einem abgesägten Baumstamm, die alte Olympia auf meinen Knien. Ich lege ein Blatt Papier in die Schreibmaschine, wärme meine Finger auf, dehne jeden einzelnen Finger, lasse gekonnt die Knöchel knacksen und beginne zu tippen. Erst mal freestyle, so zum Aufwärmen, einfach ein paar Buchstaben, alles zusammenhanglos wie beim Free Jazz, Improvisation, Baby, aber meine Improvisation ist mit einigen Schmerzen verbunden: Meine Finger bleiben immer wieder zwischen den Tasten stecken, und ich muss sie gewaltsam herausreißen. Erst ist es nur eine Rötung an den tippenden Fingern, dann beginnt die Haut abzuschürfen, dann reißt sie auf, und meine Finger beginnen zu bluten, als würde ich sie an einer Reibe hobeln, dann kommt die Panik: Bin ich noch gegen Tetanus geimpft? Hepatitis? Ich ziehe mein besticktes Seidentaschentuch aus meiner Chino, wische mir die Blutstropfen von den Fingern und sehe mich um. Auf dem Papier, das in der Schreibmaschine steckt, steht:

```
ljertz iuz vbnb ert rfv s dfghjklmnbvcrtzu-
ikmzgbrf fg   fghj+ üoiu
```

Ich beschließe, erst mal eine Pause zu machen, und gehe in die nächste Apotheke, um mir etwas zu holen, womit ich meine Wunden verarzten kann. Dichter leben verdammt gefährlich.

Zu Hause platziere ich die Olympia auf einem dänischen Designer-Hocker im Flur, sodass sie meinem Besuch sofort ins Auge fällt. Ist ja auch gut, so 'ne Schreibmaschine als Möbelstück – reicht vollkommen.

Ich klappe mein MacBook auf und tippe mit dick verbundenen Fingern die URL von fancy.com ein, lehne mich zurück und genieße

das gefahrlose Surfen im World Wide Web, während die Wunden an meinen Fingern pochen.

WEIL FÜR DEN HIPSTER EIN BUCH NUR EIN RELIKT AUS DER VERGANGENHEIT IST

In meiner Wohnung fliegen im Moment 185 Bücher rum. Wie viele hab ich davon gelesen? Kein einziges. Meine Einschlafhilfe im Moment (und seit über fünf Monaten) ist … wie könnte es anders sein: Ein unendlicher Spaß von David Foster Wallace.

Aber ich hatte jedes einzelne meiner 185 Bücher in der Hand, habe es durchgeblättert und reingelesen, hab den ersten Satz-Test gemacht (Taugt der erste Satz, lese ich auch den zweiten, taugt der was, piept spätestens dann mein iPhone und ich muss Twitter oder Instagram checken. Bücher können warten. Twitter nicht. Ich liebe Bücher, genau wie ich meinen skandinavischen Designer-Stuhl liebe und den alten goldfarbenen Bilderrahmen liebe, der ungefähr 250 Jahre alt ist, das Bild in dem Rahmen ist irrelevant. Es geht mir um den Rahmen, es geht darum, ihn zu sehen, ihn an eine Wand, an meine Wand, zu hängen und Gästen beiläufig zu zeigen. Ähnlich ist es bei meinen Büchern. Es geht mir nicht um deren Inhalt. Es geht um deren Präsenz. Natürlich ist der Geist eines Buches schon wichtig, der Autor, die Story und so – aber es ist das Image des Buches, was zählt, und dieses Image verleiht mir ein gewisses Image, wenn ich es, kurz bevor ich Besuch bekomme, wie beiläufig, als hätte ich gerade darin gelesen, aufgeschlagen auf dem Boden, dem Tisch oder dem Sofa platziere, sodass mein Besuch auch gut das Cover sehen kann, dann tut das Buch, was es soll: Es unterstützt mein Image. Andere Bücher, die wichtig sind für mich, für mein

Image, platziere ich in meinem skandinavischen Retro-Bücher-regal so, dass sie nicht in Reih und Glied dort eingereiht sind wie gehorsame Soldaten, nein, sie stehen dort wie Models im Schein-werferlicht, in einer Vitrine, hinter einer Glasscheibe, für jeden gut sichtbar – das Cover nach vorne gedreht, wie Kunstwerke, Bilder oder Skulpturen. Bücher sind schließlich keine Gebrauchsgegen-stände, sie sind Möbelstücke. Sie müssen gut aussehen und ein ge-wisses Image transportieren, das ist das Wichtigste, dann strahlt auch etwas von ihrem Glanz auf mein Haupt. Da gebe ich dem Literaturkritiker Denis Scheck (beinahe) recht, wenn er behauptet, Lesen mache schön, schlank und sexy – behaupte aber: Bücher in deiner Instagram Gallery machen dich schön, schlank und sexy.

FÜNFTER TEIL

DAS PAARUNGSVERHALTEN
DES HIPSTERS

WEIL DER HIPSTER SICH LIEBER SCHMUTZIGE GEDANKEN MACHT, ALS SICH SCHMUTZIG ZU MACHEN

Die Tür zur Toilette wird geöffnet, das Wummern der isländischen Hardcore-Band ergießt sich in den Raum. Ich erkläre die Band zu meiner neuen Lieblingsband. Wie heißt die Band noch mal? Komplizierter Name. Umso besser. Die Kabinentür wird aufgedrückt, während ich noch am Abschütteln bin. Ich drehe meinen Kopf. Das Mädchen im Schaffell steht da. Sie sieht mich an, ohne dass ihre Augen rotieren. Sie betritt die Kabine, schiebt sich an mich, drückt die Kabinentür zu, lehnt sich dagegen, und als ich mich zu ihr drehe, fällt auch ihr Blick auf die Wand vor ihr, und sie sagt:

»Die Leute fragen mich oft, ob ich ein Hipster bin.«

Sie verdreht die Augen.

»Ich mein … WTF?«

Als sie ihren Mantel öffnet, glotzt mich ein riesiger Katzenkopf an, darüber ein Vollmond über einer Berglandschaft. Darunter steht folgende Botschaft: **Don't touch my Pussy.**

Sie verzieht ihr Gesicht. »Ich … HASSE Hipster!« Ich drücke mich an ihr vorbei, raus aus der Kabine, ignoriere sie. Ich hab das dringende Bedürfnis, meine Hände zu waschen, heiß und lange und mit vielviel Seife, aber alles, was aus dem kleinen Hahn kommt, ist so kalt wie Eiswasser, und die Seife ist auch leer und der Papierspender ist wahrscheinlich schon leer seit 2009.

Ich wedle mit meinen Händen durch die Luft und lächle sie an, frage: »Machst du mal die Tür auf?« Soll sie die Bazillen an der Türklinke abkriegen, die dort lauern und sich stetig vermehren, durch die bepissten und ungewaschenen Hände, die sie umklammern. Und sie macht sie auf mit einem trunkenen Knicks und einer ausladenden Handbewegung, und ich schiebe mich durch den Flur, während sie sich an einer Gürtelschnalle meiner beigen Ben Sherman Skinny

Stretch Chino einklinkt, als würde ich sie gerade abschleppen. Werde ich sie abschleppen? Und plötzlich explodiert mein Kopf, und die Namen verschiedenster Geschlechtskrankheiten, Bakterien und gruselige Geschichten von großen Männern, die von der Syphilis dahingerafft wurden, schießen mir durch den Kopf. Sex hat immer seinen Preis. Und ich denke mir: Gibt's die auch in Bio-Qualität?

104. GRUND

WEIL DER HIPSTER IN WAHRHEIT DIE WAHRE LIEBE SUCHT

Während sich diese junge, namenlose Frau unter mir von mir penetrieren lässt, denke ich an Julia, die Designerin von der Arbeit. Nicht weil ich es will, nein, sie schiebt sich einfach davor. Ich blicke nach unten, und dieses blasse, trunkene mondförmige Gesicht verwandelt sich in Julias unnahbares, schönes, kühles, ignorantes Gesicht. Sobald diese namenlose Frau unter mir den Mund aufmacht, um zu stöhnen oder etwas zu sagen, halte ich ihr die Hand vor den Mund, und sie nuschelt irgendwas von »verklemmt« und »Dirty Talk«. Ich habe die Tagesdecke nicht vom Bett genommen.

»Ey, denkste, ich hab meine Tage, oder was?«, hat die Namenlose mich gefragt, als sie ihr Schaffell zu Boden gleiten ließ. »Nein, ist nur kuscheliger mit der Decke drauf.«

Als sie ihr Katzenshirt auszog und ihre nackten, BH-losen Brüste entblößte, baumelte passend ein Brustbeutel zwischen ihren Brüsten. Neongrün mit schwarzem Klettverschluss, den sie mit einem »RATZZZSCH! aufriss und aus dem sie einen Gummi hervorzauberte. »Erst der Gummi, dann das Gras!«, lallte sie und zog die gedrehte Spitze eines Joints aus ihrem Brustbeutel. Dann grinste sie lüstern, oder sie versuchte es und präsentierte das Präservativ wie eine Moderatorin von QVC, die einen magischen Zauberschwamm anpreist. Während wir es tun, frage ich mich, warum wir es tun. Das Schönste am Sex ist der Gedanke daran. Es nicht zu tun und es sich nur vorzustellen ist besser als der Akt selbst. Was könnte ich jetzt stattdessen tun? Das Beste daran sind die ersten Sekunden, der Rest ist nur Arbeit. Die Realität ist immer der Loser.

Während die Namenlose unter mir eingeschlafen ist, schieße ich ein Polaroid von ihr und decke sie wieder zu. Ich werde nicht schlafen können. Ich war zwar in ihr, kann aber nicht neben ihr einschlafen. Sie ist eine Fremde. Die Fremde in meinem Bett. Ich muss warten, bis sie aufwacht, oder ich könnte einen Feueralarm vortäuschen. Ich greife mir meinen Laptop und bin noch betrunken genug, um Julia eine Mail zu schreiben, die ich spätestens morgen früh bereue. Nein, stimmt nicht, ich bereue sie jetzt schon. Aber zu spät, ich habe sie verschickt. Jetzt weiß sie alles. Ich sehe die schnarchende Namenlose an. Warum kannst du nicht Julia sein?

105. GRUND

WEIL DER HIPSTER MIT SEINER SILIKONPUPPE NETFLIX SCHAUT

Marlene Dietrich hängt in meiner Küche. Das könnte leicht so ein Schwulending oder irgendwie pervers werden. Aber ich meine es auf eine ironische Weise ernst: Ich würde Marlene Dietrich heiraten. Ich würde ihr ein oder zwei Kinder machen, einen Dackel aus dem Schwarzwald mit ihr adoptieren und in ein Haus im Grünen mit ihr ziehen. Eine Familie gründen. Ich esse nicht gerne allein, manchmal bin ich aber allein, aber nie einsam: Marlene ist da und sieht mich an mit ihrem Ich-bin-der blaue-Engel-Blick. Dann unterhalten wir uns:

»Jonas, ich wünsche dir einen guten Appetit.«

»Danke, Marlene.«

»Jonas, du weißt, du bist der Beste, und wenn ich könnte, würde ich aus diesem Bild herausklettern und über dich herfallen. Du machst mich heiß. Deine Tätowierungen machen mich scharf. Ich will in deinem Bart versinken wie in einem kuscheligen Kissen. Ich will dich, Jonas. Das weißt du, oder?«

»Ja, Marlene – das weiß ich, und ich hätte nichts dagegen, wenn du über mich herfallen würdest.«

»Jonas, du bist mein Traummann. Der Mann meiner Träume. Und ich habe viele und wilde Träume.«

Ich schlucke, nicke und sage: »Wir wären ein perfektes Paar.«

»Das wären wir.«

Ich lächle sie an.

»Jonas, ich liebe es, wenn du mir von deinem Tag erzählst. Erzähl mir von deinem Tag.«

Dann erzähle ich ihr von meinem Tag. Das ist schon so was wie unser festes Ritual geworden. Ich komme nach Hause und erzähle ihr von meinem Tag – wenn ich alleine nach Hause komme. Das ist wahrscheinlich der einzige Grund, warum ich überlege, nicht zu heiraten, denn wenn ich heirate, was wird dann aus Marlene?

Kennt ihr die Typen, die diese verdammt teuren Gummipuppen, nein – Silikonpuppen, zu Hause haben und mit ihnen Leben? Objektophilie nennt man das, glaube ich. Das sind diese Typen, die beinahe eine richtige Beziehung führen mit ihrer »Frau« aus Silikon, und sie teilen mit ihr fast alles. Ich träume davon, eine echte Nachbildung von Marlene Dietrich bauen zu lassen, dann würde ich mit ihr essen, baden, ihr meine besten Tweets vorlesen, mit ihr durch meine Instagram Gallery scrollen, mit ihr gemütlich auf meinem Vintage-Sofa Netflix schauen …

106. GRUND

WEIL DER HIPSTER BEI SEINEM DATE MEHR ZWITSCHERT, ALS SICH ZU UNTERHALTEN

Julia und ich sitzen im Richard. Einem Sterne-Restaurant in Berlin-Kreuzberg. Wie lange habe ich auf diesen Moment gewartet. Hier endlich zu essen. Und auf ein Date mit Julia. Hat sich als gar nicht mal so schwer herausgestellt. Ich hab sie gefragt, und sie hat Ja gesagt. Sie hat auf meine betrunkene Mail geantwortet. Dann hat sie mich auf Facebook geaddet. Ich hab sie zuerst gestalkt. Hab ihre Vorlieben studiert: Filme, die sie mag, Musik, Bücher, Hobbys, ALLES – dabei habe ich erkannt: Unser Geschmack könnte nicht verschiedener sein. Darum passen wir perfekt zusammen. Das ist meine Theorie. Aber wir haben EINE Gemeinsamkeit: Kunst. Sie steht voll auf Kunst. Laut ihrem Facebook-Profil hängt sie ständig auf Vernissagen, in Ausstellungen und Museen herum. Wenn sie reist, besucht sie zuerst dort die Galerien und Museen, macht viele Fotos – also noch eine Gemeinsamkeit. Verdammt schwer, eine Reservierung zu bekommen. Das Richard ist angesagt. Das Richard ist cool, und das sieht man auch. Sehr stilvoll. Aber warum habe ich ausgerechnet das Restaurant für unser Date ausgewählt? Ich sag's euch: Strategie. Ich habe es genau geplant. Hier hängt Kunst an den Wänden. Alles sehr, sehr stilvoll. Ich lasse Julia gegenüber natürlich nicht durchblicken, dass ich wie sie auch zum ersten Man hier bin. Ich versuche, Folgendes auszustrahlen: Das hier ist mein Stamm-Restaurant. Ich kenne das Restaurant sehr gut. Ich kenne den Chefkoch, ich kenne das Essen, die Weine, die Leute – ich kenne mich hier aus.

»Warst du schon oft hier?«, fragt sie, hält ihr iPhone auf Brusthöhe. Die Bilder haben es geschafft, haben sie kurz innehalten lassen, als sie gerade dabei war, ihren Instagram-Account zu checken. Sie stellt mir eine Frage, sieht mich allerdings nicht dabei an. Das ist gar nicht schlimm, denn auch ich checke gerade meinen Twitter-Account auf meinem iPhone.

»Nein, nicht so oft«, sage ich, während ich die neuesten Tweets überfliege. »Alle zwei oder drei Wochen bin ich hier. Esse, probiere ein paar Weine, quatsche ein bisschen mit den Leuten hier. Hole mir Anregungen für meine kleine Kreativ-Küche, komme hierher, um ein paar Posts und Tweets zu schreiben – die Atmo hier gibt mir immer einen kleinen Kreativ-Boost – verstehst du?«

»Yeah, das glaube ich. Supercool hier. Krasse Bilder. I like.«

Sie nickt, dreht ihren Kopf fast einmal um die eigene Achse, um alle Bilder mechanisch zu mustern. Ihre Hand, die das iPhone hält, sinkt langsam. Ein Blick auf ihr Dekolleté, das nicht viel hergibt, aber dafür umso interessanter ist. Ihr stilvolles Kleid, das endlich mal nicht schwarz ist – sondern senffarben oder so. Ihre blasse Haut, die aussieht, als hätte sie sich mit Milch übergossen. Ihre großen Ohrringe, durch die ich hindurchblicke und das Bild hinter ihr betrachte. Zwei Männer und eine junge Frau, die ihren sexuellen Vorlieben nachgehen: Die Frau liegt halb nackt auf einer Art Chaiselongue, ein nackter Mann hinter ihr, der Anstalten macht, sie von hinten zu penetrieren, während der andere nackte Mann vor ihr steht. Mit einem Gewehr in der Hand? Das Bild macht hungrig. Und geil. Darum sitzen wir hier. Was ich hiervon erwarte? Gut essen, gut trinken, großartig vögeln. Bei Julia sind sogar meine Ängste vor ansteckenden Geschlechtskrankheiten wie weggeblasen. Julia hat mittlerweile ihr iPhone auf ihren Oberschenkel sinken lassen und betrachtet alle Bilder im Lokal sehr genau und plötzlich ernsthaft interessiert – eine wahre Kunstkennerin. Ich nutze die Gelegenheit und haue drei schnelle Fotos – mit perfekt ausgewählten Filtern – von uns und dem Lokal auf Instagram, haue einen Tweet raus und checke noch schnell via foursquare ein – sollen alle sehen, wo ich diniere.

Ich lasse meinen Blick durchs Restaurant schweifen – alles ist stilvoll ganz in Weiß eingedeckt, ohne dabei spießig zu wirken. Es wirkt, als hätte es ganz kurz geschneit und sich eine feine Schneedecke über die Einrichtung des Lokals gelegt. Und genau das ist die Atmosphäre hier: eine Ruhe, ein Knistern, eine wunderschöne, eingefrorene Landschaft, kurz nachdem es geschneit hat. Ich lächle, und da sieht sie mich an. Endlich. Lächelt. Mich. An. Dann durchfährt sie ein Zucken, sodass sich ihr ganzer Körper schüttelt, und sie reißt ihr iPhone hoch.

»Sorry, hab vergessen, ein Bild zu kommentieren. Hab's meiner Freundin versprochen.«

Sie wischt auf ihrem iPhone herum. Ich lächle weiter. Ins Leere, aber selbst das fühlt sich ganz gut an.

Wir bestellen den Wein, und sobald er da ist, feuern wir ein paar Fotos davon ab. Wir vergleichen unsere Schnappschüsse, die wir mit fein ausgewählten Filtern »abgeschmeckt« haben. Und noch bevor wir mit dem Wein anstoßen, hat sie bereits 184 LIKES! auf eines ihrer Fotos. Zugegeben, das Weinglas hat sie sehr geschmackvoll in Szene gesetzt: Ein Schatten wirft sich leicht auf die blütenweiße Tischdecke, ihre Hand mit den frisch gelb lackierten Fingernägeln liegt perfekt platziert auf der Tischdecke, und im Hintergrund sind andere Gäste zu erkennen – geblurrt – und genau das gibt dem Ganzen etwas Besonderes, etwas Künstlerisches. Dagegen wirken meine Fotos simpel, plump, amateurhaft. Ich habe bis jetzt drei Likes bekommen. Mein peinliches Versagen strömt mir als heißer Schweiß aus allen Poren, und ich entschuldige mich kurz, um auf die Toilette zu gehen.

Wütend stoße ich die Klotür auf. Auch das Scheißhaus ist stilvoll eingerichtet, aber das ist mir jetzt scheißegal. Ich verbarrikadiere mich in der Kabine, lehne mich keuchend gegen die Klowand, atme ein und atme aus. Mir ist übel, meine Hände zittern. Sie hält mich jetzt schon für den totalen Loser. Ich muss schnell punkten. Ich könnte ihr etwas übers Kochen erzählen. Kochen als Kunst. Kunst zum Essen. Kunst. Soviel ich in ihrem Facebook-Profil erkannt habe, kann sie nicht kochen, oder sie kocht nicht gerne. Sie will also einen Mann, der kochen kann. Ich denke an die Autobiografie von Anthony Bourdain und lasse mir ein paar Anekdoten aus dem Buch durch den Kopf gehen, die ich ihr gleich erzählen könnte. Aus meiner Sicht. Ich habe mal drei Tage in einer Küche gearbeitet. Gut, es waren statt der drei Tage leider nur anderthalb, dann wurde ich … wie soll ich das sagen … gebeten, die Küche zu verlassen, was natürlich nicht meine Schuld war, aber whatever. Es waren drei Tage – basta. Ich mache ein Jahr daraus. Und erzähle ihr von meinem freiwilligen sozialen Jahr in einer krassen Küche, in der ich mehr fürs Leben gelernt habe als in meiner ganzen Zeit davor. Keep calm and get laid, Jonas. Ich spritze mir Wasser ins Gesicht. Ich öffne die Tür und gehe zurück zu Julia. Sie sitzt am Tisch, lächelnd und tippt eifrig ins iPhone. Ich tippe auf Twitter.

»46 Retweets von diesem Bild.« Sie deutet hinter sich und zeigt auf das Bild mit den drei Menschen während des Sexual-Aktes (oder kurz davor). Sie zeigt mir das Resultat. Tolles Foto, coole, clevere, witzige Bemerkung von ihr darunter, und die Retweets schrauben sich hoch, als hätte sie sie gekauft. Zum Kotzen. Wie soll ich so essen? Verdauen? Cool bleiben?

Ich zücke mein iPhone, öffne die Twitter-App, mache ein Foto von dem Bild und grüble über eine passende Line nach – ich grüble so lange, bis der Kellner kommt und uns fragt, ob wir denn schon Zeit gefunden hätten, unser Menü zu wählen. Was bei einer Auswahl von drei Menüs ja eigentlich nicht wirklich viel Zeit in Anspruch nehmen sollte. Ich verneine, verspreche ihm aber, dass wir das tun, sobald wir die Zeit dafür finden.

Ich dachte, ich hätte alles unter Kontrolle, hätte mein soziales Leben perfekt in mein digitales Leben integriert, wäre kongenial mit meinen sozialen Netzwerken vernetzt – aber wenn ich Julia so sehe, wird mir klar, ich bin nur ein kleines Rädchen im großen Getriebe der sozialen Netzwerke. Sie ist die große Nummer, ich bin nur eine Ziffer, weit hinter dem Komma – die Null. Zero. Sie ist die Twitter-Instagram-Königin. Das IT-GIRL. Und sie macht es mit einer Leichtigkeit, als wäre sie bereits im Mutterleib zu einer Social Media Queen ausgebildet worden, so als hätte sie Twitter, Instagram und Snapchat mit der Muttermilch aufgesogen.

Das Essen kommt. Das Essen wird kalt. Unsere iPhones laufen heiß. Ich kippe den kühlen Weißwein in mich hinein, um mich wenigstens ein bisschen abzukühlen. Bevor wir anfangen zu essen, zeigt mir Julia ihre Retweets, ihre Likes, ihre perfekten Fotos, ihre grandiosen, witzigen, ironischen Kommentare, die witzigen, ironischen Kommentare ihrer Follower, ihrer Abonnenten und die ihrer Fans. Sie hat wahre Fans, die sie beklatschen, bejubeln und auf jeden ihrer Kommentare beinahe abspritzen. Und auf der Spitze des Eisbergs zeigt sie mir einen Schnappschuss von mir: Meine Visage, meine verkrampfte, schwitzende Visage, die auf ein iPhone starrt, mit einem so wahnsinnigen, so minderbemittelten Blick, dass man nur annehmen kann, dass dieser bärtige Mann entweder geistig behindert oder gerade aus der Irrenanstalt ausgebrochen ist. Aber was die Szene so witzig und für mich absolut lächerlich macht, ist der Teller, der gerade von einem Kellner im Hintergrund vorbeigetragen wird. Julia hat den perfekten Moment erwischt: Das Salat-Bouquet auf dem Teller sieht aus, als wächst es mir aus dem Kopf, eine perfekt geschnitzte und gezwirbelte Karotte ist die Schleife in meinem Haar und der Spargel-Schaum oder was immer das ist, sieht aus, als hätte mir ein Pferd auf den Kopf gewichst – einfach lächerlich. Und verdammt witzig. Ja, wäre das der Kopf eines anderen, ich würde mich totlachen. Aber es ist mein Kopf. Mein idiotischer Kopf. Und ich fange an zu zittern. Das Resultat: 473 Retweets, über 860 Likes und unzählige beschämende Kommentare auf meine Kosten. Julia zeigt mir voller Stolz das Foto, immer und immer wieder. Sie erstickt fast vor Lachen, und ich ersticke fast an meinem »geschmorten Kinn vom Pata Negra mit Sellerie und Rhabarber«.

Meine Hände sind so schwitzig und zittrig, dass ich nicht einmal mehr mein iPhone zu fassen kriege. Immer wieder flutscht es mir aus der Hand und knallt auf den Tisch. Ich springe auf und eile zu den Toiletten. Ein Heulkrampf bahnt sich an, drückt sich mit aller Gewalt wie ein würgendes Kotzen von meinem Magen durch meine Kehle hoch und kommt als hoher, schriller, kurzer Schrei heraus – gerade als ich die Tür zum Klo aufstoße und drei junge Männer am Pissoir stehen. Drei Köpfe drehen sich zu mir um. Drei Augenpaare sehen meine Tränen. Es ist erniedrigend, von anderen Männern beim Heulen erwischt zu werden, und das lässt sich nur noch toppen, wenn man von drei fremden Männern beim Heulen erwischt wird, die gerade ihre Pimmel in der Hand halten. So, genau so, muss es sich anfühlen, einen Herzinfarkt zu bekommen.

WEIL DER VIRAL-HIT FÜR DEN HIPSTER SEIN LEBENSWERK BEDEUTET

Mein Foto im Richard hat sich rasend schnell durchs ganze World Wide Web verbreitet und als sensationeller viraler Hit entpuppt. Ich bin jetzt so was wie ein Star in den sozialen Netzwerken. Dank Julia und ihrer riesigen Community. Weg sind all die Pein, die Scham und der Schmerz. Ich genieße und suhle mich im Ruhm, im Blitzlicht-Gewitter der Retweets und Likes meiner Tweets und Fotos. Das Foto ging so rum und kam so gut an, dass meine Abonnenten sich über kurze Zeit in astronomische Höhen geschraubt haben. Auf Twitter habe ich jetzt die 80.000-Marke geknackt, und jetzt kann ich von mir behaupten, ich bin ein Social-Media-Star. Alleine diese Tatsache verschafft mir Jobs bei den geilsten Agenturen, Alter. AKQA – I'm coming. Jetzt werden sie mich nicht mehr ignorieren können. Jetzt werden sie mich anflehen, zu ihnen zu kommen, und nicht umgedreht.

Endlich bin ich ganz oben angekommen, und das kann mir keiner mehr nehmen. Ich bin eine Berühmtheit. Egal was ich jetzt tweete und welches Foto ich in meine Gallery haue – meine Fans werden es liken und teilen. Ich bin das Sprachrohr der Generation Y. So fühlt es sich an, berühmt zu sein, und soll ich euch was sagen, es ist ein großes, ein gutes, ein geiles Gefühl.

Natürlich tue ich alles, um es nicht zu zeigen. Wie war das? Ein Gentleman genießt und schweigt. Apropos: Julia habe ich jetzt auch endlich flachgelegt. Jetzt wo ich ein Viral-Hit bin, sieht sie mich mit völlig anderen Augen, und sie legt ihr iPhone sogar kurz zur Seite, während wir den Beischlaf vollziehen – gut, nicht die ganze Zeit, aber kurz bevor sie kommt. Das sind immerhin fast drei Sekunden. Danach gibt's Twitter danach statt der Zigarette danach, und dann gibt's ein Tweet Race zwischen Julia und mir. Der Tweet danach – wer bekommt mehr Impressions?

WEIL DER HIPSTER TWITTER ZU EINEM SEX-TOY MACHT

Ich bin sogar Julias neues Kunstobjekt geworden: Sie macht Fotos von meinem Gesicht, während ich komme. Sie plant eine Ausstellung. Sie sagt, damit werde ich noch berühmter, und sie ist der Meinung, wir sollten meinen aktuellen Status nutzen, bevor mein Stern wieder zu sinken beginnt. »Sinken?«, frage ich sie. »Mein Stern wird nicht sinken, ich werde aufsteigen wie der Phoenix aus der Asche, Alter!« Nein, ich bin hier, um zu bleiben und aufzusteigen. Der einzige Weg ist der nach oben – nach ganz oben.

Die Ausstellung ist schon in zwei Wochen. Sie braucht mehr Fotos von mir. Darum will sie jetzt mehrmals am Tag mit mir schlafen.

»Ich brauch noch viel mehr Fotos, mein Süßer«, sagt sie.

Also machen wir Liebe, wo immer wir sind. Ob man von Liebemachen noch sprechen kann, wage ich zu bezweifeln. Manchmal komme ich mir vor wie ein Zuchthengst, der zum Besamen benutzt wird. Währenddessen checkt Julia ihren Twitter-Account, ihre Instagram Gallery, und das letzte Mal hat sie mir sogar noch mal die witzigsten Kommentare zu meinem Foto, das mich berühmt machte, vorgelesen. Erst hat es mich irritiert, und ich dachte, ich müsse den Beischlaf abbrechen, aber dann hat es mich – zugegeben – stimuliert. Jetzt ist es ein Ritual, unser Ritual: Sie liest mir die witzigsten Twitter-Kommentare vor, ich komme, und sie kriegt ihren Jonas-Orgasmus-Schnappschuss für ihre anstehende Vernissage. Meine Vernissage. Da werden nur Fotos von mir zu sehen sein. Wer bekommt schon eine ganze Ausstellung nur von seinen Fotos?

Jonas bekommt sie. Und sie wird groß.

SECHSTER TEIL

DIE NAHRUNGSAUFNAHME DES HIPSTERS

WEIL DER HIPSTER RESTAURANTS MEIDET, DIE BILDER AUF IHRER SPEISEKARTE HABEN

Stephen deutet auf ein indisches Restaurant und sagt: »Lass uns doch hier was essen!«

Ich bleibe stehen. Mustere das Restaurant skeptisch. Mustere Stephen skeptisch und frage: »Kennst du das?«

»Ne, ist aber okay, glaube ich.«

»Glaubst du?«

Ein Nicken.

»Warum glaubst du das?«

»Die haben einen Springbrunnen im Garten, guck doch!«

»Der Springbrunnen macht das Restaurant zu einem guten Restaurant?«, frage ich.

»Hat Stil«, sagt er und nickt.

Ich bin nicht überzeugt, bin aber auch nicht in Stimmung auf eine lange Diskussion. Also setzen wir uns und bekommen erst einmal, ohne es bestellt zu haben, einen Korb voll indischem Brot.

Als der Kellner abzieht, sage ich: »Was soll der Scheiß?«

»Was denn?«

»Na, das Brot, das haben wir nicht bestellt.«

»Umso besser, kostet nix. Gehört zum Business-Lunch.«

»Ich bin kein Penner, der einfach alles isst, was man ihm vorsetzt. Ich weiß, was ich essen will, und ich will essen, was ich bestelle, nicht was ich bekomme, ohne es bestellt zu haben.«

Stephen glotzt mich an, über seinem dummen Kopf schwebt ein Fragezeichen, so groß wie die Titten von Lolo Ferrari, und ich hoffe, auch er wird davon zerquetscht wie sie von ihren Titten – verdammter Bastard, schleppt mich in so eine Touri-Falle, verkackt noch mal!

Der Kellner kommt und überreicht uns grinsend die verklebten Speisekarten. Als er wieder abzieht, zerre ich sie mit einem »FRUTSCH!« auseinander.

»Hat da jemand reingewichst, oder was?«

Ich fasse die laminierten Speisekarten mit den Fingerspitzen an und beginne, sie zu studieren. Deprimierend. Hässliche Bilder der Gerichte springen mir entgegen. Das ist so geisteskrank, dass ich kotzen könnte. Ich höre Stephen schmatzend sagen: »Hm, das klingt aber ganz gut oder?«

Ich stehe auf. Er sieht hoch.

»Was ist?«, fragt er und sieht mich an, mit diesem unendlich dummen Hundeblick. Ich deute auf die aufgeschlagene Speisekarte.

»Da sind BILDER in der Speisekarte!«

Er wirft einen Blick darauf, dann sieht er wieder zu mir hoch.

»Ja und?«

»BILDER in der Speisekarte! BILDER zu den GERICHTEN!«

»Ja und?«

»BIST DU GEISTIG BEHINDERT? BRAUCHST DU BILDER, UM DEIN GERICHT AUSZUWÄHLEN, ODER WAS?«

Ich seufze.

»Das beweist nur, dass wir in einem beschissenen Touristen-Lokal sitzen. Die Küche ist scheiße. Hier ess ich nichts. Jemand, der Bilder zu seinen Gerichten in die Speisekarte klatscht, ist absolut unglaubwürdig. Hier esse ich NICHTS.«

Ich gehe in Richtung Ausgang. Stephen kommt hinterher, in der Hand hält er das Brot und beißt hastig davon ab.

»Versteh ich nicht«, sagt er.

»Schon klar, dass du das nicht verstehst. Hast ja auch keine Ahnung von Essen und guter Küche. Ich sag jetzt an, wo wir essen. Folge mir, mein unwissender Freund. Spute dich. Die Mittagspause ist fast vorbei, und ich habe seit fast fünf Minuten meinen Twitter-Account nicht gecheckt. Das macht mich WAHNSINNIG!«

WEIL DER HIPSTER EINEN AUF TV-KOCH MACHT

Essen für Freunde. Bei mir. Ein Event. Ein Spektakel. Ein Groß-
ereignis, das von Woche zu Woche wächst. Das läuft so: Jeder, der
eine Einladung von mir erhält, bringt eine Flasche Wein und fünf
Euro mit. Eintritt. Alles hat seinen Preis.

Das deckt mehr als meine Ausgaben und stellt sicher, dass der
Weinvorrat nicht versiegt. Auch wenn ich jedes Mal dabei ein verdammt großes Risiko eingehe, dass jemand eine verdammte Plör-
re mitbringt – was auch jedes Mal der Fall ist – aber zum Glück
gibt es noch mehr mit einem durchschnittlichen recht guten
Weinverstand (niemand will sich blamieren), und die Weine, die
genießbar sind, überwiegen meistens. Den Schrott nehme ich
zum Kochen.

Heute sind es schon zwölf Leute, die sich bei mir eingefunden
haben, und nachdem ich Stephen gebrieft habe, alles auch schön
zu filmen (mit dem Hauptfokus auf meine Wenigkeit) für meinen
neuen Koch-Podcast »Feuer, Flamme & Ferkel«, schlendern wir
alle mit einem Glas Wein in der Hand durch mein bescheidenes
Reich, und ich, mit einer Ferkel-Kochmütze und dem Kochshow-
Designer-Logo auf meiner Kochschürze von Boss, zeige allen, die es
schon kennen, und dem Neuzugang meine Bilder, meine Geweihe,
meine Designer-Möbel, die ausgestopften Tiere, mein Grammofon
und meine exklusive Messertasche, in der zehn verschieden große
Messer von GLOBAL stecken (Gesamtwert: 1.280 Euro), von denen
ich jedes einzelne herausziehe und ausführlich erkläre, wofür welches Verwendung findet: Ich ziehe das größte heraus. Fast schon
ein Schlachter-Beil.

»Damit habe ich meine Ex-Freundin zubereitet.«

Stille. Ungläubiges Glotzen. Ich lächle, ärgere mich, dass ich es
hinzufügen muss, tue es aber trotzdem: »Scherz!«

Viel zu verhaltenes Gelächter. Könnte mehr sein. Darum schenke ich noch mehr Wein nach und hole den selbst gebrannten Haselnuss-Schnaps, den meine Großmutter noch gebrannt hatte.

»Bester Haselnuss-Schnaps. Hab ich selbst gebrannt. Müsst ihr probieren. Ihr werdet nie wieder einen besseren trinken – das verspreche ich euch!«

Plopp! Ich gieße ein.

»Das Schnapsbrennen habe ich bereits mit fünf Jahren perfektioniert. Meine Eltern haben mir meinen Game Boy weggenommen, und irgendwie musste ich mich ja beschäftigen.«

Gelächter. Nicht laut, aber auch nicht mehr allzu verhalten. Schmatzen, Nicken und Lob für den Haselnuss-Schnaps. JETZT sind wir auf dem richtigen Level, Leute.

Ich versammle meine Fans um die Arbeitsplatte und verpasse ihr ein stolzes Tätscheln, so als würde ich einer Stute auf den Arsch klatschen. »Mein größter Stolz. Das Herz meiner Wohnung. Hier bin ich kreativ. Hier koche ich, um runterzukommen nach einem harten Arbeitstag, um zu entspannen und am liebsten für Freunde – so wie heute!«

Ich lächle in die Kamera des iPads, das Stephen brav zwischen seinen zwei Händen hält, schaue ungefähr so, wie Jamie Oliver es tun würde, und erhebe mein Weinglas. »Auf einen erfolgreichen, geschmackvollen Abend!«

Alle erheben brav ihr Glas.

Ich: »Prost!«

Der Chor: »PROOOST!«

Ich ziehe eine so verdammt gute Show ab, dass ich fast vergesse zu kochen. Aber whatever – schließlich steht die Koch-Show im Vordergrund, nicht das Essen. Gut, ein paar nervige Fragen, wann es denn was zu essen gibt, kommen zwischendurch mal auf, von ein paar Langweilern, aber die begieße ich mit noch mehr Schnaps und Wein, und dann nach etwa drei Stunden gibt's auch schon die Vorspeise – eine Variation von Fingerfood und Tapas.

Das Kochen begleite ich mit einer ausführlichen Rede, wie, warum und was zubereitet wird. Jamie Oliver ist locker vor der Kamera, aber er ist ein Spießer, viel zu kommerziell, zu brav – ich bin eine Mischung aus Jamie Oliver und Jimi Hendrix. Der Rockstar der Küche, und weil es niemand sonst sagt, bitte ich während einer kleinen Pinkelpause Stephen, es doch ein- oder fünfmal einzuwerfen.

»Ey Jonas, bist ja 'n richtiger Rockstar in der Küche!«

Ich blicke erstaunt auf, lächle kurz verschämt, winke ab und sage: »Ach, Kochen ist wie Musik, du musst halt rocken, damit die Leute dir keine Bierdosen an den Kopf werfen.«

Es ist ein zusammengewürfeltes Zitat, das ich von T.C Boyle und noch jemandem geklaut habe – ich habe es mir zurechtgestutzt und werde es auch in die Kamera sagen, wenn ich mal als einer der berühmtesten TV-Köche auf einer Interview-Couch sitze oder in einer Talkshow.

Niemand hat vor, eine Kochausbildung zu machen, aber gegen so eine steile TV-Koch-Karriere hätte ich nichts einzuwenden: Millionen verdienen, Restaurants eröffnen, die meinen Namen tragen, Interviews, Models und 1.000 teure Produkte, die mein Gesicht und meinen Namen tragen – Jonas zur coolen Marke machen. Ich bringe alles mit, was man für eine TV-Koch-Karriere braucht: Ich bin übersät mit Tattoos, trage Bart, habe Style, einen guten Musikgeschmack, und ich bringe bestes Entertainment in die Küche – innovative Performance trifft auf kreativen Freigeist.

»Alter, wann gibt's denn den Hauptgang?«

Ich drehe mich um und blicke in ein Gesicht, das ich heute zum ersten Mal sehe. Hab ich diesen Wichser eingeladen?

»Good things come to those who wait« (ist ein Slogan von Guinness), antworte ich ihm und lasse ihn dumm stehen. Scheiße, eigentlich ist das Kochen zu anstrengend. Könnte ich nicht jeden Tag machen. Ich schenke mir noch ein Glas Wein nach. Hab ich irgendwo vielleicht noch Gemüse-Chips oder Reiswaffeln, die ich verteilen könnte?

SIEBTER TEIL

DER UNAUFHALTSAME ABSTIEG
DES HIPSTERS

WEIL EIN INSTAGRAM-FAIL FÜR DEN HIPSTER
DEN DIGITALEN SELBSTMORD BEDEUTET

Die Vernissage ist voll. Mega-voll. Die Leute stehen mit ihren Prosecco-Gläsern in der Galerie in der Sonnenallee, rauchend vor der Galerie, und es kommen noch mehr, die mich überholen und die Galerie staunend betreten.

Ich stehe ungefähr 30 Meter entfernt, aber ich höre das Gelächter bis hier. Die Leute amüsieren sich köstlich auf meine Kosten. Da stehen sie vor meinen Bildern – die Julia gemacht hat, von mir, während des Sex, während ich komme – zeigen mit ihren Fingern auf mich, auf mein verzerrtes Gesicht und lachen. Wie ferngesteuert komme ich näher, sehe die vielen Gesichter, die dort gerahmt hängen, alles meine Gesichter – Jonas und seine vielen Gesichter – und alle gleich lächerlich: Mein sonst so perfekt gestylter Dutt ist zu einem Fiasko aus wilden Haaren explodiert. Einzelne Strähne hängen verschwitzt in mein lustvoll und lächerlich verzerrtes Gesicht, meine Nase gerümpft wie ein schnüffelndes Schwein, die Augen peinlich verdreht wie ein Ochse bei der Besamung, mein verwüsteter Bart glänzt schweißnass wie der Bart des Rumpelstilzchens – trotz meiner Tattoos, die gut sichtbar sind, bin ich eine Lachnummer. Die ganze Nummer war nur eine Lachnummer. Julia hat mich seit zwei Wochen nicht mehr angerufen. Keinen meiner Anrufe beantwortet, keine meiner Nachrichten auf Twitter beantwortet und keine meiner iMessages gelesen. Julia hat genug von mir. Die kühle Julia, die mich als Kunstobjekt benutzt, ausgenutzt und ausgeschlachtet hat.

Ich betrete die Galerie. Julia wird belagert von einer Gruppe grinsender Arschlöcher. Ich zerre an ihrem Arm, reiße sie weg irgendwohin in eine Ecke.

»Ey Alter, was geht mit dir ab?«

»Was geht mir dir ab?«, knurre ich, mein Gesicht ganz nah an ihrem, meine zuckenden Bartspitzen berühren beinahe ihr Gesicht.

Sie grinst mich an. Schulterzucken. Sie nippt an ihrem Prossecco.

Ich schlage ihr das Glas aus der Hand. Es kracht zu Boden, zerspringt in 1.000 Teile, die wie Geschosse über den glatten Boden der Galerie schießen. Es wird ein wenig stiller. Die Leute drehen ihre Köpfe. Die Leute starren uns an.

»Du hast mich nur gevögelt und benutzt für deine beschissene Ausstellung, oder?«

Sie lächelt mich an. Ganz cool, ganz kühl, ganz gelassen – das Gegenteil von mir – und sagt: »Jonas, wahre Kunst hat kein Gewissen.«

Dann dreht sie sich um und spricht mit ihren echten Freunden, lacht mit ihren Leuten über ihre Bilder, über mich.

Ich greife nach einer Flasche Champagner und verlasse die Galerie, Blicke folgen mir, Blicke, die mich nie wieder loslassen werden.

Zu Hause setze ich mich an die Schreibmaschine – aufgepeitscht von der Flasche Champagner und den 20 Zigaretten, die ich in der halben Stunde geraucht habe – ich schreibe:

Hey Folks – ich mach den Hemingway, den Hunter S. Thompson.
Ja, ich mach Schluss. Schluss mit allem, Schluss mit dem Internet, mit all den verlogenen a-sozialen Netzwerken: Ich begehe digitalen Selbstmord und lösche alle meine Profile: Twitter, Facebook, Instagram, Snapchat, Xing, LinkedIn, Blogs – ALLES.
NIE WIEDER INTERNET! Ich ziehe den Stecker für IMMER!
It's better to die online than to fake away.
Das World Wide Web wird sich auch ohne mich weiterdrehen, ihr werdet weiter liken, posten, tweeten, retweeten, dissen und haten – werdet glücklich damit. Es ist alles nichts, nada, niente.
World Wide Web: Off
Real World: On

Ich bin raus – Jonas.

BEEING A HIPSTER —
DIE ULTIMATIVE ANLEITUNG

WIE DU EIN ECHTER HIPSTER WIRST:
DIE 55 ULTIMATIVEN HIPSTER-REGELN

Auch du kannst ein Hipster werden. In jedem von uns steckt ein kleiner Hipster. Finde deinen inneren Hipster und genieße dein neues Hipster-Leben in vollen Zügen. Mach Schluss mit dem Träumen von leckerem Craft Beer, vollem Rauschebart, Man Bun und einer Hall of Fame – Instagram-Gallery und fang an zu leben – JETZT! Worauf wartest du noch? Wenn du die folgenden Regeln genau befolgst, bist du auf dem besten Weg, ein echter Hipster zu werden – versprochen!

#1 – Die erste Regel des Hipster-Clubs lautet: Du verlierst kein Wort über den Hipster-Club. (Weder bist du ein Hipster, noch gibt es ihn, also sprichst du auch nicht über ihn.)

#2 – Die zweite Regel des Hipster-Clubs lautet: Du verlierst KEIN WORT über den Hipster-Club.

#3 – Trage nur Markenprodukte und tue trotzdem so, als gehen dir Marken völlig am Arsch vorbei.

#4 – Trage eine Brille, eine dicke Brille. (Des Hipsters liebstes Brillen-Modell: Ray Ban) Auch dann, wenn du Augen wie ein Adler hast.

#5 – Lege dir Piercings, Tattoos und/ oder Narben zu, um anderen vorzumachen, du hättest Persönlichkeit.

#6 – Fragt dich jemand, ob du ein Hipster bist, lautet deine Antwort: »Ich hasse Hipster!«

#7 – Hipster lesen keine Bücher, tragen aber immer eins mit sich herum.

#8 – Du verstehst die Filme von Wes Anderson nicht, du magst ihn auch nicht, aber trotzdem ist er dein Lieblingsregisseur, und genau das erzählst du jedem, der es wissen muss.

#9 – Deine Inspiration für deine Bands holst du dir auf pitchfork.com. Aber das erzählst du natürlich keinem. Du gibst deine Quellen nicht gerne weiter, und wer die Seite nicht kennt, ist selber schuld.

#10 – Mach alles schlecht, auch wenn's gut ist.

#11 – Leg dir ein Instrument zu. Du wirst es nicht spielen lernen, weil du nicht die Geduld dazu hast und dir all deine sozialen Medien nicht allzu viel Zeit lassen, es zu erlernen, aber dein Besuch oder dein Date findet es cool.

#12 – Hänge dir einen Katzenkalender ins Klo – natürlich total ironisch.

#13 – Rezitiere so oft es geht Aphorismen von Nietzsche, Heine, Goethe und Kant. Du verstehst sie nicht? Umso besser, die anderen auch nicht, darum werden sie beeindruckt sein und dich für intelligent halten.

#14 – Du warst als Teenager ein Langweiler, ein Nerd, der mehr Videospiele als Freunde hatte. Was du aber erzählst ist etwas anderes: Du warst früher ein krasser Skater. Auch wenn du höchstens zweimal auf einem Brett gestanden hast.

#15 – Friss deine Hashtags schon zum Frühstück.

#16 – Trage Schals. Egal zu welcher Jahreszeit. Egal wann, egal wo. Trage verdammt noch mal Schals.

#17 – Benutze Filter. Ob für deine Fotos, deine Zigaretten oder deinem Humor.

#18 – Wildes Geschrammel, Disharmonien, Gekrächze und in den Wahnsinn treibendes Geröhre. Andere nennen es Lärm. Du nennst es Musik. Die du niemals allein zu Hause hörst, aber immer, wenn Besuch da ist.

#19 – Lerne Musik-Rezensionen auswendig und tue so, als wären sie dir gerade erst eingefallen.

#20 – Alles was der Hipster tut, tut er für sich. Nur für sich.

#21 – Beantworte eine Frage immer mit einer Gegenfrage, NIEMALS mit einer Antwort.

#22 – Nichts muss, alles kann. (Bezieht sich auf deinen Klamotten-Style – ach scheiß drauf, bezieh es einfach auf alles.)

#23 – Lass dir niemals in eine Skinny Jeans helfen. (Aber raushelfen lassen geht in Ordnung)

#24 – Rauche nur selbst angebautes Weed. (Und nenn es immer »Weed«, niemals »Gras« und schon gar nicht »Marihuana«.

#25 – Serviere deinen Freunden deinen besten selbst in »Weed« marinierten Tofu und schreibe einen Artikel für VICE darüber in ihrer Food-Rubrik »Munchies«. (Vergiss die Instagram-Fotos von deinem Event nicht.)

#26 – Du brauchst einen Instagram Account. Oder zwei oder drei.

#27 – Gib dem Straßenmusiker nur dein Kleingeld, wenn du in

Begleitung bist. Du tust es schließlich für dich und nicht für den Straßenmusiker.

#28 – Gib für deine Wellness- und Pflegeprodukte mehr Geld aus als fürs Essen. (Style geht vor Schlemmen.)

#29 – Trage niemals Markenklamotten.

#30 – Trage immer mindestens zwei Waffen mit dir herum: dein iPhone und dein iPad oder dein MacBook.

#31 – Grüße nie verbal, immer nur mit Handzeichen.

#32 – Verabschiedest du dich von einer Party, einem Kneipen- oder Bar-Abend oder machst Feierabend, befolge hier auch Regel #31.

#33 – Trage den russischen Wintermantel deines Großvaters oder das rumänische Sommerkleid deiner Großmutter mit Stolz. Und Ironie.

#34 – Gib niemals jemandem recht. Denn es hat immer nur einer recht: du.

#35 – Darum gibt es auch nur einen, der alles besser weiß: du.

#36 – Sag niemals, es tue dir leid, denn es tut dir nicht leid. Nie.

#37 – Es gibt nur zwei Gründe, warum du keine Hornbrille trägst: 1: Du sitzt gerade in deiner selbst gebauten Sauna. 2: Du trägst gerade eine Sonnenbrille (Ray Ban).

#38 – Betrachte Bücher nicht als Bücher, benutze sie als Möbelstücke, die deine Wohnung pimpen und dein Ego aufpolieren.

#39 – Besuche eine Kunstschule oder belege Kreatives Schreiben in Hildesheim – du musst nichts von beidem abschließen, Hauptsache, du warst da, auch wenn es nur ein Tag war.

#40 – Lege dir eine Plattensammlung zu, auch ohne Plattenspieler. Warum? Siehe #38

#41 – Lass dir eine Zeile aus dem Ulysses tätowieren – nein, keine Angst, du musst es nicht lesen.

#42 – Such dir deine Frauen am Beispiel von Chloë Sevigny oder Meg White aus.

#43 – Such dir deine Typen am Beispiel von Joaquin Phoenix oder Jake Gyllenhaal aus.

#44 – Bestelle in einer Bar nur Cocktails, die es auch schon vor 80 Jahren gab.

#45 – Rauche American Spirits – wenn du nicht drehen willst oder kannst, dann tun es auch Pepe Kippen.

#46 – Lerne Zitate und Gedichte von Ezra Pound, Allen Ginsberg, William Blake, John Keats, e.e. cummings, Charles Bukowski oder Rilke auswendig und streue sie ein, in eine Konversation in einer Bar mit Freunden oder bei einem Date.

#47 – Es geht nicht oft genug: Auch wenn du nichts von Hemingway, Salinger, Kerouac, David Foster Wallace, Hunter S. Thompson, Camus, Martin Amis oder Dave Eggers gelesen hast, trage trotzdem immer eines ihrer Bücher mit dir herum.

#48 – Dein Motto: Machs dir selbst. Du kannst alles, du weißt alles, du machst alles selbst: Von der Gartenpflege bis zum Hochbettbauen – du nimmst es selbst in die Hand, und wenn es in einem Fiasko endet, ist es nicht deine Schuld, weil …

#49 – … schuld, sind immer die anderen.

#50 – Verwechsle Hipster niemals mit Hippies. (Das ist nicht immer leicht, aber du solltest es lernen.)

#51 – Verwechsle Hipster niemals mit Arschlöchern. (Das ist nicht immer leicht und meistens unmöglich.)

#52 – Meide Sport, außer Yoga, Fixie fahren und Jagen.

#53 – Wenn du Auto fahren musst, fahre einen MINI. Wenn du Fahrrad fährst, fährst du ein Fixie, das du pflegst und hegst und sogar mit ins Bett nimmst. (Und niemals, NIEMALS draußen alleine stehen lässt!)

#54 – Deine Droge ist der Power-Green-Smoothie

#55 – Du bist ein echter Rockstar, an der Guitar Hero-Gitarre.

RALPH STIEBER, 1978 in Aschaffenburg geboren, lebt in Berlin. Als ehemaliger Texter in diversen Werbeagenturen sind ihm schon einige Hipster begegnet. Während der Arbeit und der Recherche an diesem Buch hat er seine Vorliebe für Craft Beer, isländischen Hardcore und mariniertem Tofu entdeckt. Er arbeitet als freier Autor, Texter, Journalist und Drehbuchautor. Bei Schwarzkopf & Schwarzkopf erschienen von ihm bereits 111 GRÜNDE, SEINEN CHEF ZU HASSEN und HOW TO SURVIVE SCHEISSJOBS.

Ralph Stieber
111 GRÜNDE, HIPSTER ZU HASSEN
Mein Leben zwischen Vintage-Möbeln,
isländischem Hardcore und Bartpflege
Mit Illustrationen von Jana Moskito

ISBN 978-3-86265-646-2
© Schwarzkopf & Schwarzkopf Verlag GmbH, Berlin 2017
Vermittlung: Literaturagentur Brinkmann, München | Alle Rechte vorbehalten. Dieses Werk ist urheberrechtlich geschützt. Jede Verwendung, die über den Rahmen des Zitatrechtes bei korrekter und vollständiger Quellenangabe hinausgeht, ist honorarpflichtig und bedarf der schriftlichen Genehmigung des Verlages. Coverillustration: © olga.angelloz/ depositphotos.de | Alle Illustrationen im Buch: Jana Moskito

DER VERLAG
Schwarzkopf & Schwarzkopf Verlag GmbH
Kastanienallee 32, 10435 Berlin
Telefon: 030 – 44 33 63 00
Fax: 030 – 44 33 63 044

INTERNET | E-MAIL
www.schwarzkopf-schwarzkopf.de
www.facebook.com/schwarzkopfverlag
info@schwarzkopf-schwarzkopf.de

Danke an alle Hipster.
Ohne euch wäre dieses Buch unmöglich.